普通话水平测试学习指导

主　编　王　幼
参　编　白春平　冯　宾　张宏武
杜　娟　赵　寅　耿密云
（按姓氏笔画为序）

机械工业出版社

本书是为北京市高等职业院校学生考取普通话水平测试等级证书编写的专用教材。根据《普通话水平测试大纲》要求，按照北京地区测试内容编写。

1．词语部分。该部分由单字字头引领，单字包括全部3500个常用字，也包括测试大纲词条中所有的字。单字下按双音节、儿化韵、三音节和四音节词语顺序排列。以汉语拼音字母为序，便于查找。词语部分中有四个单元练习和一个总练习，每一个练习中都有模拟测试题。

2．朗读部分。该部分包括普通话水平测试规定的60篇朗读文章，并有语音和词义的注释，还有指导学生朗读技能的文字内容。

3．说话部分。该部分含有普通话水平测试30个说话题目，指导学生练习口语表达，及怎样准备说话题等内容。

书中还穿插着一些小文章，包括普通话知识、普通话测试内容和有关测试的一些要注意的问题。

本书可作为职业学院学生学习用书，也可作为社会上准备参加普通话水平测试的考生的学习用书。

图书在版编目（CIP）数据

普通话水平测试学习指导/王幼主编．—北京：机械工业出版社，2015.11（2023.8重印）

ISBN 978-7-111-51882-2

Ⅰ．①普…　Ⅱ．①王…　Ⅲ．①普通话—水平考试—高等职业教育—教学参考资料　Ⅳ．①H102

中国版本图书馆CIP数据核字（2015）第252344号

机械工业出版社（北京市百万庄大街22号　邮政编码100037）

策划编辑：赵志鹏　　责任编辑：赵志鹏　王　慧

责任校对：崔兴娜　　封面设计：路恩中

责任印制：单爱军

三河市骏杰印刷有限公司印刷

2023年8月第1版 • 第7次印刷

184mm×260mm • 18.25印张 • 416千字

标准书号：ISBN 978-7-111-51882-2

定价：55.00元

电话服务　　网络服务

客服电话：010-88361066　　机　工　官　网：www.cmpbook.com

010-88379833　　机　工　官　博：weibo.com/cmp1952

010-68326294　　金　　书　　网：www.golden-book.com

机工教育服务网：www.cmpedu.com

前　言

普通话水平测试工作已经开展二十多年了，最初是播音员、教师等职业需要进行普通话水平测试，随着时间的推移、社会的发展，普通话水平测试工作逐步拓展到国家公务员和公共服务行业的从业人员，现在需要用普通话等级证书来求职的行业越来越多。北京市规定，高校在校生都必须考取普通话等级证书。

普通话是以北京语音为标准音，北京人学普通话有得天独厚的优势，但是北京人考普通话并不是人人成绩优秀，特别是北京高职院校的学生，普通话测试成绩并不十分理想，考取一级证书的人不多，而达不到二级甚至没有级的考生大有人在。分析其原因，不是因为不会说普通话，而是因为常用字词的认读等语文基础知识掌握不好、朗读与口头表达的能力不行而导致普通话水平测试成绩不理想。方言地区的人学习普通话，重点是词语声母、韵母、声调发音的学习与训练，北京人学习普通话应该将侧重点放在词语的认读上，还有朗读与口语表达的练习上，本书就是针对北京人的特点与学生的现状而编写的。编写是围绕《普通话水平测试大纲》进行的，书中自然涵盖测试大纲全部知识点，因此本书也适用于北京地区社会上准备参加普通话水平测试的考生。

本书的一大特点是语文基础知识学习与普通话水平测试取证相结合。北京地区普通话水平测试分为词语朗读、文章朗读和说话三个部分，本书在编写上既照顾到测试的知识点，又照顾到语文教学。词语部分单字选编全部 3500 个常用字，也包含了全部《普通话水平测试大纲》中的单字。体例上由单字引头，单字下按双音节词语、儿化韵、三音节词语和四字词语的顺序排列，便于查找、教学。从识记角度出发，每个字都尽量组成词语，不能组词的也写出了短句或注出了意思。在编写体例上，本书不拘泥于一般的词典编写规律，组词不一定将该字作为首字，比如“号（háo）”字，列举“号啕”，也列举“哀号”，目的是方便记住这个字的读音，并选编了一定数量的常用成语。从测试取证角度出发，考虑到方便考生有针对性地进行重点学习，在双音节的词语中，一般不易读错写错的词语，如“人民”“国家”之类的词语不选，侧重选编涉及测试的知识点、难点，比如变调、多音字、异读字、容易错读的轻声儿化等。朗读部分和说话部分，除选录全部测试题外，还有指导学生朗读和说话的内容。

本书的编写人员是由普通话测试员和高职院校一线语文教师组成。王幼，普通话测试员，北京电子科技职业学院教师。赵寅，普通话测试员，北京政法职业学院教师。冯宾，普通话测试员，北京信息职业技术学院教师。耿密云、白春平、张宏武、杜娟，北京电子科技职业学院教师。

由于编者水平有限，书中错误和疏漏之处在所难免，恳请读者批评指正。

本书由北京市财政专项高职学生培养——教学改革立项与研究（市级）项目提供资金支持，项目代码为 PXM2015_014306_000017。

编　者

凡 例

1．字头

词语部分的字头包括国家语言文字工作委员会发布的《现代汉语常用字表》中全部3500个常用字，和《现代汉语常用字表》以外的《普通话水平测试大纲》规定词语中的字。一般字头是常用字表中的常用字，字头带“[ ]”的是常用字表中的次常用字，字前带“・”的是测试大纲规定词语中的字。

2．词语

每个字头下都列出由该字组成的词语，组词不一定以该字为首字。词语范围首选《普通话水平测试大纲》词语表中的词语，其次是常用词语。不能组词的字提供了例句或简短解释。

3．注音

每个字头分别标注汉语拼音。字头下所列由该字组成的词语也均标注汉语拼音，个别例句除外。

在多字条目的注音中，音节界限有混淆可能的，加隔音符号（ ’）。

4．可轻读词语

词语条目中的轻声字，注音不标调号，注音前加圆点提示。例如“桌子”注音“zhuō・zi”。

词语条目中一般轻读、间或重读的音节，注音上标调号，注音前再加圆点提示。例如：“聪明”注音“cōng・míng”，“明”字可读轻声“ming”，也可读重声“míng”。

5．多音字

多音字按不同的读音，分别列出字头，字项下列出该读音组成的词语，并用（ ）标注另见该字其他读音。

目　录

第一部分 词语部分

A

阿 ā
阿姨 āyí（另见ē）

腌 ā
腌臜 āzā（另见yān）

啊 ǎ
例：啊？这是怎么回事？（另见ā，á，à，a）

啊 à
例：啊，伟大的祖国！（另见ā，á，ǎ，a）

啊 a
例：你可要注意啊！（另见ā，á，ǎ，à）

啊 ā
例：啊，今年的庄稼长得真好哇！（另见á，ǎ，à，a）

啊 á
例：啊？你说什么？（另见ā，ǎ，à，a）

哀 āi
哀愁 āichóu　哀悼 āidào　哀号 āiháo
哀怨 āiyuàn　哀乐 āiyuè　哀兵必胜 āibīngbìshèng

挨 āi
挨个儿 āigèr（另见ái）

哎 āi
哎呀 āiyā

皑 ái
皑皑 ái'ái

癌 ái
癌症 áizhèng

蔼 ǎi
蔼然 ǎirán

唉 āi
唉声叹气 āishēngtànqì（另见ài）

埃 āi
尘埃 chén'āi

挨 ái
挨打 áidǎ（另见āi）

矮 ǎi
矮小 ǎixiǎo

唉 ài
例：唉，病了几天，把工作都耽误了。（另见āi）

爱 ài
爱好 àihào　爱戴 àidài　爱抚 àifǔ
爱慕 àimù　爱人 ài·ren　爱惜 àixī
爱不释手 àibùshìshǒu　爱莫能助 àimònéngzhù　爱屋及乌 àiwūjíwū

碍 ài
碍事 àishì　碍手碍脚 àishǒuàijiǎo

A

[隘] ài
隘路 àilù

[艾] ài
艾滋病 àizībìng（另见 yì）

安 ān
安分 ānfèn　安抚 ānfǔ　安排 ānpái
安慰 ānwèi　安息 ānxī　安逸 ānyì
安置 ānzhì　安葬 ānzàng　安步当车 ānbùdàngchē
安家立业 ānjiālìyè　安居乐业 ānjūlèyè　安如泰山 ānrútàishān
安营扎寨 ānyíngzhāzhài

[氨] ān
氨水 ānshuǐ　氨基酸 ānjīsuān

[庵] ān
庵堂 āntáng

[鞍] ān
鞍前马后 ānqiánmǎhòu

[俺] ǎn
例：俺几个随后就到。

岸 àn
岸然 ànrán

按 àn
按摩 ànmó　按捺 ànnà　按钮 ànniǔ
按部就班 ànbùjiùbān　按图索骥 àntúsuǒjì

案 àn
案例 ànlì　案头 àntóu　案子 àn・zi

暗 àn
暗藏 àncáng　暗淡 àndàn　暗示 ànshì
暗送秋波 ànsòngqiūbō　暗无天日 ànwútiānrì

·黯 àn
黯然 ànrán

[肮] āng
肮脏 āngzāng

昂 áng
昂贵 ángguì　昂然 ángrán　昂扬 ángyáng
昂首阔步 ángshǒukuòbù

·盎 àng
盎然 àngrán

[凹] āo
凹陷 āoxiàn（另见 wā）

[熬] āo
熬心 āoxīn（另见áo）

[熬] áo
熬煎 áojiān　熬夜 áoyè（另见āo）

·螯 áo
螯肢动物 áozhīdòngwù

·遨 áo
遨游 áoyóu

·翱 áo
翱翔 áoxiáng

袄 ǎo
夹袄 jiá'ǎo

[拗] ǎo 例：把竹竿拗断了。（另见ào，niù）

傲 ào 傲慢 àomàn　傲然 àorán

奥 ào 奥秘 àomì　奥妙 àomiào

[澳] ào 澳洲 Àozhōu（现称大洋洲）

[懊] ào 懊悔 àohuǐ　懊恼 àonǎo

[拗] ào 拗口 àokǒu（另见ǎo，niù）

B

八 bā 八股 bāgǔ　八卦 bāguà　八面玲珑 bāmiànlínglóng

巴 bā 巴结 bā・jie　巴掌 bā・zhang

吧 bā 吧嗒 bādā（另见 ba）

疤 bā 疤痕 bāhén

扒 bā 扒拉 bā・la（另见 pá）

[叭] bā 叭儿狗 bārgǒu

[芭] bā 芭蕉 bājiāo　芭蕾舞 bālěiwǔ

[捌] bā 例：今借到人民币捌佰元整。

[笆] bā 笆斗 bādǒu

拔 bá 拔除 báchú　拔节 bájié

[跋] bá 跋涉 báshè

把 bǎ 把柄 bǎbǐng　把手 bǎ・shǒu　把子 bǎ・zi　把门儿 bǎménr（另见 bà）

[靶] bǎ 靶场 bǎchǎng　靶子 bǎ・zi

把 bà 把子 bàzi（另见 bǎ）

爸 bà 爸爸 bà・ba

罢 bà 罢课 bàkè　罢免 bàmiǎn　罢休 bàxiū

B

bà 霸

霸权 bàquán　霸占 bàzhàn

bà 坝

坝塘 bàtáng

bà [耙]

例：那块地已经耙过两遍了。（另见 pá）

ba 吧

例：走吧。（另见 bā）

bāi [掰]

掰腕子 bāi wàn · zi

bái 白

白痴 báichī　白桦 báihuà　白薯 báishǔ
白皙 báixī　白净 bái · jing　白天 báitiān
白癣 báixuǎn　白璧无瑕 báibìwúxiá　白手起家 báishǒuqǐjiā
白头偕老 báitóuxiélǎo

bǎi 百

百合 bǎihé　百废俱兴 bǎifèijùxīng　百花齐放 bǎihuāqífàng
百家争鸣 bǎijiāzhēngmíng　百科全书 bǎikēquánshū　百炼成钢 bǎi liànchénggāng
百无聊赖 bǎiwúliáolài　百折不挠 bǎizhébùnáo

bǎi 伯

大伯子 dàbǎi · zi（另见 bó）

bǎi 柏

柏油 bǎiyóu（另见 bó）

bǎi 摆

摆脱 bǎituō　摆设 bǎi · shè　摆布 bǎi · bù
摆弄 bǎinòng

bài 败

败仗 bàizhàng　败家子儿 bàijiāzǐr

bài 拜

拜访 bàifǎng　拜谒 bàiyè

bān 班

班级 bānjí　班子 bān · zi

bān 般

般配 bānpèi

bān 斑

斑白 bānbái　斑鸠 bānjiū　斑斓 bānlán
斑纹 bānwén

bān 搬

搬迁 bānqiān　搬运 bānyùn

bān [扳]

扳道 bāndào　扳子 bān · zi

bān [颁]

颁布 bānbù　颁发 bānfā

bǎn 板

板凳 bǎndèng　板栗 bǎnlì　板眼 bǎnyǎn

板子 bǎn·zi　板擦儿 bǎncār

bǎn 版　版本 bǎnběn　版权 bǎnquán　版图 bǎntú

bàn 办　办公 bàngōng　办理 bànlǐ

bàn 半　半截 bànjié　半径 bànjìng　半道儿 bàndàor
半截儿 bànjiér

bàn 扮　扮演 bànyǎn

bàn 伴　伴侣 bànlǚ　伴奏 bànzòu

bàn 拌　拌嘴 bànzuǐ

bàn 瓣　瓣膜 bànmó

bàn [绊]　绊脚石 bànjiǎoshí

bāng 帮　帮办 bāngbàn　帮手 bāng·shou　帮忙 bāngmáng

bāng [邦]　邦交 bāngjiāo

bāng [梆]　梆子 bāng·zi

bǎng 绑　绑架 bǎngjià

bǎng 榜　榜样 bǎngyàng

bǎng 膀　膀子 bǎng·zi（另见 pāng，páng）

bàng 棒　棒球 bàngqiú　棒槌 bàng·chui　棒子 bàng·zi

bàng 傍　傍晚 bàngwǎn

bàng [谤]　谤书 bàngshū

bàng [磅]　磅秤 bàngchèng（另见 páng）

bàng [蚌]　鹬蚌相争 yùbàngxiāngzhēng（另见 bèng）

bāo 包　包裹 bāoguǒ　包庇 bāobì　包涵 bāo·hán
包揽 bāolǎn　包扎 bāozā　包袱 bāo·fu
包销 bāoxiāo　包子 bāo·zi　包干儿 bāogānr
包圆儿 bāoyuánr　包罗万象 bāoluówànxiàng

bāo 胞　胞衣 bāoyī

bāo ·孢　孢子 bāozǐ

bāo 炮　例：炮羊肉。（另见 páo，pào）

bāo 剥　剥皮 bāopí（另见 bō）

bāo [褒]　褒贬 bāo·biǎn

bāo [苞]　苞米 bāomǐ

B

báo 雹 雹子 báo · zi

báo 薄 薄饼 báobǐng　薄脆 báocuì（另见 bó，bò）

bǎo 饱 饱和 bǎohé　饱满 bǎomǎn　饱经沧桑 bǎojīngcāngsāng　饱经风霜 bǎojīngfēngshuāng　饱食终日 bǎoshízhōngrì

bǎo 宝 宝贝 bǎo · bèi　宝贵 bǎoguì　宝藏 bǎozàng　宝刀不老 bǎodāobùlǎo

bǎo 保 保密 bǎomì　保姆 bǎomǔ　保佑 bǎoyòu　保障 bǎozhàng　保险丝 bǎoxiǎnsī

bǎo 堡 堡垒 bǎolěi（另见 bǔ，pù）

bào 报 报答 bàodá　报到 bàodào　报道 bàodào　报废 bàofèi　报酬 bào · chou　报销 bàoxiāo　报偿 bàocháng　报复 bào · fù　报丧 bàosāng　报应 bào · yìng

bào 抱 抱负 bàofù　抱歉 bàoqiàn　抱怨 bào · yuàn　抱残守缺 bàocánshǒuquē　抱头鼠窜 bàotóushǔcuàn　抱薪救火 bàoxīnjiùhuǒ

bào 暴 暴露 bàolù　暴虐 bàonüè　暴躁 bàozào　暴涨 bàozhǎng　暴风骤雨 bàofēngzhòuyǔ　暴跳如雷 bàotiàorúléi

bào 爆 爆发 bàofā　爆裂 bàoliè　爆破 bàopò

bào [豹] 豹子 bào · zi

bào [刨] 刨花 bàohuā（另见 páo）

bào 鲍 鲍鱼 bàoyú

bēi 杯 杯子 bēi · zi　杯弓蛇影 bēigōngshéyǐng　杯盘狼藉 bēipánlángjí　杯水车薪 bēishuǐchēxīn

bēi 背 背负 bēifù　背债 bēizhài（另见 bèi）

bēi 悲 悲哀 bēi’āi　悲惨 bēicǎn　悲壮 bēizhuàng　悲欢离合 bēihuānlíhé　悲天悯人 bēitiānmǐnrén　悲喜交集 bēixǐjiāojí

bēi 碑
碑文 bēiwén　碑帖 bēitiè

bēi [卑]
卑鄙 bēibǐ　卑劣 bēiliè　卑微 bēiwēi
卑不足道 bēibùzúdào　卑躬屈膝 bēigōngqūxī

běi 北
北方 běifāng　北边 běi · bian

bèi 贝
贝壳 bèiké

bèi 备
备案 bèi'àn　备课 bèikè　备用 bèiyòng

bèi 背
背风 bèifēng　背脊 bèijǐ　背景 bèijǐng
背叛 bèipàn　背道而驰 bèidào'érchí　背井离乡 bèijǐnglíxiāng
背信弃义 bèixìnqìyì（另见 bēi）

bèi 倍
倍数 bèishù　倍增 bèizēng

bèi 被
被褥 bèirù　被子 bèi · zi　被窝儿 bèiwōr

bèi 辈
辈出 bèichū　辈分 bèi · fen

bèi [狈]
狼狈 lángbèi

bèi [惫]
惫倦 bèijuàn

bèi [焙]
焙烧 bèishāo

bèi ·钡
钡餐 bèicān

bei 臂
胳臂 gē · bei（另见 bì）

bēn 奔
奔波 bēnbō　奔驰 bēnchí　奔赴 bēnfù
奔涌 bēnyǒng　奔走呼号 bēnzǒuhūháo（另见 bèn）

běn 本
本事 běn · shi　本钱 běn · qián　本分 běnfèn
本子 běn · zi　本乡本土 běnxiāngběntǔ

běn ·苯
（一种有机化合物。）

bèn 奔
奔头儿 bèn · tour（另见 bēn）

bèn 笨
笨拙 bènzhuō　笨鸟先飞 bènniǎoxiānfēi　笨手笨脚 bènshǒubènjiǎo

bēng [崩]
崩溃 bēngkuì　崩塌 bēngtā

B

bēng [绷] 绷带 bēngdài（另见 běng，bèng）

běng [绷] 绷脸 běngliǎn（另见 bēng，bèng）

bèng 蹦 蹦跶 bèng·da

bèng [泵] 泵入 bèngrù

bèng [蚌] 蚌埠 Bèngbù（另见 bàng）

bèng [绷] 例：西瓜绷了一道缝儿。（另见 bēng，běng）

bèng ·迸 迸发 bèngfā

bī 逼 逼迫 bīpò　逼上梁山 bīshàngliángshān

bí 鼻 鼻梁 bíliáng　鼻涕 bítì　鼻子 bí·zi　鼻梁 bíliáng　鼻青脸肿 bíqīngliǎnzhǒng

bí [荸] 荸荠 bíqi

bǐ 比 比较 bǐjiào　比量 bǐ·liang　比拟 bǐnǐ　比方 bǐ·fang　比翼齐飞 bǐyìqífēi

bǐ 笔 笔触 bǐchù　笔迹 bǐjì　笔杆儿 bǐgǎnr　笔墨官司 bǐmòguān·si

bǐ 彼 彼岸 bǐ'àn　彼此 bǐcǐ

bǐ 鄙 鄙视 bǐshì　鄙夷 bǐyí

bǐ [匕] 匕首 bǐshǒu

bǐ [秕] 秕糠 bǐkāng

bì 碧 碧波 bìbō　碧绿 bìlǜ

bì 毕 毕竟 bìjìng　毕生 bìshēng　毕恭毕敬 bìgōngbìjìng

bì 币 币制 bìzhì

bì 闭 闭幕 bìmù　闭塞 bìsè　闭门羹 bìméngēng　闭门思过 bìménsīguò　闭门造车 bìménzàochē　闭目塞听 bìmùsètīng

bì 弊 弊病 bìbìng　弊端 bìduān

必 bì
必须 bìxū　　必需 bìxū

壁 bì
壁画 bìhuà　　壁垒森严 bìlěisēnyán

臂 bì
臂膀 bìbǎng（另见 bei）

避 bì
避免 bìmiǎn　　避难 bìnàn　　避雷针 bìléizhēn
避重就轻 bìzhòngjiùqīng

辟 bì
辟邪 bìxié

毙 bì
毙命 bìmìng

蔽 bì
隐蔽 yǐnbì

秘 bì
秘鲁 bìlǔ（另见 mì）

[璧] bì
白璧无瑕 báibìwúxiá

[庇] bì
庇护 bìhù　　庇荫 bìyìn

[泌] bì
泌阳 Bìyáng（地名）（另见 mì）

[蓖] bì
蓖麻 bìmá

[痹] bì
麻痹 mábì

·陛 bì
陛下 bìxià

·敝 bì
敝帚自珍 bìzhǒuzìzhēn

·婢 bì
婢女 bìnǚ

鞭 biān
鞭策 biāncè　　鞭子 biān · zi　　鞭长莫及 biānchángmòjí
鞭辟入里 biānpìrùlǐ

边 biān
边陲 biānchuí　　边疆 biānjiāng　　边境 biānjìng
边卡 biānqiǎ　　边缘 biānyuán

编 biān
编辑 biānjí　　编造 biānzào　　编撰 biānzhuàn
编纂 biānzuǎn　　编者按 biānzhě'àn

[蝙] biān
蝙蝠 biānfú

扁 biǎn
扁担 biǎndan　　扁桃体 biǎntáotǐ（另见 piān）

[匾] biǎn
匾额 biǎn'é

[贬] biǎn
贬低 biǎndī　　贬值 biǎnzhí

便 biàn
便当 biàndāng　　便利 biànlì　　便秘 biànmì
便宜行事 biànyíxíngshì（另见 pián）

B

biàn 变

变更 biàngēng　变故 biàngù　变幻 biànhuàn
变迁 biànqiān　变本加厉 biànběnjiālì

biàn 辫

辫别 biànbié　辫析 biànxī　辫证 biànzhèng

biàn 辫

辫子 biàn · zi

biàn 辩

辩驳 biànbó　辩解 biànjiě　辩论 biànlùn
辩护人 biànhùrén　辩证法 biànzhèngfǎ

biàn 遍

遍布 biànbù　遍地开花 biàndìkāihuā　遍体鳞伤 biàntǐlínshāng

biāo 标

标榜 biāobǎng　标的 biāodì　标记 biāojì
标签 biāoqiān　标志 biāozhì　标新立异 biāoxīnlìyì

biāo [彪]

彪炳千古 biāobǐngqiāngǔ

biāo [膘]

膘情 biāoqíng

biǎo 表

表决 biǎojué　表露 biǎolù　表率 biǎoshuài
表彰 biǎozhāng　表里如一 biǎolǐrúyī

biē [瘪]

瘪三 biēsān（另见 biě）

biē [憋]

憋闷 biē · men

biē [鳖]

鳖裙 biēqún

bié 别

别墅 biéshù　别致 biézhì　别人 bié · rén
别针儿 biézhēnr　别出心裁 biéchūxīncái　别具一格 biéjùyīgé
别具匠心 biéjùjiàngxīn　别开生面 biékāishēngmiàn　别树一帜 biéshùyīzhì
别有用心 biéyǒuyòngxīn（另见 biè）

biě [瘪]

干瘪 gānbiě（另见 biē）

biè 别

别扭 biè · niu（另见 bié）

bīn 宾

宾客 bīnkè　宾至如归 bīnzhìrúguī

bīn 滨

滨海 bīnhǎi

bīn [彬]

彬彬有礼 bīnbīnyǒulǐ

bīn [濒]

濒临 bīnlín

bīn [缤]

缤纷 bīnfēn

bìn [鬓] 鬓发 bìnfà

bìn ·摈 摈弃 bìnqì

bīng 冰 冰雹 bīngbáo　冰窖 bīngjiào　冰棍儿 bīnggùnr　冰淇淋 bīngqílín　冰清玉洁 bīngqīngyùjié　冰天雪地 bīngtiānxuědì　冰消瓦解 bīngxiāowǎjiě

bīng 兵 兵役 bīngyì　兵不厌诈 bīngbùyànzhà　兵荒马乱 bīnghuāngmǎluàn　兵临城下 bīnglínchéngxià　兵强马壮 bīngqiángmǎzhuàng

bǐng 丙 丙纶 bǐnglún

bǐng 柄 把柄 bǎbǐng

bǐng 饼 饼干 bǐnggān　饼子 bǐng · zi

bǐng [屏] 屏除 bǐngchú　屏息 bǐngxī（另见 píng）

bǐng [秉] 秉性 bǐngxìng　秉公 bǐnggōng

bǐng [禀] 禀报 bǐngbào　禀性 bǐngxìng

bìng 病 病菌 bìngjūn　病理 bìnglǐ　病魔 bìngmó　病榻 bìngtà　病症 bìngzhèng　病原体 bìngyuántǐ　病入膏肓 bìngrùgāohuāng

bìng ·摒 摒弃 bìngqì

bìng 并 并联 bìnglián　并重 bìngzhòng　并驾齐驱 bìngjiàqíqū　并行不悖 bìngxíngbùbèi

bō 玻 玻璃 bō · li

bō 剥 剥蚀 bōshí　剥削 bōxuē（另见 bāo）

bō 播 播种 bōzhǒng　播种 bōzhòng

bō 拨 拨款 bōkuǎn　拨拉 bō · la　拨弄 bō · nòng　拨云见日 bōyúnjiànrì

bō 波 波段 bōduàn　波幅 bōfú　波及 bōjí

波澜壮阔 bōlánzhuàngkuò

bō 菠　菠菜 bōcài　菠萝 bōluó

bō ·钵　钵盂 bōyú

bó 博　博爱 bó'ài　博得 bódé　博士 bóshì
博览会 bólǎnhuì　博物馆 bówùguǎn　博古通今 bógǔtōngjīn
博闻强识 bówénqiángzhì

bo 膊　胳膊 gē · bo

bó 薄　薄膜 bómó　薄弱 bóruò（另见 báo，bò）

bó 搏　搏斗 bódòu　搏击 bójī

bó 泊　泊位 bówèi（另见 pō）

bó 伯　伯乐 Bólè　伯仲叔季 bózhòngshūjì（另见 bǎi）

bó 柏　柏林 Bólín（另见 bǎi）

bó 脖　脖子 bó · zi　脖颈儿 bógěngr

bó 驳　驳斥 bóchì

bó [舶]　舶来品 bóláipǐn

bó [勃]　勃勃 bóbó

bó [渤]　渤海 Bóhǎi

bó ·帛　帛书 bóshū

bó ·铂　铂金 bójīn

bó ·箔　锡箔 xībó

bǒ [跛]　跛子 bǒ · zi

bǒ [簸]　颠簸 diānbǒ（另见 bò）

bò [簸]　簸箕 bò · ji（另见 bǒ）

bò 薄　薄荷 bò · he（另见 báo，bó）

bo 卜　萝卜 luó · bo（另见 bǔ）

bǔ 捕　捕获 bǔhuò　捕捞 bǔlāo　捕捉 bǔzhuō

捕风捉影 bǔfēngzhuōyǐng

卜 bǔ

卜辞 bǔcí（另见 bo）

补 bǔ

补偿 bǔcháng　补丁 bǔ · ding　补给 bǔjǐ
补贴 bǔtiē　补偏救弊 bǔpiānjiùbì

堡 bǔ

堡子 bǔ · zi（另见 bǎo，pù）

[哺] bǔ

哺育 bǔyù　哺乳动物 bǔrǔdòngwù

不 bù

不曾 bùcéng　不啻 bùchì　不妨 bùfáng
不禁 bùjīn　不堪 bùkān　不当 bùdàng
不符 bùfú　不胜 bùshèng　不暇 bùxiá
不祥 bùxiáng　不肖 bùxiào　不屑 bùxiè
不懈 bùxiè　不宜 bùyí　不见得 bùjiàn · dé
不由得 bùyóu · de　不在乎 bùzài · hu　不敢当 bùgǎndāng
不像话 bùxiànghuà　不锈钢 bùxiùgāng　不至于 bùzhìyú
不得劲儿 bùdéjìnr　不卑不亢 bùbēibùkàng　不动声色 bùdòngshēngsè
不耻下问 bùchǐxiàwèn　不共戴天 bùgòngdàitiān　不寒而栗 bùhán'érlì
不计其数 bùjìqíshù　不假思索 bùjiǎsīsuǒ　不胫而走 bùjìng'érzǒu
不咎既往 bùjiùjìwǎng　不可思议 bùkěsīyì　不可一世 bùkěyīshì
不速之客 bùsùzhīkè　不堪回首 bùkānhuíshǒu　不落窠臼 bùluòkējiù
不期而遇 bùqī'éryù　不求甚解 bùqiúshènjiě　不容置疑 bùróngzhìyí
不言而喻 bùyán'éryù　不以为然 bùyǐwéirán　不约而同 bùyuē'értóng
不翼而飞 bùyì'érfēi　不知所措 bùzhīsuǒcuò

布 bù

布告 bùgào　布置 bùzhì

怖 bù

恐怖 kǒngbù

步 bù

步履 bùlǚ　步骤 bùzhòu　步子 bù · zi
步步为营 bùbùwéiyíng　步人后尘 bùrénhòuchén

部 bù

部署 bùshǔ　部属 bùshǔ　部分 bù · fen

[簿] bù

簿籍 bùjí

[埠] bù

外埠 wàibù

C

cā 擦 擦拭 cāshì

cāi 猜 猜度 cāiduó　猜疑 cāiyí

cái 裁 裁缝 cái · feng　裁处 cáichǔ　裁减 cáijiǎn

cái 材 材料 cáiliào

cái 才 才干 cáigàn　才华 cáihuá　才智 cáizhì　才疏学浅 cáishūxuéqiǎn

cái 财 财经 cáijīng　财会 cáikuài　财贸 cáimào　财务 cáiwù　财物 cáiwù　财主 cái · zhu　财大气粗 cáidàqìcū

cǎi 踩 踩水 cǎishuǐ

cǎi 采 采掘 cǎijué　采纳 cǎinà　采摘 cǎizhāi

cǎi 彩 彩虹 cǎihóng　彩绘 cǎihuì　彩塑 cǎisù　彩陶 cǎitáo

cǎi 睬 理睬 lǐcǎi

cài 菜 菜蔬 càishū　菜肴 càiyáo

Cài ·蔡 （姓。）

cān 餐 餐具 cānjù　餐风宿露 cānfēngsùlù

cān 参 参校 cānjiào　参谋 cānmóu　参与 cānyù（另见 cēn，shēn）

cán 蚕 蚕食 cánshí

cán 残 残酷 cánkù　残疾 cán · jí　残杯冷炙 cánbēilěngzhì　残羹剩饭 cángēngshèngfàn　残垣断壁 cányuánduànbì

cán 惭 惭愧 cánkuì

cǎn 惨

惨案 cǎn'àn　惨痛 cǎntòng　惨不忍睹 cǎnbùrěndǔ
惨绝人寰 cǎnjuérénhuán　惨无人道 cǎnwúréndào

càn 灿

灿烂 cànlàn

cāng 苍

苍翠 cāngcuì　苍劲 cāngjìng　苍茫 cāngmáng
苍穹 cāngqióng　苍蝇 cāng·ying

cāng 舱

舱位 cāngwèi

cāng 仓

仓促 cāngcù　仓皇 cānghuáng

cāng [沧]

沧桑 cāngsāng　沧海一粟 cānghǎiyīsù

cáng 藏

藏书 cángshū　藏垢纳污 cánggòunàwū　藏龙卧虎 cánglóngwòhǔ
藏头露尾 cángtóulùwěi（另见 zàng）

cāo 操

操持 cāochí　操练 cāoliàn　操作 cāozuò
操之过急 cāozhīguòjí

cāo [糙]

糙米 cāomǐ

cáo 槽

槽牙 cáoyá　槽子 cáo·zi

cáo [曹]

吾曹 wúcáo

cáo ·嘈

嘈杂 cáozá

cǎo 草

草丛 cǎocóng　草莓 cǎoméi　草拟 cǎonǐ
草率 cǎoshuài　草菅人命 cǎojiānrénmìng　草木皆兵 cǎomùjiēbīng

cè 厕

厕所 cèsuǒ

cè 策

策划 cèhuà　策略 cèlüè

cè 侧

侧重 cèzhòng

cè 册

册子 cè·zi

cè 测

测定 cèdìng　测绘 cèhuì　测量 cèliáng

cēn 参

参差 cēncī（另见 cān，shēn）

céng 层

层次 céngcì　层出不穷 céngchūbùqióng

céng 曾

曾经 céngjīng　曾几何时 céngjǐhéshí（另见 zēng）

cèng [蹭]

蹭车 cèngchē

chā 插

插秧 chāyāng　插翅难飞 chāchìnánfēi

chā 叉 叉子 chā·zi　叉腰 chāyāo（另见 chá，chǎ，chà）

chā 差 差额 chā'é　差异 chāyì　差强人意 chāqiángrényì
（另见 chà，chāi，cī）

chā [杈]（一种农具。）（另见 chà）

chā [喳] 喳喳 chāchā（另见 zhā）

chá 茶 茶几 chájī　茶馆儿 cháguǎnr　茶余饭后 cháyúfànhòu

chá 察 察觉 chájué　察看 chákàn　察言观色 cháyánguānsè

chá 查 查处 cháchǔ　查禁 chájìn　查询 cháxún
查阅 cháyuè（另见 zhā）

chá 叉 例：车都叉在一起了。（另见 chā，chǎ，chà）

chá [茬] 茬口 chá·kǒu　茬子 chá·zi

chá [碴] 碴口 chákǒu

chǎ 叉 叉腿 chǎtuǐ（另见 chā，chá，chà）

chǎ [衩] 裤衩儿 kùchǎr（另见 chà）

chà 差 差劲 chàjìn　差不多 chà·buduō　差点儿 chàdiǎnr
（另见 chā，chāi，cī）

chà 岔 岔路 chàlù　岔气 chàqì　岔子 chà·zi

chà 叉 劈叉 pǐchà（另见 chā，chá，chǎ）

chà [杈] 杈子 chà·zi（另见 chā）

chà [刹] 刹那 chànà（另见 shā）

chà [衩]（衣服旁边开口的地方。）（另见 chǎ）

chà ·诧 诧异 chàyì

chāi 拆 拆毁 chāihuǐ　拆散 chāisǎn　拆卸 chāixiè

chāi 差 差使 chāishǐ　差事 chāi · shi（另见 chā，chà，cī）

chái 柴 柴火 chái · huo　柴油 cháiyóu

chái [豺] 豺狼当道 cháilángdāngdào

chān [搀] 搀扶 chānfú　搀和 chān · huo

chān [掺]（同“搀”。）（另见 shǎn）

chán 单 单于 chányú（另见 dān，Shàn）

chán 馋 馋涎欲滴 chánxiányùdī

chán 缠 缠绵 chánmián　缠绕 chánrào

chán [蝉] 蝉联 chánlián

chán ·禅 禅师 chánshī（另见 shàn）

chán ·蟾 蟾蜍 chánchú

chán ·潺 潺潺 chánchán

chǎn 产 产销 chǎnxiāo

chǎn 铲 铲除 chǎnchú

chǎn [阐] 阐释 chǎnshì　阐述 chǎnshù

chàn 颤 颤动 chàndòng　颤悠 chàn · you（另见 zhàn）

chàn ·忏 忏悔 chànhuǐ

chāng 昌 昌盛 chāngshèng

chāng [猖] 猖獗 chāngjué　猖狂 chāngkuáng

chāng ·娼 娼妓 chāngjì

cháng 尝 尝试 chángshì

cháng 偿 偿还 chánghuán

cháng 常 常规 chángguī

cháng 长 长波 chángbō　长处 cháng · chù　长臂猿 chángbìyuán

长颈鹿 chángjǐnglù　长歌当哭 chánggēdàngkū　长年累月 chángniánlěiyuè

长驱直入 chángqūzhírù　长治久安 chángzhìjiǔ'ān（另见 zhǎng）

cháng 场 场院 chángyuàn（另见 chǎng）

cháng 肠 肠胃 chángwèi　肠子 cháng · zi

chǎng 厂 厂矿 chǎngkuàng　厂子 chǎng · zi

chǎng 场
场合 chǎnghé　场面 chǎngmiàn　场子 chǎng·zi（另见 cháng）

chǎng 敞
敞开 chǎngkāi

chàng 畅
畅通 chàngtōng　畅销 chàngxiāo　畅所欲言 chàngsuǒyùyán

chàng 唱
唱和 chànghè　唱片 chàngpiàn　唱腔 chàngqiāng
唱歌儿 chànggēr　唱片儿 chàngpiānr

chàng 倡
倡议 chàngyì

chàng ·怅
怅惘 chàngwǎng

chāo 超
超额 chāo'é　超然 chāorán　超脱 chāotuō
超越 chāoyuè　超载 chāozài　超尘拔俗 chāochénbású
超凡入圣 chāofánrùshèng

chāo 抄
抄袭 chāoxí

chāo 钞
钞票 chāopiào

chāo 吵
吵吵 chāo·chao（另见 chǎo）

chāo [绰]
例：绰棍子，绰（焯）菜（另见 chuò）

chāo [剿]
剿袭 chāoxí（同“抄袭”）（另见 jiǎo）

cháo 朝
朝拜 cháobài　朝廷 cháotíng　朝阳 cháoyáng（另见 zhāo）

cháo 潮
潮湿 cháoshī　潮汐 cháoxī

cháo [嘲]
嘲讽 cháofěng

cháo [巢]
巢穴 cháoxué

chǎo 吵
吵架 chǎojià（另见 chāo）

chǎo 炒
炒勺 chǎosháo

chē 车
车祸 chēhuò　车厢 chēxiāng　车子 chē·zi
车水马龙 chēshuǐmǎlóng　车载斗量 chēzàidǒuliáng（另见 jū）

chě 扯
扯皮 chěpí

chè 撤
撤退 chètuì　撤销 chèxiāo　撤职 chèzhí

chè 彻

彻底 chèdǐ　彻头彻尾 chètóuchèwěi

chè [澈]

清澈 qīngchè

chè ·掣

掣肘 chèzhǒu　风驰电掣 fēngchídiànchè

chēn ·抻

抻面 chēnmiàn

chén 尘

尘埃 chén'āi

chén 沉

沉淀 chéndiàn　沉寂 chénjì　沉浸 chénjìn
沉沦 chénlún　沉没 chénmò　沉吟 chényín
沉郁 chényù　沉鱼落雁 chényúluòyàn

chén 辰

辰时 chénshí

chén 晨

晨曦 chénxī　晨钟暮鼓 chénzhōngmùgǔ

chén 臣

臣子 chénzǐ

chén 陈

陈腐 chénfǔ　陈列 chénliè　陈设 chénshè
陈陈相因 chénchénxiāngyīn　陈词滥调 chéncílàndiào

chén [忱]

热忱 rèchén

chèn 趁

趁势 chènshì　趁早 chènzǎo　趁火打劫 chènhuǒdǎjié
趁热打铁 chènrèdǎtiě

chèn 衬

衬衫 chènshān　衬托 chèntuō

chèn 称

称心 chènxīn　称职 chènzhí（另见 chēng，chèng）

chēng 撑

撑腰 chēngyāo

chēng 称

称颂 chēngsòng　称谓 chēngwèi　称呼 chēng · hu
称兄道弟 chēngxiōngdàodì（另见 chèn，chèng）

chēng [铛]

饼铛 bǐngchēng（另见 dāng）

chéng 城

城堡 chéngbǎo

chéng 成

成材 chéngcái　成分 chéng · fèn　成绩 chéngjì
成见 chéngjiàn　成熟 chéngshú　成年累月 chéngniánlěiyuè
成人之美 chéngrénzhīměi　成竹在胸 chéngzhúzàixiōng

chéng 呈

呈现 chéngxiàn

chéng 乘

乘客 chéngkè　乘凉 chéngliáng　乘务员 chéngwùyuán
乘人之危 chéngrénzhīwēi（另见 shèng）

chéng 盛

盛器 chéngqì（另见 shèng）

chéng 程

程度 chéngdù　程式 chéngshì　程序 chéngxù

chéng 惩

惩办 chéngbàn　惩处 chéngchǔ　惩戒 chéngjiè
惩前毖后 chéngqiánbìhòu　惩一警百 chéngyījǐngbǎi

chéng 诚

诚恳 chéngkěn　诚然 chéngrán　诚挚 chéngzhì
诚实 chéng・shí　诚惶诚恐 chénghuángchéngkǒng

chéng 承

承办 chéngbàn　承袭 chéngxí　承前启后 chéngqiánqǐhòu
承上启下 chéngshàngqǐxià

chéng [澄]

澄清 chéngqīng（另见 dèng）

chéng [橙]

橙黄 chénghuáng

chéng ・丞

丞相 chéngxiàng

chěng [逞]

逞强 chěngqiáng　逞凶 chěngxiōng

chèng 称

同“秤”。（另见 chèn，chēng）

chèng 秤

秤砣 chèngtuó

chī 吃

吃惊 chījīng　吃不消 chībuxiāo　吃里扒外 chīlǐpáwài

chī [痴]

痴呆 chīdāi　痴心妄想 chīxīnwàngxiǎng

chī [嗤]

嗤笑 chīxiào　嗤之以鼻 chīzhīyǐbí

chí 持

持续 chíxù　持重 chízhòng　持之以恒 chízhīyǐhéng

chí 池

池塘 chítáng　池子 chí・zi

chí 迟

迟到 chídào　迟缓 chíhuǎn　迟疑 chíyí

chí 驰

驰骋 chíchěng　驰名 chímíng

chí 匙

汤匙 tāngchí（另见 shi）

chí [弛]

弛缓 chíhuǎn

chǐ 耻

耻辱 chǐrǔ

chǐ 齿

齿龈 chǐyín

chǐ 尺

尺度 chǐdù　　尺子 chǐ·zi　　尺寸 chǐ·cùn

尺幅千里 chǐfúqiānlǐ

chǐ [侈]

侈谈 chǐtán

chì 赤

赤诚 chìchéng　　赤裸 chìluǒ　　赤字 chìzì

赤膊上阵 chìbóshàngzhèn　　赤胆忠心 chìdǎnzhōngxīn　　赤手空拳 chìshǒukōngquán

chì 斥

斥责 chìzé

chì 翅

翅膀 chìbǎng

chì ·炽

炽烈 chìliè　　炽热 chìrè

chōng 充

充斥 chōngchì　　充分 chōngfèn　　充沛 chōngpèi

充塞 chōngsè　　充血 chōngxuè　　充溢 chōngyì

充裕 chōngyù　　充耳不闻 chōng'ěrbùwén

chōng 冲

冲突 chōngtū　　冲积 chōngjī　　冲撞 chōngzhuàng

冲锋陷阵 chōngfēngxiànzhèn（另见 chòng）

chōng ·憧

憧憬 chōngjǐng

chōng ·舂

舂米 chōngmǐ

chóng 虫

虫子 chóng·zi

chóng 重

重叠 chóngdié　　重逢 chóngféng　　重蹈覆辙 chóngdǎofùzhé

重峦叠嶂 chóngluándiézhàng　　重温旧梦 chóngwēnjiùmèng

重整旗鼓 chóngzhěngqígǔ（另见 zhòng）

chóng 崇

崇拜 chóngbài　　崇山峻岭 chóngshānjùnlǐng

Chóng 种

（姓。）（另见 zhǒng，zhòng）

chǒng [宠]

宠爱 chǒng'ài　　宠儿 chǒng'ér　　宠辱不惊 chǒngrǔbùjīng

chòng 冲

冲床 chòngchuáng　　冲模 chòngmú（另见 chōng）

chōu 抽
抽空 chōukòng　抽屉 chōu · ti　抽搐 chōuchù
抽搭 chōu · da　抽穗 chōusuì　抽空儿 chōukòngr
抽肥补瘦 chōuféibǔshòu

chóu 稠
稠密 chóumì　稠人广众 chóurénguǎngzhòng

chóu 愁
愁苦 chóukǔ

chóu 筹
筹备 chóubèi　筹划 chóuhuà　筹集 chóují

chóu 酬
酬谢 chóuxiè

chóu 仇
仇恨 chóuhèn（另见 Qiú）

chóu 绸
绸缎 chóuduàn　绸子 chóu · zi

chóu [畴]
范畴 fànchóu

chóu ·惆
惆怅 chóuchàng

chóu ·踌
踌躇 chóuchú

chǒu 丑
丑恶 chǒu'è　丑角 chǒujué　丑陋 chǒulòu

chòu 臭
臭氧 chòuyǎng　臭味相投 chòuwèixiāngtóu（另见 xiù）

chū 初
初期 chūqī　初出茅庐 chūchūmáolú　初来乍到 chūláizhàdào
初露锋芒 chūlùfēngmáng　初生之犊 chūshēngzhīdú

chū 出
出席 chūxí　出差 chūchāi　出事 chūshì
出没 chūmò　出使 chūshǐ　出来 chū · lái
出去 chū · qù　出圈儿 chūquānr　出生率 chūshēnglǜ
出口成章 chūkǒuchéngzhāng　出类拔萃 chūlèibácuì　出奇制胜 chūqízhìshèng
出其不意 chūqíbùyì　出人意料 chūrényìliào

chú 厨
厨房 chúfáng

chú 锄
锄头 chú · tou　锄强扶弱 chúqiángfúruò

chú 除
除尘 chúchén　除夕 chúxī　除了 chú · le
除恶务尽 chú'èwùjìn　除旧布新 chújiùbùxīn

chú [橱]
橱窗 chúchuāng

chú [雏]
雏形 chúxíng

chǔ 楚

楚楚 chǔchǔ

chǔ 础

基础 jīchǔ

chǔ 储

储备 chǔbèi　储藏 chǔcáng　储蓄 chǔxù

chǔ 处

处罚 chǔfá　处方 chǔfāng　处分 chǔfèn
处境 chǔjìng　处决 chǔjué　处理 chǔlǐ
处世 chǔshì　处事 chǔshì　处置 chǔzhì
处心积虑 chǔxīnjīlǜ　处之泰然 hǔzhītàirán（另见 chù）

chù 畜

畜力 chùlì　畜生 chù · sheng（另见 xù）

chù 处

处所 chùsuǒ（另见 chǔ）

chù 触

触动 chùdòng　触犯 chùfàn　触景生情 chùjǐngshēngqíng
触类旁通 chùlèipángtōng　触目惊心 chùmùjīngxīn

chù [矗]

矗立 chùlì

chuāi [揣]

揣手儿 chuāishǒur（另见 chuǎi，chuài）

chuǎi [揣]

揣测 chuǎicè　揣摩 chuǎimó（另见 chuāi，chuài）

chuài [揣]

挣揣 zhèngchuài（另见 chuāi，chuǎi）

chuài ·踹

踹开 chuàikāi

chuān 穿

穿戴 chuāndài　穿梭 chuānsuō　穿靴戴帽 chuānxuēdàimào
穿针引线 chuānzhēnyǐnxiàn

chuān 川

川流不息 chuānliúbùxī

chuán 传

传授 chuánshòu　传教 chuánjiào　传宗接代 chuánzōngjiēdài
（另见 zhuàn）

chuán 船

船舶 chuánbó　船舱 chuáncāng　船坞 chuánwù
船舷 chuánxián　船只 chuánzhī

chuǎn 喘

喘气 chuǎnqì　喘息 chuǎnxī

chuàn 串

串联 chuànlián　串通一气 chuàntōngyīqì

chuāng 窗
窗帘 chuānglián　窗户 chuāng・hu　窗子 chuāng・zi
窗明几净 chuāngmíngjījìng

chuāng 疮
疮疤 chuāngbā　疮痍满目 chuāngyímǎnmù

chuāng 创
创伤 chuāngshāng（另见 chuàng）

chuáng 床
床铺 chuángpù

chuáng [幢]
经幢 jīngchuáng

chuǎng 闯
闯荡 chuǎngdàng　闯祸 chuǎnghuò

chuàng 创
创建 chuàngjiàn　创举 chuàngjǔ　创设 chuàngshè（另见 chuāng）

chuī 炊
炊烟 chuīyān

chuī 吹
吹拂 chuīfú　吹捧 chuīpěng　吹嘘 chuīxū
吹毛求疵 chuīmáoqiúcī

chuí 锤
锤炼 chuíliàn　锤子 chuí・zi

chuí 垂
垂钓 chuídiào　垂手可得 chuíshǒukědé　垂首帖耳 chuíshǒutiē'ěr
垂头丧气 chuítóusàngqì　垂涎欲滴 chuíxiányùdī

chuí [捶]
捶胸顿足 chuíxiōngdùnzú

chūn 春
春耕 chūngēng　春风化雨 chūnfēnghuàyǔ　春华秋实 chūnhuáqiūshí

chūn [椿]
椿萱 chūnxuān

chún 唇
唇齿相依 chúnchǐxiāngyī　唇枪舌剑 chúnqiāngshéjiàn　唇亡齿寒 chúnwángchǐhán

chún 纯
纯粹 chúncuì

chún [淳]
淳朴 chúnpǔ

chún [醇]
醇厚 chúnhòu

chǔn 蠢
蠢事 chǔnshì　蠢蠢欲动 chǔnchǔnyùdòng

chuō [戳]
戳穿 chuōchuān

chuò [绰]
绰号 chuòhào　绰绰有余 chuòchuòyǒuyú（另见 chāo）

chuò ·啜　啜泣 chuòqì

cī 差　参差 cēncī（另见 chā，chà，chāi）

cí 磁　磁场 cíchǎng　磁化 cíhuà

cí 辞　辞典 cídiǎn　辞职 cízhí

cí 慈　慈悲 cíbēi　慈祥 cíxiáng　慈眉善目 címéishànmù

cí 词　词典 cídiǎn　词汇 cíhuì

cí [祠]　祠堂 cítáng

cí [瓷]　瓷器 cíqì

cí [雌]　雌蕊 círuǐ　雌雄 cíxióng

cǐ 此　此刻 cǐkè　此起彼伏 cǐqǐbǐfú

cì 刺　刺激 cì·jī　刺骨 cìgǔ　刺眼 cìyǎn　刺猬 cì wei

cì 次　次第 cìdì　次品 cìpǐn　次数 cìshù　次序 cìxù

cì 伺　伺候 cì·hou（另见 sì）

cì [赐]　赐予 cìyǔ

cōng 聪　聪慧 cōnghuì　聪明 cōng·míng

cōng 葱　葱翠 cōngcuì

cōng 匆　匆忙 cōngmáng

cōng [囱]　烟囱 yāncōng

cóng 从　从容 cóngróng　从事 cóngshì　从属 cóngshǔ　从容不迫 cóngróngbùpò　从长计议 cóngchángjìyì　从心所欲 cóngxīnsuǒyù

cóng 丛　丛林 cónglín　丛生 cóngshēng　丛书 cóngshū

còu 凑　凑合 còu·he　凑巧 còuqiǎo

cū 粗　粗糙 cūcāo　粗犷 cūguǎng　粗鲁 cū·lǔ　粗茶淡饭 cūchádànfàn　粗枝大叶 cūzhīdàyè　粗制滥造 cūzhìlànzào

醋 cù：醋酸 cùsuān

促 cù：促成 cùchéng　促使 cùshǐ

[簇] cù：簇拥 cùyōng

·蹿 cuān：蹿房越脊 cuānfángyuèjǐ

[攒] cuán：攒聚 cuánjù　攒三聚五 cuánsānjùwǔ

窜 cuàn：窜改 cuàngǎi

[篡] cuàn：篡夺 cuànduó　篡改 cuàngǎi

催 cuī：催眠 cuīmián

摧 cuī：摧残 cuīcán　摧毁 cuīhuǐ　摧眉折腰 cuīméizhéyāo

[崔] cuī：崔嵬 cuīwéi

·璀 cuǐ：璀璨 cuǐcàn

翠 cuì：翠绿 cuìlǜ

脆 cuì：脆弱 cuìruò

[悴] cuì：愁悴 chóucuì

[粹] cuì：纯粹 chúncuì

·淬 cuì：淬火 cuìhuǒ

·啐 cuì：例：啐了一口唾沫。

村 cūn：村落 cūnluò　村子 cūn · zi

·皴 cūn：皴裂 cūnliè

存 cún：存储 cúnchǔ　存款 cúnkuǎn　存而不论 cún'érbùlùn

寸 cùn：寸心 cùnxīn　寸步难行 cùnbùnánxíng　寸草春晖 cùncǎochūnhuī

[搓] cuō：搓板 cuōbǎn　搓手顿脚 cuōshǒudùnjiǎo

[撮] cuō：撮合 cuō · he

·磋 cuō：磋商 cuōshāng

错 cuò：错觉 cuòjué　错误 cuò · wù　错综复杂 cuòzōngfùzá

[锉] cuò：锉刀 cuòdāo

[措] cuò：措施 cuòshī　措手不及 cuòshǒubùjí

[挫] cuò：挫败 cuòbài　挫伤 cuòshāng　挫折 cuòzhé

D

dā 搭
搭救 dājiù　搭配 dāpèi　搭讪 dā·shàn

dā 答
答应 dāying　答腔 dāqiāng（另见 dá）

dá 打
例：一打铅笔。（另见 dǎ）

dá 达
达到 dádào

dá 答
答案 dá'àn　答辩 dábiàn　答复 dá·fù
答非所问 dáfēisuǒwèn（另见 dā）

dá [瘩]
瘩背 dábèi（另见 da）

dǎ 打
打点 dǎ·dian　打扮 dǎ·ban　打岔 dǎchà
打发 dǎ·fa　打量 dǎ·liang　打搅 dǎjiǎo
打算 dǎ·suàn　打听 dǎ·ting　打颤 dǎzhàn
打交道 dǎjiāo·dao　打盹儿 dǎdǔnr　打嗝儿 dǎgér
打晃儿 dǎhuàngr　打鸣儿 dǎmíngr　打杂儿 dǎzár
打转儿 dǎzhuànr　打抱不平 dǎ bàobùpíng　打草惊蛇 dǎcǎojīngshé
打家劫舍 dǎjiājiéshè（另见 dá）

dà 大
大殿 dàdiàn　大方 dàfāng　大方 dà·fang
大副 dàfù　大厦 dàshà　大势 dàshì
大爷 dàyé　大爷 dà·ye　大雁 dàyàn
大致 dàzhì　大不了 dà·buliǎo　大褂儿 dàguàr
大伙儿 dàhuǒr　大婶儿 dàshěnr　大腕儿 dàwànr
大陆架 dàlùjià　大吹大擂 dàchuīdàléi　大动干戈 dàdònggāngē
大腹便便 dàfùpiánpián　大公无私 dàgōngwúsī　大惊小怪 dàjīngxiǎoguài
大谬不然 dàmiùbùrán　大气磅礴 dàqìpángbó　大声疾呼 dàshēngjíhū
大同小异 dàtóngxiǎoyì　大显身手 dàxiǎnshēnshǒu　大相径庭 dàxiāngjìngtíng
大言不惭 dàyánbùcán　大义凛然 dàyìlǐnrán（另见 dài）

da 瘩
疙瘩gēda（另见 dá）

dāi 呆
呆板 dāibǎn　呆滞 dāizhì　呆若木鸡 dāiruòmùjī

dāi 待
例：待一会儿再走。（另见 dài）

dǎi 逮
逮老鼠 dǎilǎoshǔ（另见 dài）

dǎi [歹]
歹徒 dǎitú

dài 大
大夫 dài·fu（另见 dà）

dài 戴
戴罪立功 dàizuìlìgōng

dài 带
带劲 dàijìn　带子 dài · zi

dài 代
代办 dàibàn　代理 dàilǐ　代表作 dàibiǎozuò
代谢 dàixiè

dài 玳
玳瑁 dàimào

dài 贷
贷款 dàikuǎn

dài 袋
袋鼠 dàishǔ　袋子 dài · zi

dài 待
待业 dàiyè　待遇 dàiyù　待人接物 dàirénjiēwù
（另见 dāi）

dài 怠
怠工 dàigōng　怠慢 dàimàn

dài 逮
逮捕 dàibǔ（另见 dǎi）

dān 耽
耽误 dān · wu　耽搁 dān · ge

dān 担
担保 dānbǎo　担负 dānfù　担忧 dānyōu
担惊受怕 dānjīngshòupà（另见 dàn）

dān 丹
丹田 dāntián　丹心 dānxīn　丹顶鹤 dāndǐnghè

dān 单
单薄 dānbó　单据 dānjù　单子 dān · zi
单刀直入 dāndāozhírù　单枪匹马 dānqiāngpǐmǎ（另见 chán，Shàn）

dǎn 胆
胆略 dǎnlüè　胆囊 dǎnnáng　胆怯 dǎnqiè
胆子 dǎn · zi　胆固醇 dǎngùchún　胆大包天 dǎndàbāotiān
胆大妄为 dǎndàwàngwéi　胆战心惊 dǎnzhànxīnjīng

dǎn [撢]
撢子 dǎn · zi

dàn 旦
旦夕 dànxī　旦角儿 dànjuér

dàn 但
但是 dànshì

dàn 担
担子 dàn · zi（另见 dān）

dàn 淡
淡薄 dànbó　淡漠 dànmò　淡而无味 dàn'érwúwèi

dàn 诞
诞辰 dànchén　诞生 dànshēng

dàn 弹
弹片 dànpiàn（另见 tán）

dàn 蛋
蛋糕 dàngāo　蛋黄儿 dànhuángr　蛋清儿 dànqīngr
蛋白质 dànbáizhì

dàn 石
例：10 斗等于 1 石。（另见 shí）

dàn [氮]
氮肥 dànféi　氮气 dànqì

dāng 当
当差 dāngchāi　当即 dāngjí　当年 dāngnián
当日 dāngrì　当时 dāngshí　当选 dāngxuǎn
当事人 dāngshìrén　当机立断 dāngjīlìduàn　当局者迷 dāngjúzhěmí
当仁不让 dāngrénbùràng　当务之急 dāngwùzhījí（另见 dàng）

dāng [裆]
例：开裆裤。

dāng [铛]
例：钟敲得铛铛响。（另见 chēng）

dǎng 挡
挡驾 dǎngjià　挡箭牌 dǎngjiànpái

dǎng 党
党籍 dǎngjí　党纪 dǎngjì　党务 dǎngwù
党同伐异 dǎngtóngfáyì

dàng 当
当年 dàngnián　当天 dàngtiān　当铺 dàngpù
当日 dàngrì　当时 dàngshí　当真 dàngzhēn
当作 dàngzuò（另见 dāng）

dàng 档
档案 dàng'àn　档次 dàngcì

dàng 荡
荡然 dàngrán　荡漾 dàngyàng

dāo 刀
刀枪 dāoqiāng　刀子 dāo・zi　刀把儿 dāobàr
刀背儿 dāobèir　刀刃儿 dāorènr　刀耕火种 dāogēnghuǒzhòng
刀光剑影 dāoguāngjiànyǐng

dāo 叨
叨唠 dāo・lao（另见 dáo，tāo）

dáo 叨
叨咕 dáo・gu（另见 dāo，tāo）

dǎo 倒
倒霉 dǎoméi　倒腾 dǎo・teng　倒塌 dǎotā
倒海翻江 dǎohǎifānjiāng（另见 dào）

dǎo 岛
岛屿 dǎoyǔ

dǎo 导
导弹 dǎodàn　导航 dǎoháng　导线 dǎoxiàn
导致 dǎozhì

dǎo 蹈 蹈袭 dǎoxí

dǎo [祷] 祷告 dǎogào

dǎo [捣] 捣毁 dǎohuǐ　　捣乱 dǎoluàn

dào 到 到处 dàochù

dào 倒 倒数 dàoshǔ　　倒数 dàoshù　　倒置 dàozhì
倒转 dàozhuǎn　　倒转 dàozhuàn　　倒背如流 dàobèirúliú
倒行逆施 dàoxíngnìshī（另见 dǎo）

dào 稻 稻草 dàocǎo　　稻子 dào · zi

dào 悼 悼念 dàoniàn

dào 道 道具 dàojù　　道理 dào · lǐ　　道歉 dàoqiàn
道谢 dàoxiè　　道士 dào · shi　　道不拾遗 dàobùshíyí
道貌岸然 dàomào'ànrán　　道听途说 dàotīngtúshuō

dào 盗 盗窃 dàoqiè　　盗贼 dàozéi

dé 得 得逞 déchěng　　得当 dédàng　　得力 délì
得罪 dézuì　　得不偿失 débùchángshī
得道多助 dédàoduōzhù　　得陇望蜀 délǒngwàngshǔ
得天独厚 détiāndúhòu　　得心应手 déxīnyìngshǒu
得意忘形 déyìwàngxíng（另见 de，děi）

dé 德 德育 déyù　　德高望重 dégāowàngzhòng

de 的 例：美丽的鲜花。（另见 dí，dì）

de 地 例：飞快地跑开。（另见 dì）

de 得 例：办得到。（另见 dé，děi）

děi 得 例：这个工程得三个月才能完。（另见 dé，de）

dēng 灯 灯笼 dēng · long　　灯塔 dēngtǎ　　灯泡儿 dēngpàor
灯红酒绿 dēnghóngjiǔlǜ

dēng 登 登场 dēngcháng　　登场 dēngchǎng　　登陆 dēnglù
登载 dēngzǎi　　登峰造极 dēngfēngzàojí　　登堂入室 dēngtángrùshì

dēng [蹬] 蹬三轮 dēngsānlún（另见 dèng）

děng 等 等待 děngdài 等候 děnghòu 等价 děngjià
等而下之 děng'érxiàzhī 等量齐观 děngliàngqíguān

dèng 凳 凳子 dèng·zi

dèng [瞪] 瞪眼 dèngyǎn

dèng [蹬] 蹭蹬 cèngdèng（另见 dēng）

Dèng [邓]（姓。）

dèng [澄] 澄清 dèngqīng（另见 chéng）

dī 堤 堤坝 dībà

dī 提 提防 dī·fang（另见 tí）

dī 低 低估 dīgū 低廉 dīlián 劣 dīliè
低洼 dīwā 低微 dīwēi 低人一等 dī rényī děng
低声下气 dīshēngxiàqì

dī 滴 滴灌 dīguàn 滴水穿石 dīshuǐchuānshí

dī [嘀] 嘀嗒 dīdā（另见 dí）

dí 敌 敌对 díduì 敌寇 díkòu 敌视 díshì
敌意 díyì

dí 笛 笛子 dí·zi

dí 的 的确 díquè（另见 de，dì）

dí [涤] 涤荡 dídàng 涤纶 dílún

dí [嘀] 嘀咕 dí·gu（另见 dī）

dí [嫡] 嫡传 díchuán 嫡系 díxì

dǐ 抵 抵偿 dǐcháng 抵触 dǐchù 抵达 dǐdá
抵挡 dǐdǎng 抵消 dǐxiāo 抵押 dǐyā
抵御 dǐyù

dǐ 底 底片 dǐpiàn 底下 dǐ·xia 底子 dǐ·zi
底细 dǐxì

dǐ 诋 诋毁 dǐhuǐ

dì 地 地磁 dìcí 地带 dìdài 地道 dìdào
地道 dì·dao 地段 dìduàn 地方 dìfāng
地方 dì·fang 地核 dìhé 地基 dìjī
地窖 dìjiào 地幔 dìmàn 地貌 dìmào
地壳 dìqiào 地毯 dìtǎn 地下 dìxià
地下 dì·xia 地域 dìyù 地下室 dìxiàshì
地大物博 dìdàwùbó 地覆天翻 dìfùtiānfān（另见 de）

dì 第 第一 dìyī

dì 帝 帝王 dìwáng

dì 弟 弟弟 dì·di 弟妹 dìmèi 弟兄 dì·xiong

dì 递 递增 dìzēng

dì 的 目的 mùdì（另见 dí，de）

dì 谛 谛听 dìtīng

dì [缔] 缔结 dìjié 缔约 dìyuē

dì [蒂] 瓜蒂 guādì

diān 颠 颠簸 diānbǒ 颠覆 diānfù 颠倒黑白 diāndǎohēibái
颠扑不破 diānpūbùpò

diān [掂] 掂掇 diān·duo 掂量 diān·liang 掂斤播两 diānjīnbōliǎng

Diān 滇（云南的别称。）

diān 巅 巅峰 diānfēng

diǎn 点 点滴 diǎndī 点燃 diǎnrán 点缀 diǎnzhuì
点拨 diǎn·bō 点心 diǎn·xin 点铁成金 diǎntiěchéngjīn

diǎn 典 典故 diǎngù 典籍 diǎnjí 典礼 diǎnlǐ
典雅 diǎnyǎ

diǎn [碘] 碘酒 diǎnjiǔ

diàn 电 电波 diànbō 电镀 diàndù 电焊 diànhàn
电荷 diànhè 电缆 diànlǎn 电器 diànqì
电气 diànqì 电扇 diànshàn 电讯 diànxùn
电磁波 diàncíbō 电解质 diànjiězhì

diàn 店
店铺 diànpù

diàn 垫
垫付 diànfù　垫圈 diànquān　垫底儿 diàndǐr

diàn 殿
殿堂 diàntáng　殿下 diànxià

diàn [惦]
惦记 diàn · jì　惦念 diànniàn

diàn [玷]
玷污 diànwū

diàn [奠]
奠定 diàndìng　奠基 diànjī

diàn [淀]
淀粉 diànfěn

diàn [佃]
佃户 diànhù

diàn [甸]
甸子 diàn · zi

diāo 叼
叼羊 diāoyáng

diāo 雕
雕刻 diāokè　雕塑 diāosù　雕琢 diāozhuó
雕虫小技 diāochóngxiǎojì　雕梁画栋 diāoliánghuàdòng

diāo [刁]
刁难 diāonàn

diāo [碉]
碉堡 diāobǎo

diāo ·貂
狗尾续貂 gǒuwěixùdiāo

diào 掉
掉队 diàoduì　掉色 diàoshǎi　掉头 diàotóu
掉价儿 diàojiàr　掉以轻心 diàoyǐqīngxīn

diào 吊
吊环 diàohuán　吊丧 diàosāng

diào 钓
钓竿 diàogān

diào 调
调拨 diàobō　调度 diàodù　调配 diàopèi
调遣 diàoqiǎn　调子 diào · zi　调虎离山 diàohǔlíshān
（另见 tiáo）

diē 跌
跌落 diēluò

diē 爹
爹娘 diēniáng

dié 叠
叠韵 diéyùn　叠床架屋 diéchuángjiàwū

dié 蝶
蝶泳 diéyǒng

dié [谍]
谍报 diébào

[碟] dié 碟子 dié · zi

·迭 dié 迭起 diéqǐ

丁 dīng 丁零 dīnglíng

盯 dīng 盯梢 dīngshāo

钉 dīng 钉耙 dīngpá 钉子 dīng · zi（另见 dìng）

叮 dīng 叮咛 dīngníng 叮嘱 dīngzhǔ

顶 dǐng 顶峰 dǐngfēng 顶替 dǐngtì 顶撞 dǐngzhuàng 顶牛儿 dǐngniúr 顶天立地 dǐngtiānlìdì

[鼎] dǐng 鼎盛 dǐngshèng

定 dìng 定额 dìng'é 定性 dìngxìng 定名 dìngmíng 定神 dìngshén

订 dìng 订购 dìnggòu 订货 dìnghuò 订阅 dìngyuè 订立 dìnglì 订正 dìngzhèng

钉 dìng 钉马掌 dìngmǎzhǎng（另见 dīng）

[锭] dìng 金锭 jīndìng

丢 diū 丢掉 diūdiào 丢三落四 diūsānlàsì

东 dōng 东欧 Dōng Ōu 东边 dōng · bian 东家 dōng · jia 东西 dōngxī 东西 dōng · xi 东道主 dōngdàozhǔ 东山再起 dōngshānzàiqǐ 东施效颦 dōngshīxiàopín

冬 dōng 冬眠 dōngmián 冬至 dōngzhì

董 dǒng 董事会 dǒngshìhuì

懂 dǒng 懂得 dǒng · de 懂事 dǒngshì

动 dòng 动产 dòngchǎn 动荡 dòngdàng 动量 dòngliàng 动脉 dòngmài 动辄 dòngzhé 动静 dòng · jing 动弹 dòng · tan 动员 dòngyuán 动画片 dònghuàpiàn 动人心弦 dòngrénxīnxián 动辄得咎 dòngzhédéjiù

冻 dòng 冻疮 dòngchuāng 冻结 dòngjié

dòng 栋	栋梁 dòngliáng		
dòng 洞	洞察 dòngchá	洞穴 dòngxué	洞若观火 dòngruòguānhuǒ
dōu 都	都好 dōuhǎo（另见 dū）		
dōu [兜]	兜底 dōudǐ	兜售 dōushòu	兜头盖脸 dōutóugàiliǎn
dǒu 抖	抖擞 dǒusǒu	dǒu 陡 陡峭 dǒuqiào	
dǒu 斗	斗篷 dǒu·peng 斗转星移 dǒuzhuǎnxīngyí（另见 dòu）	斗笠 dǒulì	斗方名士 dǒufāngmíngshì
dǒu [蚪]	蝌蚪 kēdǒu	dòu 斗 斗争 dòuzhēng	斗志 dòuzhì（另见 dǒu）
dòu 豆	豆浆 dòujiāng 豆角儿 dòujiǎor	豆腐 dòu·fu 豆芽儿 dòuyár	豆子 dòu·zi 豆蔻年华 dòukòuniánhuá
dòu 逗	逗留 dòuliú	逗乐儿 dòulèr	
dòu [痘]	牛痘 niúdòu	dòu ·窦 鼻窦 bídòu	
dū 都	都市 dūshì（另见 dōu）	dū 督 督促 dūcù	督察 dūchá
dú 毒	毒剂 dújì	毒品 dúpǐn	
dú 独	独裁 dúcái 独断 dúduàn 独当一面 dúdāngyīmiàn 独具匠心 dújùjiàngxīn 独一无二 dúyīwú'èr	独创 dúchuàng 独奏 dúzòu 独断专行 dúduànzhuānxíng 独树一帜 dúshùyīzhì 独占鳌头 dúzhàn'áotóu	独到 dúdào 独出心裁 dúchūxīncái
dú 读	读物 dúwù	dú [牍] 文牍 wéndú	案牍 àndú
dú ·犊	犊子 dú·zi	dǔ 堵 堵塞 dǔsè	
dǔ 赌	赌博 dǔbó	dǔ 肚 肚子 dǔ·zi（另见 dù）	

dǔ [睹]	目睹 mùdǔ		
dǔ ·笃	笃信 dǔxìn		
dù 杜	杜鹃 dùjuān	杜绝 dùjué	
dù 肚	肚皮 dùpí	肚子 dù · zi	肚脐儿 dùqír（另见 dǔ）
dù 度	度量 dùliàng	度日 dùrì（另见 duó）	
dù 渡	渡船 dùchuán	渡口 dùkǒu	
dù [镀]	镀金 dùjīn		
dù [妒]	妒忌 dùjì		
duān 端	端详 duānxiáng	端庄 duānzhuāng	
duǎn 短	短波 duǎnbō	短促 duǎncù	短暂 duǎnzàn
	短处 duǎnchù	短小精悍 duǎnxiǎojīnghàn	
duàn 断	断然 duànrán	断送 duànsòng	断言 duànyán
	断垣残壁 duànyuáncánbì	断章取义 duànzhāngqǔ yì	
duàn 段	段落 duànluò	段子 duàn · zi	
duàn 锻	锻炼 duànliàn		
duàn 缎	缎子 duàn · zi		
duàn ·煅	煅烧 duànshāo		
duī 堆	堆积 duījī		
duì 队	队伍 duì · wu	队列 duìliè	
duì 对	对称 duìchèn	对付 duì · fu	对联 duìlián
	对偶 duì'ǒu	对虾 duìxiā	对应 duìyìng
	对峙 duìzhì	对头 duì · tou	对不起 duì · buqǐ
	对牛弹琴 duìniútánqín	对症下药 duìzhèngxiàyào	
duì [兑]	兑换 duìhuàn	兑现 duìxiàn	
dūn 吨	吨位 dūnwèi		
dūn 蹲	蹲点 dūndiǎn		
dūn [敦]	敦促 dūncù	敦厚 dūnhòu	

dǔn [墩] 墩布 dūnbù

dǔn [盹] 打盹儿 dǎdǔnr

dùn 顿 顿时 dùnshí　顿悟 dùnwù　顿开茅塞 dùnkāimáosè
顿足捶胸 dùnzúchuíxiōng

dùn 盾 盾牌 dùnpái

dùn [囤] 粮食囤 liáng · shidùn（另见 tún）

dùn [钝] 钝角 dùnjiǎo

dùn ·炖 例：清炖排骨。

duō 多 多寡 duōguǎ　多少 duō · shǎo　多么 duō · me
多才多艺 duōcáiduōyì　多愁善感 duōchóushàngǎn　多多益善 duōduōyìshàn
多谋善断 duōmóushànduàn

duō [哆] 哆嗦 duō · suo

duó 度 度德量力 duódéliànglì（另见 dù）

duó 夺 夺目 duómù　夺取 duóqǔ

duó [踱] 踱步 duóbù

duǒ 朵 朵朵浪花 duǒduǒlànghuā

duǒ 躲 躲藏 duǒcáng　躲避 duǒbì

duǒ [垛] 垛口 duǒkǒu（另见 duò）

duò 惰 惰性 duòxìng

duò [驮] 驮子 duò · zi（另见 tuó）

duò [跺] 跺脚 duòjiǎo

duò [舵] 舵手 duòshǒu

duò [堕] 堕落 duòluò

duò [垛] 垛子 duò · zi（另见 duǒ）

duò ·剁 例：剁排骨。

E

é 阿 阿胶 ējiāo　阿谀奉承 ēyúfèngchéng（另见ā，a“啊”）

é 鹅 鹅毛 émáo　鹅卵石 éluǎnshí

é 蛾 蛾子 é · zi

é 额 额头 étóu　额外 éwài

E

[讹] é 讹传 échuán　讹诈 ézhà

[俄] é 俄语 éyǔ

恶 ě 恶心 ě · xin（另见 è，wū，wù）

饿 è 饿虎扑食 èhǔpūshí

恶 è 恶霸 èbà　恶劣 èliè　恶魔 èmó　恶作剧 èzuòjù（另见 ě，wū，wù）

[扼] è 扼杀 èshā　扼要 èyào

[遏] è 遏止 èzhǐ　遏制 èzhì

[愕] è 愕然 èrán

[鳄] è 鳄鱼 èyú

[噩] è 噩耗 èhào　噩梦 èmèng

·厄 è 厄运 èyùn

·萼 è 萼片 èpiàn

·鄂 È 鄂伦春 Èlúnchūn

·腭 è 腭裂 èliè

恩 ēn 恩赐 ēncì　恩惠 ēnhuì　恩人 ēnrén　恩断义绝 ēnduànyìjué

而 ér 而今 érjīn　而且 érqiě

儿 ér 儿化 érhuà　儿戏 érxì　儿子 ér · zi　儿媳妇儿 érxífur

耳 ěr 耳鸣 ěrmíng　耳朵 ěr · duo　耳垂儿 ěrchuír　耳膜儿 ěrmór　耳鬓厮磨 ěrbìnsīmó　耳聪目明 ěrcōngmùmíng　耳目一新 ěrmùyīxīn　耳濡目染 ěrrúmùrǎn　耳提面命 ěrtímiànmìng

[尔] ěr 尔后 ěrhòu　尔虞我诈 ěryúwǒzhà

[饵] ěr 饵料 ěrliào

二 èr 二胡 èrhú

[贰] èr 贰臣 èrchén　贰心 èrxīn

F

发 fā

发酵 fājiào　发掘 fājué　发愣 fālèng
发霉 fāméi　发泄 fāxiè（另见 fà）

伐 fá

伐木 fámù

罚 fá

罚款 fákuǎn　罚不当罪 fábùdāngzuì

乏 fá

乏味 fáwèi

阀 fá

阀门 fámén

[筏] fá

木筏 mùfá

法 fǎ

法庭 fǎtíng　法西斯 fǎxīsī

发 fà

发型 fàxíng　发指 fàzhǐ（另见 fā）

帆 fān

帆布 fānbù　帆船 fānchuán

番 fān

番茄 fānqié（另见 pān）

翻 fān

翻腾 fān · téng　翻译 fānyì　翻天覆地 fāntiānfùdì
翻云覆雨 fānyúnfùyǔ

繁 fán

繁茂 fánmào　繁盛 fánshèng　繁琐 fánsuǒ
繁衍 fányǎn　繁殖 fánzhí　繁文缛节 fánwénrùjié
繁征博引 fánzhēngbóyǐn（另见 Pó）

凡 fán

凡事 fánshì

烦 fán

烦闷 fánmèn　烦恼 fánnǎo　烦躁 fánzào

[樊] fán

樊篱 fánlí　樊笼 fánlóng

[矾] fán

明矾 míngfán

反 fǎn

反刍 fǎnchú　反戈 fǎngē　反馈 fǎnkuì
反切 fǎnqiè　反省 fǎnxǐng　反正 fǎn · zhèng
反唇相讥 fǎnchúnxiāngjī　反攻倒算 fǎngōngdàosuàn　反躬自问 fǎngōngzìwèn
反客为主 fǎnkèwéizhǔ　反求诸己 fǎnqiúzhūjǐ

fǎn 返
返还 fǎnhuán　返老还童 fǎnlǎohuántóng　返璞归真 fǎnpúguīzhēn

fàn 贩
贩运 fànyùn　贩子 fàn・zi

fàn 范
范畴 fànchóu　范例 fànlì

fàn 犯
犯法 fànfǎ

fàn 泛
泛滥 fànlàn

fàn 饭
饭厅 fàntīng　饭馆儿 fànguǎnr　饭盒儿 fànhér

fāng 方
方便 fāngbiàn　方剂 fāngjì　方略 fānglüè
方枘圆凿 fāngruìyuánzáo　方兴未艾 fāngxīngwèi'ài

fāng 芳
芳香 fāngxiāng

fāng 坊
牌坊 páifāng（另见 fáng）

fáng 房
房屋 fángwū　房子 fáng・zi

fáng 防
防疫 fángyì　防御 fángyù　防不胜防 fángbùshèngfáng
防患未然 fánghuànwèirán　防微杜渐 fángwēidùjiàn

fáng 妨
妨碍 fáng'ài

fáng 坊
磨坊 mòfáng（另见 fāng）

fáng [肪]
脂肪 zhīfáng

fǎng 仿
仿佛 fǎngfú

fǎng 访
访问 fǎngwèn

fǎng 纺
纺织 fǎngzhī

fàng 放
放假 fàngjià　放肆 fàngsì　放置 fàngzhì
放纵 fàngzòng　放虎归山 fànghǔguīshān　放浪形骸 fànglàngxínghái

fēi 非
非得 fēiděi　非凡 fēifán　非难 fēinàn
非议 fēiyì　非同小可 fēitóngxiǎokě

fēi 飞
飞驰 fēichí　飞溅 fēijiàn　飞禽 fēiqín
飞腾 fēiténg　飞毛腿 fēimáotuǐ　飞蛾投火 fēi'étóuhuǒ
飞黄腾达 fēihuángténgdá　飞檐走壁 fēiyánzǒubì　飞扬跋扈 fēiyángbáhù

fēi [菲]
芳草菲菲 fāngcǎofēifēi（另见 fěi）

fēi [啡]
咖啡 kāfēi

fēi 妃：妃子 fēi·zi

fēi 绯：绯红 fēihóng

féi 肥：肥沃 féiwò

fěi 匪：匪徒 fěitú　匪夷所思 fěiyísuǒsī

fěi [菲]：菲薄 fěibó（另见 fēi）

fěi [诽]：诽谤 fěibàng

fèi 肺：肺炎 fèiyán　肺活量 fèihuóliàng　肺结核 fèijiéhé　肺腑之言 fèifǔzhīyán

fèi 废：废弃 fèiqì　废渣 fèizhā　废物 fèiwù　废物 fèi·wu　废寝忘食 fèiqǐnwàngshí

fèi 沸：沸腾 fèiténg　沸点 fèidiǎn　沸反盈天 fèifǎnyíngtiān　沸沸扬扬 fèifèiyángyáng

fèi 费：费劲 fèijìn　费用 fèi·yong

fèi [吠]：吠形吠声 fèixíngfèishēng

fēn 分：分辩 fēnbiàn　分辨 fēnbiàn　分寸 fēn·cun　分泌 fēnmì　分娩 fēnmiǎn　分歧 fēnqí　分蘖 fēnniè　分析 fēnxī　分子 fēnzǐ　分崩离析 fēnbēnglíxī　分道扬镳 fēndàoyángbiāo　分庭抗礼 fēntíngkànglǐ（另见 fèn）

fēn 吩：吩咐 fēn·fù

fēn 纷：纷繁 fēnfán　纷纭 fēnyún　纷纷扬扬 fēnfēnyángyáng　纷至沓来 fēnzhìtàlái

fēn 芬：芬芳 fēnfāng

fēn [氛]：氛围 fēnwéi

fēn 酚：酚酞 fēntài

fén 坟：坟墓 fénmù

fén [焚]：焚毁 fénhuǐ　焚琴煮鹤 fénqínzhǔhè

fěn 粉：粉饰 fěnshì　粉末儿 fěnmòr　粉墨登场 fěnmòdēngchǎng　粉身碎骨 fěnshēnsuìgǔ

F

fèn 分 分子 fènzǐ　分量 fèn·liàng（另见 fēn）

fèn 份 份额 fèn'é　份子 fèn·zi

fèn 奋 奋勇 fènyǒng　奋不顾身 fènbùgùshēn　奋发图强 fènfātúqiáng

fèn 愤 愤恨 fènhèn　愤慨 fènkǎi　愤然 fènrán　愤世嫉俗 fènshìjísú

fèn 粪 粪便 fènbiàn

fèn [忿] 气不忿儿 qìbùfènr

fēng 丰 丰腴 fēngyú　丰功伟绩 fēnggōngwěijì　丰衣足食 fēngyīzúshí

fēng 封 封锁 fēngsuǒ　封官许愿 fēngguānxǔyuàn　封妻荫子 fēngqīyìnzǐ

fēng 蜂 蜂巢 fēngcháo　蜂蜜 fēngmì　蜂窝 fēngwō

fēng 风 风波 fēngbō　风貌 fēngmào　风靡 fēngmǐ　风趣 fēngqù　风水 fēng·shuǐ　风雅 fēngyǎ　风韵 fēngyùn　风筝 fēngzheng　风餐露宿 fēngcānlùsù　风驰电掣 fēngchídiànchè　风起云涌 fēngqǐyúnyǒng　风声鹤唳 fēngshēnghèlì　风调雨顺 fēngtiáoyǔshùn

fēng 疯 疯狂 fēngkuáng　疯子 fēn·zi　疯疯癫癫 fēng·fengdiāndiān

fēng 锋 锋利 fēnglì　锋芒 fēngmáng

fēng 峰 峰峦 fēngluán　峰回路转 fēnghuílùzhuǎn

fēng [枫] 枫林 fēnglín

fēng ·烽 烽火 fēnghuǒ

féng 逢 逢场作戏 féngchǎngzuòxì

féng 缝 缝合 fénghé　缝纫 féngrèn（另见 fèng）

Féng [冯]（姓。）（另见 píng）

fěng 讽 讽刺 fěngcì

fèng 奉 奉献 fèngxiàn　奉公守法 fènggōngshǒufǎ　奉为圭臬 fèngwéiguīniè

fèng 缝 缝隙 fèngxì（另见 féng）

fèng 凤 凤凰 fènghuáng　凤毛麟角 fèngmáolínjiǎo

fó 佛
佛寺 fósì 佛口蛇心 fókǒushéxīn 佛头着粪 fótóuzhuófèn
（另见 fú）

fǒu 否
否则 fǒuzé（另见 pǐ）

fū 肤
肤浅 fūqiǎn 肤皮潦草 fūpíliáocǎo

fū 夫
夫人 fū · rén 夫唱妇随 fūchàngfùsuí 夫子自道 fūzǐzìdào

fū [麸]
麸子 fū · zi

fū [孵]
孵化 fūhuà

fū [敷]
敷衍 fū · yǎn

fú 伏
伏击 fújī 伏贴 fútiē

fú 扶
扶桑 fúsāng 扶手 fúshǒu 扶危济困 fúwēijìkùn
扶摇直上 fúyáozhíshàng

fú 幅
幅度 fúdù

fú 符
符号 fúhào 符合 fúhé

fú 服
服饰 fúshì 服役 fúyì 服侍 fú · shi

fú [辐]
辐射 fúshè

fú [拂]
拂晓 fúxiǎo

fú 俘
俘获 fúhuò 俘虏 fúlǔ

fú 浮
浮雕 fúdiāo 浮躁 fúzào 浮光掠影 fúguānglüèyǐng
浮家泛宅 fújiāfànzhái

fú 福
福气 fú · qi 福如东海 fúrúdōnghǎi 福无双至 fúwúshuāngzhì
福至心灵 fúzhìxīnlíng

fú 袱
包袱 bāo · fu

fú [凫]
凫水 fúshuǐ

fú [蝠]
蝙蝠 biānfú

fú [芙]
芙蓉 fúróng

fú 佛
仿佛 fǎngfú（另见 fó）

fú ·弗
自愧弗如 zìkuìfúrú

fú ·氟
氟利昂 fúlì'áng

fǔ 抚
抚摩 fǔmó 抚躬自问 fǔgōngzìwèn 抚今追昔 fǔjīnzhuīxī

F

fǔ 府 府邸 fǔdǐ

fǔ 辅 辅导 fǔdǎo 辅车相依 fǔchēxiāngyī

fǔ 俯 俯瞰 fǔkàn 俯拾即是 fǔshíjíshì 俯首帖耳 fǔshǒutiē'ěr 俯仰之间 fǔyǎngzhījiān

fǔ 斧 斧头 fǔ · tóu 斧正 fǔzhèng 斧子 fǔ · zi

fǔ 腐 腐蚀 fǔshí 腐朽 fǔxiǔ

fǔ [甫] 例：杜甫。

fǔ [脯] 果脯 guǒfǔ（另见 pú）

fù 赴 赴汤蹈火 fùtāngdǎohuǒ

fù 副 副刊 fùkān 副作用 fùzuòyòng

fù 覆 覆盖 fùgài 覆盆之冤 fùpénzhīyuān 覆水难收 fùshuǐnánshōu

fù 复 复辟 fùbì 复核 fùhé 复杂 fùzá

fù 付 付出 fùchū 付之一炬 fùzhīyījù 付之一笑 fùzhīyīxiào 付诸东流 fùzhūdōngliú

fù 父 父亲 fù · qīn

fù 腹 腹膜 fùmó 腹泻 fùxiè 腹背受敌 fùbèishòudí

fù 负 负荷 fùhè 负载 fùzài 负离子 fùlízǐ 负隅顽抗 fùyúwánkàng

fù 富 富饶 fùráo 富庶 fùshù 富裕 fùyù

fù 附 附和 fùhè 附着 fùzhuó 附庸风雅 fùyōngfēngyǎ

fù 妇 妇孺 fùrú

fù 咐 吩咐 fēn · fù

fù 服 一服药 yīfùyào（另见 fú）

fù 傅 师傅 shī · fu

fù [缚] 束缚 shùfù

fù [赋] 赋予 fùyǔ 赋税 fùshuì

练习一

一、给下列加点的字注音

隘路（ ）	黯然（ ）	拗口（ ）	包庇（ ）	卑鄙（ ）
匕首（ ）	庇荫（ ）	濒临（ ）	摒弃（ ）	扼要（ ）
波及（ ）	哺育（ ）	不啻（ ）	刹那（ ）	诧异（ ）
阐述（ ）	乘客（ ）	磋商（ ）	攒聚（ ）	番茄（ ）
称职（ ）	炽热（ ）	侈谈（ ）	处分（ ）	揣测（ ）
绰号（ ）	粗糙（ ）	创伤（ ）	果脯（ ）	氛围（ ）
挫折（ ）	反刍（ ）	呆板（ ）	提防（ ）	玷污（ ）
阿胶（ ）	讹诈（ ）	复辟（ ）	芙蓉（ ）	汾酒（ ）
肤浅（ ）	拂晓（ ）	俘虏（ ）	差异（ ）	诋毁（ ）
一服药（ ）	度德量力（ ）	方兴未艾（ ）		

二、根据拼音写汉字

bān（ ）配	bān（ ）布	报 chóu（ ）	报 cháng（ ）
bèi（ ）倦	边 chuí（ ）	标 dì（ ）	bìn（ ）弃
bǐng（ ）报	补 cháng（ ）	bù（ ）署	cāo（ ）米
chà（ ）路	chān（ ）扶	chàng（ ）惘	热 chén（ ）
饼 chēng（ ）	fú（ ）水	惩 chǔ（ ）	驰 chěng（ ）
chóu（ ）密	chóu（ ）划	惆 chàng（ ）	烟 cōng（ ）
璀 càn（ ）	dān（ ）误	dǎo（ ）告	dòng（ ）梁
dōu（ ）售	dǔ（ ）信	dù（ ）忌	dūn（ ）厚
è（ ）然	è（ ）耗	繁 mào（ ）	烦 zào（ ）
fán（ ）笼	fàn（ ）运	范 chóu（ ）	fáng（ ）碍
诽 bàng（ ）	fū（ ）衍		

三、给下列多音字注音并组词

1. 别｛

2. 炮｛

3. 单｛

4. 便｛

5. 堡｛

6. 背｛

7. 薄

8. 参

四、成语填空

按（ ）就班	白（ ）无瑕	（ ）经沧桑	（ ）诸东流
（ ）帚自珍	（ ）隅顽抗	（ ）汤蹈火	（ ）首帖耳
别出心（ ）	补偏救（ ）	（ ）辱不惊	（ ）水难收
不（ ）下问	不知所（ ）	沧海一（ ）	（ ）山峻岭
晨钟（ ）鼓	惩前（ ）后	吃里（ ）外	出类拔（ ）
（ ）之以鼻	（ ）心妄想	重（ ）覆辙	除旧（ ）新
（ ）目惊心	吹毛求（ ）	唇亡（ ）寒	（ ）今追昔
此起（ ）伏	大言不（ ）	（ ）光掠影	（ ）声鹤唳
（ ）惊受怕	（ ）行逆施	（ ）貌岸然	（ ）危济困
得天（ ）厚	（ ）高望重	（ ）水穿石	地大物（ ）
（ ）以轻心	（ ）聪目明	（ ）虞我诈	（ ）天覆地
（ ）文缛节	（ ）躬自问	（ ）璞归真	（ ）驰电掣
（ ）微杜渐	（ ）黄腾达	（ ）夷所思	（ ）寝忘食
（ ）至沓来	（ ）墨登场	（ ）毛麟角	（ ）世嫉俗

五、辨字组词

瓣	峰	段	逢
辨	锋	缎	缝
辫	蜂	锻	俸
辩	烽		

模拟水平测试

一、读单音节字词（100个音节）

愕	蔼	盎	甫	袄	秕
哀	弗	哎	诋	螯	疤
肪	撮	搀	摒	绯	莺
隘	符	擦	苯	黯	痹
煅	恩	膘	挡	哺	层
秉	妨	枫	跛	叮	佛
鹁	堕	幢	凫	腭	栋
氛	戳	滨	川	崩	串

否	笃	丛	扮	饵	蹿
搭	麸	皴	玳	瘪	矾
蹈	蚌	凳	蚕	堤	贰
貂	钵	迭	撑	丢	皑
抖	槽	犊	雹	噩	贬
插	氨	编	悴	掂	稠
伐	掸	版	菲	踹	讽
舱	袱	裁	掰	氟	酚
德	忿	埠	焙		

二、读多音节词语（100 个音节）

牌坊	巴结	当选	创伤
儿子	肮脏	挨个儿	呆板
恶劣	打发	而且	风水
白净	尔后	包涵	理睬
棒球	灿烂	缔结	腹泻
藏书	兵役	沉淀	凹陷
憧憬	拗口	灯泡儿	攒聚
菲薄	挫败	答案	板擦儿
按捺	遏止	讹传	费劲
遨游	挨打	罚款	茶几
果脯	调子	扼要	不像话
出生率	安步当车	耳濡目染	

G

gā 夹 夹肢窝 gā · zhiwō（另见 jiā，jiá）

gā [咖] 咖喱 gālí

gá 轧 例：人轧人。（另见 yà, zhá）

gāi 该 该当 gāidāng

gǎi 改 改悔 gǎihuǐ　改弦更张 gǎixiángēngzhāng　改弦易辙 gǎixiányìzhé　改邪归正 gǎixiéguīzhèng

gài 概 概念 gàiniàn　概率 gàilǜ　概莫能外 gàimònéngwài

gài 溉 灌溉 guàngài

盖 gài
盖子 gài·zi　盖棺论定 gài guānlùndìng（另见 Gě）

[芥] gài
芥菜 gàicài

[丐] gài
乞丐 qǐgài

[钙] gài
钙化 gàihuà

干 gān
干净 gān·jìng　干粮 gān·liáng　干瘪 gānbiě
干涸 gānhé　干涉 gānshè　干燥 gānzào（另见 gàn）

甘 gān
甘蔗 gān·zhe　甘肃 gānsù
甘拜下风 gānbàixiàfēng　甘之如饴 gānzhīrúyí

杆 gān
杆子 gān·zi（另见 gǎn）

竿 gān
立竿见影 lìgānjiànyǐng

肝 gān
肝脏 gānzàng　肝肠寸断 gānchángcùnduàn
肝胆相照 gāndǎnxiāngzhào　肝脑涂地 gānnǎotúdì

[柑] gān
柑橘 gānjú

秆 gǎn
秆子 gǎn·zi

赶 gǎn
赶场 gǎnchǎng　赶趟儿 gǎntàngr　赶时髦 gǎnshímáo
赶尽杀绝 gǎnjìnshājué

感 gǎn
感慨 gǎnkǎi　感激 gǎnjī　感恩戴德 gǎn'ēndàidé
感恩图报 gǎn'ēntúbào　感激涕零 gǎnjītìlíng　感慨系之 gǎnkǎixìzhī
感情用事 gǎnqíng yòngshì　感人肺腑 gǎnrénfèifǔ　感同身受 gǎntóngshēnshòu

敢 gǎn
敢于 gǎnyú

杆 gǎn
杆秤 gǎnchèng　杆子 gǎn·zi（另见 gān）

[橄] gǎn
橄榄 gǎnlǎn

·擀 gǎn
擀面杖 gǎnmiànzhàng

干 gàn
干劲 gànjìn　干练 gànliàn　干事 gàn·shi（另见 gān）

·赣 Gàn
赣江 Gànjiāng

刚 gāng
刚劲 gāngjìng　刚柔相济 gāngróuxiāngjì

钢 gāng
钢筋 gāngjīn　钢盔 gāngkuī　钢镚儿 gāngbèngr（另见 gàng）

缸 gāng
缸子 gāng·zi

纲 gāng
纲要 gāngyào　纲举目张 gāngjǔmùzhāng

gāng 冈 冈陵 gānglíng

gāng 扛 力能扛鼎 lìnénggāngdǐng（另见 káng）

gāng [肛] 肛门 gāngmén

gǎng 岗 岗位 gǎngwèi

gǎng 港 港湾 gǎngwān

gàng 杠 杠杆 gànggǎn　杠子 gàng・zi

gàng 钢 例：把刀钢一钢。（另见 gāng）

gāo 高
高档 gāodàng　高亢 gāokàng　高涨 gāozhǎng
高粱 gāo・liang　高血压 gāoxuèyā　高跟儿鞋 gāogēnrxié
高风亮节 gāofēngliàngjié　高歌猛进 gāogēměngjìn　高朋满座 gāopéngmǎnzuò
高谈阔论 gāotánkuòlùn　高屋建瓴 gāowūjiànlíng　高瞻远瞩 gāozhānyuǎnzhǔ
高枕无忧 gāozhěnwúyōu

gāo 膏 膏药 gāo・yao（另见 gào）

gāo 糕 糕点 gāodiǎn

gāo [羔] 羔羊 gāoyáng

gāo [篙] （撑船的竹竿或木杆。）

gǎo 搞 搞活 gǎohuó

gǎo 稿 稿酬 gǎochóu　稿子 gǎo・zi

gǎo [镐] 镐头 gǎotou（另见 hào）

gào 告 告诫 gàojiè　告示 gào・shi　告诉 gào・su

gào 膏 膏车 gàochē（另见 gāo）

gē 哥 哥哥 gē・ge　哥们儿 gē・menr

gē 歌 歌咏 gēyǒng　歌功颂德 gēgōngsòngdé

gē 搁 搁置 gēzhì

gē 鸽 鸽子 gē・zi

gē 格 格登 gēdēng（另见 gé）

gē 胳 胳膊 gē・bo

gē 割 割裂 gēliè

gē [疙] 疙瘩 gē・da

gē [戈] 戈壁 gēbì

gē ·咯 咯吱 gēzhī（另见 kǎ，luò）

gé 革 革除 géchú　革故鼎新 gégùdǐngxīn（另见 jí）

gé 格
格式 gé · shi　格子 gé · zi　格格不入 gégébùrù
格杀勿论 géshāwùlùn　格物致知 géwùzhìzhī（另见 gē）

gé 隔
隔阂 géhé　隔膜 gémó　隔岸观火 gé'ànguānhuǒ
隔墙有耳 géqiángyǒu'ěr　隔靴搔痒 géxuēsāoyǎng

gé 葛
葛藤 géténg（另见 Gě）

gé 阁
阁楼 gélóu

gé [蛤]
蛤蜊 gé · lí（gěli）（另见 há）

Gé ·颌
（姓。）（另见 hé）

gé ·膈
膈膜 gémó

Gě 葛
（姓。）（另见 gé）

Gě 盖
（姓。）（另见 gài）

gě 合
例：10 合等于 1 升。（另见 hé）

gè 个
个子 gè · zi

gè 各
各别 gèbié　各得其所 gèdéqísuǒ　各就各位 gèjiùgèwèi
各行其是 gèxíngqíshì　各自为政 gèzìwéizhèng

gěi 给
给以 gěiyǐ（另见 jǐ）

gēn 根
根子 gēn · zi　根深蒂固 gēnshēndìgù

gēn 跟
跟前 gēn · qian　跟头 gēn · tou　跟踪 gēnzōng

gēng 耕
耕耘 gēngyún　耕种 gēngzhòng　耕云播雨 gēngyúnbōyǔ

gēng 更
更替 gēngtì　更仆难数 gēngpúnánshǔ（另见 gèng）

gēng [羹]
羹匙 gēngchí

gēng ·庚
庚帖 gēngtiě

gěng 颈
脖颈儿 bógěngr（另见 jǐng）

gěng [耿]
耿耿 gěnggěng

gěng [埂]
埂子 gěng · zi

gěng [梗]
梗概 gěnggài

gěng ·哽
哽咽 gěngyè

gèng 更
更加 gèngjiā（另见 gēng）

gōng 工
工夫 gōng · fu　工钱 gōng · qián　工人 gōngrén

gōng 攻
攻势 gōngshì　攻城略地 gōngchénglüèdì　攻其不备 gōngqíbùbèi
攻守同盟 gōngshǒutóngméng

gōng 功

功夫 gōng · fu　功劳 gōng · láo　功败垂成 gōngbàichuíchéng
功成名就 gōngchéngmíngjiù　功亏一篑 gōngkuīyīkuì

gōng 恭

恭维 gōng · wéi

gōng 供

供给 gōngjǐ　供求 gōngqiú　供销 gōngxiāo
供需 gōngxū　供养 gōngyǎng　供不应求 gōngbùyìngqiú
（另见 gòng）

gōng 公

公公 gōng · gong　公家 gōng · jia　公平 gōng · píng
公报私仇 gōngbàosīchóu　公诸同好 gōngzhūtónghào

gōng 宫

宫殿 gōngdiàn

gōng 躬

躬亲 gōngqīn

gōng 弓

弓子 gōng · zi

gōng [蚣]

蜈蚣 wúgōng

Gōng · 龚

（姓。）

gǒng 巩

巩固 gǒnggù

gǒng [汞]

（一种金属元素，通称水银。）

gǒng [拱]

拱桥 gǒngqiáo

gòng 贡

贡献 gòngxiàn

gòng 共

共鸣 gòngmíng

gòng 供

供奉 gòngfèng　供养 gòngyǎng（另见 gōng）

gōu 钩

钩子 gōu · zi　钩心斗角 gōuxīndòujiǎo

gōu 勾

勾结 gōujié　勾勒 gōulè　勾魂摄魄 gōuhúnshèpò
勾心斗角 gōuxīndòujiǎo（另见 gòu）

gōu 沟

沟壑 gōuhè　沟沟坎坎 gōugōukǎnkǎn

gōu · 篝

篝火 gōuhuǒ

gǒu 狗

狗熊 gǒuxióng　狗尾续貂 gǒuwěixùdiāo

gǒu [苟]

苟且 gǒuqiě　苟延残喘 gǒuyáncánchuǎn

gòu 构

构筑 gòuzhù

gòu 购

购置 gòuzhì

gòu 够

够本儿 gòuběnr

gòu 勾

勾当 gòu · dàng（另见 gōu）

gòu [垢] 垢污 gòuwū

gū 辜 辜负 gūfù

gū 估 估量 gū·liang（另见 gù）

gū 孤 孤僻 gūpì　孤芳自赏 gūfāngzìshǎng　孤家寡人 gūjiāguǎrén　孤苦伶仃 gūkǔlíngdīng　孤陋寡闻 gūlòuguǎwén　孤掌难鸣 gūzhǎngnánmíng　孤注一掷 gūzhùyīzhì

gū 姑 姑姑 gū·gu　姑娘 gū·niang　姑妄听之 gūwàngtīngzhī　姑妄言之 gūwàngyánzhī　姑息养奸 gūxīyǎngjiān

gū 骨 骨碌碌 gūlūlū（另见 gǔ）

gū [沽] 沽名 gūmíng

gū [咕] 咕咚 gūdōng

gū [菇] 蘑菇 mó·gu

gū [箍] 例：他头上箍着条毛巾。

gǔ 鼓 鼓膜 gǔmó

gǔ 古 古籍 gǔjí　古兰经 Gǔlánjīng　古道热肠 gǔdàorècháng　古色古香 gǔsègǔxiāng　古往今来 gǔwǎngjīnlái

gǔ 骨 骨骼 gǔgé　骨髓 gǔsuǐ　骨头 gǔ·tou　骨鲠在喉 gǔgěngzàihóu　骨瘦如柴 gǔshòurúchái（另见 gū）

gǔ 谷 谷子 gǔ·zi

gǔ 股 股东 gǔdōng　股息 gǔxī

gǔ [贾] 商贾 shānggǔ（另见 jiǎ）

gù 估 估衣 gùyī（另见 gū）

gù 故 故障 gùzhàng　故事 gù·shi　故步自封 gùbùzìfēng　故弄玄虚 gùnòngxuánxū　故态复萌 gùtàifùméng

gù 顾 顾忌 gùjì　顾全大局 gùquándàjú　顾此失彼 gùcǐshībǐ　顾名思义 gùmíngsīyì　顾影自怜 gùyǐngzìlián

gù 固 固执 gù·zhi　固步自封 gùbùzìfēng　固若金汤 gùruòjīntāng

gù [雇] 雇佣 gùyōng

guā 刮 刮目相看 guāmùxiāngkàn

guā 瓜 瓜葛 guāgé　瓜瓤儿 guārángr　瓜子儿 guāzǐr　瓜熟蒂落 guāshúdìluò　瓜田李下 guātiánlǐxià guǎ [寡] 寡妇 guǎfu　寡不敌众 guǎbùdízhòng　寡廉鲜耻 guǎliánxiǎnchǐ

guà 挂 挂一漏万 guàyīlòuwàn

guà [卦] 八卦 bāguà

guà [褂] 褂子 guà · zi

guāi 乖 乖巧 guāiqiǎo

guǎi 拐 拐弯儿 guǎiwānr　拐弯抹角 guǎiwānmòjiǎo

guài 怪 怪异 guàiyì　怪物 guài · wu

guān 关 关键 guānjiàn　关卡 guānqiǎ　关系 guān · xì

guān 官 官僚 guānliáo　官司 guān · si　官官相护 guānguānxiānghù

guān 观 观摩 guānmó（另见 guàn）

guān 冠 冠冕堂皇 guānmiǎntánghuáng（另见 guàn）

guān [棺] 棺材 guāncái

guǎn 管 管辖 guǎnxiá　管弦乐 guǎnxiányuè　管窥蠡测 guǎnkuīlícè
管中窥豹 guǎnzhōngkuībào

guǎn 馆 馆藏 guǎncáng

guàn 冠 冠军 guànjūn（另见 guān）

guàn 罐 罐头 guàn · tou　罐子 guàn · zi

guàn 惯 惯例 guànlì

guàn 灌 灌溉 guàngài　灌注 guànzhù

guàn 贯 贯穿 guànchuān

guàn 观 道观 dàoguàn（另见 guān）

guāng 光 光洁 guāngjié　光彩照人 guāngcǎizhàorén　光怪陆离 guāngguàilùlí
光明磊落 guāngmínglěiluò　光宗耀祖 guāngzōngyàozǔ

guǎng 广 广博 guǎngbó　广袤 guǎngmào　广开言路 guǎngkāiyánlù
广土众民 guǎngtǔzhòngmín　广种薄收 guǎngzhòngbóshōu

guǎng · 犷 粗犷 cūguǎng

guàng [逛] 逛荡 guàng · dang

G

guī 规　规矩 guī · ju　规行矩步 guīxíngjǔbù

guī 龟　龟缩 guīsuō（另见 jūn，qiū）

guī 归　归附 guīfù　归根结底 guīgēnjiédǐ

guī ［硅］　硅钢 guīgāng

guī ［闺］　闺女 guī · nü

guī ［瑰］　瑰宝 guībǎo　瑰丽 guīlì

guī ·皈　皈依 guīyī

guǐ 轨　轨迹 guǐjì

guǐ 鬼　鬼子 guǐ · zi　鬼斧神工 guǐfǔshéngōng　鬼哭狼嚎 guǐkūlángháo　鬼迷心窍 guǐmíxīnqiào　鬼使神差 guǐshǐshénchāi

guǐ ［诡］　诡辩 guǐbiàn　诡秘 guǐmì

guì 桂　桂冠 guìguān

guì 柜　柜台 guìtái（另见 jǔ）

guì 跪　跪拜 guìbài

guì 贵　贵重 guìzhòng

guì ［刽］　刽子手 guìzishǒu

gǔn 滚　滚烫 gǔntàng

gùn 棍　棍子 gùn · zi

guō 锅　锅子 guō · zi

Guō 过　（姓。）（另见 guò）

guō ［郭］　城郭 chéngguō

Guō ［涡］　（涡河，水名。）（另见 wō）

guó 国　国度 guódù　国库券 guókùquàn　国泰民安 guótàimín’ān

guǒ 果　果断 guǒduàn　果子 guǒ · zi　果冻儿 guǒdòngr

guǒ 裹　裹挟 guǒxié　裹足不前 guǒzúbùqián

guò 过　过瘾 guòyǐn　过来 guò · lái　过去 guòqù　过去 guò · qù　过关斩将 guòguānzhǎnjiàng　过街老鼠 guòjiēlǎoshǔ　过目成诵 guòmùchéngsòng　过眼云烟 guòyǎnyúnyān　过犹不及 guòyóubùjí（另见 Guō）

H

hā 哈
哈尼族 Hānízú　哈密瓜 hāmìguā（另见 hǎ、hà）

há [蛤]
蛤蟆 há・ma（另见 gé）

hǎ 哈
哈达 hǎdá（另见 hā，hà）

hà 哈
哈什蚂 hà・shimǎ（另见 hā，hǎ）

hāi 咳
例：咳！真有这种怪事儿？（另见 ké）

hái 还
还是 hái・shi（另见 huán）

hái 孩
孩提 háití　孩子 hái・zi

hǎi 海
海滨 hǎibīn　海绵 hǎimián　海参 hǎishēn
海棠 hǎitáng　海豚 hǎitún　海峡 hǎixiá
海啸 hǎixiào　海域 hǎiyù　海蜇 hǎizhé
海底捞月 hǎidǐlāoyuè　海枯石烂 hǎikūshílàn　海阔天空 hǎikuòtiānkōng
海市蜃楼 hǎishìshènlóu　海誓山盟 hǎishìshānméng

hài 害
害处 hàichù　害羞 hàixiū　害群之马 hàiqúnzhīmǎ

hài [骇]
骇人听闻 hàiréntīngwén

hài [亥]
亥时 hàishí

hài ·氦
（一种气体元素。）

hān [憨]
憨厚 hānhòu

hān [酣]
酣睡 hānshuì

hān ·鼾
鼾声 hānshēng

hān ·蚶
蚶子 hān・zi

hán 含
含糊 hán・hu　含混 hánhùn　含蓄 hánxù
含沙射影 hánshāshèyǐng　含辛茹苦 hánxīnrúkǔ　含英咀华 hányīngjǔhuá

hán 汗
可汗 kèhán（另见 hàn）

hán 寒
寒噤 hánjìn　寒暄 hánxuān　寒颤 hánzhàn
寒来暑往 hánláishǔwǎng

hán [函]
函数 hánshù

hán [涵]
涵义 hányì

Hán [韩]（姓。）

hǎn 喊 喊叫 hǎnjiào

hǎn [罕] 罕见 hǎnjiàn

hàn 旱 旱灾 hànzāi 旱涝保收 hànlàobǎoshōu

hàn 汗 汗衫 hànshān 汗流浃背 hànliújiābèi 汗马功劳 hànmǎgōngláo
汗牛充栋 hànniúchōngdòng（另见 hán）

hàn 汉 汉奸 hànjiān 汉子 hàn · zi

hàn [悍] 悍然 hànrán

hàn [捍] 捍卫 hànwèi

hàn [撼] 撼天动地 hàntiāndòngdì

hàn [翰] 翰墨 hànmò

hàn [焊] 焊锡 hànxī

hàn [憾] 憾事 hànshì

hāng [夯] 夯歌 hānggē

háng 行 行当 háng · dang 行家 háng · jia 行列 hángliè
行情 hángqíng（另见 xíng）

háng 航 航程 hángchéng

háng [吭] 引吭高歌 yǐnhánggāogē（另见 kēng）

háng [杭] 杭纺 hángfǎng

hàng 巷 巷道 hàngdào（另见 xiàng）

hāo [蒿] 蒿子 hāo · zi

háo 豪 豪迈 háomài 豪爽 háoshuǎng 豪言壮语 háoyánzhuàngyǔ

háo 毫 毫厘 háolí

háo 号 号啕 háotáo 哀号 āiháo（另见 hào）

háo [壕] 壕沟 háogōu

háo [嚎] 嚎啕 háotáo

hǎo 好 好处 hǎochù 好似 hǎosì 好事 hǎoshì
好玩儿 hǎowánr 好自为之 hǎozìwéizhī（另见 hào）

Hǎo ·郝（姓。）

hào 耗 耗费 hàofèi

hào 号 号召 hàozhào　号码儿 hàomǎr（另见 háo）

hào 浩 浩劫 hàojié　浩然之气 hàoránzhī qì　浩如烟海 hàorú yānhǎi

hào 好 好事 hàoshì　好恶 hàowù　好大喜功 hàodàxǐgōng
好高骛远 hàogāowùyuǎn　好为人师 hàowéirénshī　好逸恶劳 hàoyìwùláo
（另见 hǎo）

Hào 镐 周朝初年的国都。（另见 gǎo）

hē 喝 喝水 hēshuǐ（另见 hè）

hē [呵] 呵斥 hēchì（另见 kē）

hé 荷 荷包 hé・bāo　荷花 héhuā（另见 hè）

hé 核 核算 hésuàn　核桃 hé・tao（另见 hú）

hé 和 和蔼 hé'ǎi　和缓 héhuǎn　和睦 hémù
和气 héqi　和谐 héxié　和尚 hé・shang
和风细雨 héfēngxìyǔ　和光同尘 héguāngtóngchén　和盘托出 hépántuōchū
和颜悦色 héyányuèsè　和衷共济 hézhōnggòngjì（另见 hè，hú，huó，huò）

hé 何 何尝 hécháng　何去何从 héqùhécóng

hé 合 合并 hébìng　合同 hé・tóng　合群儿 héqúnr（另见 gě）

hé 盒 盒子 hé・zi

hé 禾 禾苗 hémiáo

hé 河 河滩 hétān　河豚 hétún　河清海晏 héqīnghǎiyàn

hé ・颌 （构成口腔上部和下部的骨头和肌肉组织。）（另见 Gé）

hé ・涸 干涸 gānhé

hè 贺 贺喜 hèxǐ

hè 荷 荷重 hèzhòng　荷枪实弹 hèqiāngshídàn（另见 hé）

hè 喝 喝彩 hècǎi（另见 hē）

hè 吓 恫吓 dònghè（另见 xià）

hè 和 曲高和寡 qǔgāohèguǎ（另见 hé，hú，huó，huò）

hè [鹤] 鹤发童颜 hèfàtóngyán　鹤立鸡群 hèlìjīqún

hè [赫] 赫然 hèrán

hè [褐] 褐色 hèsè

hè 壑 千山万壑 qiānshānwànhè

hēi 黑 黑暗 hēi'àn　黑灯瞎火 hēidēngxiāhuǒ

hēi [嘿] 例：嘿，下雪了！

hén 痕 痕迹 hénjì

hěn 很 很快 hěnkuài

hěn 狠 狠心 hěnxīn

hèn 恨 恨入骨髓 hènrùgǔsuǐ

hēng [哼] 哼哧 hēngchī

héng 恒 恒定 héngdìng

héng 横 横渡 héngdù　横亘 hénggèn　横冲直撞 héngchōngzhízhuàng　横征暴敛 héngzhēngbàoliǎn（另见 hèng）

héng 衡 衡量 héngliáng

hèng 横 横财 hèngcái　横祸 hènghuò（另见 héng）

hōng 轰 轰鸣 hōngmíng

hōng 烘 烘托 hōngtuō

hōng 哄 哄抬 hōngtái（另见 hǒng，hòng）

hóng 虹 彩虹 cǎihóng（另见 jiàng）

hóng 宏 宏大 hóngdà　宏观 hóngguān

hóng 洪 洪亮 hóngliàng　洪水猛兽 hóngshuǐměngshòu

hóng 红 红火 hóng · huo　红晕 hóngyùn　红包儿 hóngbāor

hóng [鸿] 鸿沟 hónggōu　鸿篇巨制 hóngpiānjùzhì

hǒng 哄 哄骗 hǒngpiàn（另见 hōng、hòng）

hòng 哄 一哄而散 yīhòng'érsàn（另见 hōng、hǒng）

hóu 喉 喉咙 hóu · lóng　喉舌 hóushé

hóu 猴 猴子 hóu · zi

hóu [侯] 例：侯爵，公侯（另见 hòu）

hǒu 吼 吼叫 hǒujiào

厚 hòu

厚薄 hòubó　厚道 hòu·dao

候 hòu

候鸟 hòuniǎo

后 hòu

后边 hòu·bian　后面 hòumiàn　后头 hòu·tou

后劲 hòujìn　后裔 hòuyì　后跟儿 hòugēnr

后发制人 hòufāzhìrén　后顾之忧 hòugùzhīyōu　后会有期 hòuhuìyǒuqī

后来居上 hòuláijūshàng　后起之秀 hòuqǐzhīxiù　后生可畏 hòushēngkěwèi

[侯] hòu

闽侯 Mǐnhòu（地名，在福建。）（另见 hóu）

呼 hū

呼号 hūháo　呼啸 hūxiào　呼吁 hūyù

呼风唤雨 hūfēnghuànyǔ　呼朋引类 hūpéngyǐnlèi　呼天抢地 hūtiānqiāngdì

呼之欲出 hūzhīyùchū

乎 hū

出乎意料 chūhūyìliào

糊 hū

例：往墙上糊了一层泥。（另见 hú，hù）

戏 hū

於戏 wūhū（同“呜呼”）（另见 xì）

忽 hū

忽略 hūlüè

壶 hú

壶盖儿 húgàir

胡 hú

胡闹 húnào　胡琴 hú·qin　胡萝卜 húluó·bo

胡同儿 hútòngr　胡搅蛮缠 hújiǎománchán　胡思乱想 húsīluànxiǎng

胡作非为 húzuòfēiwéi

核 hú

（用于口语词，如：梨核儿）（另见 hé）

蝴 hú

蝴蝶 húdié

糊 hú

糊涂 hú·tu（另见 hū，hù）

湖 hú

湖泊 húpō　湖光山色 húguāngshānsè

狐 hú

狐狸 hú·li　狐疑 húyí　狐假虎威 hújiǎhǔwēi

狐朋狗友 húpénggǒuyǒu　狐死首丘 húsǐshǒuqiū

和 hú

（麻将用语。）（另见 hé，hè，huó，huò）

[弧] hú

弧光 húguāng

[葫] hú

葫芦 hú·lu

虎 hǔ

虎劲 hǔjìn　虎背熊腰 hǔbèixióngyāo　虎踞龙盘 hǔjùlóngpán

虎口余生 hǔkǒuyúshēng　虎视眈眈 hǔshìdāndān　虎头蛇尾 hǔtóushéwěi

虎跃龙腾 hǔyuèlóngténg

hǔ [唬] 例：差一点儿叫他唬住了。

hù 护 护士 hù·shi　护照 hùzhào

hù 互 互相 hùxiāng

hù 户 户口 hùkǒu　户枢不蠹 hùshūbùdù

hù 糊 糊弄 hù·nong（另见 hū，hú）

hù [沪] 沪剧 hùjù

huā 花 花瓣 huābàn　花费 huā·fèi　花卉 huāhuì
花蕾 huālěi　花圃 huāpǔ　花瓶儿 huāpíngr
花样儿 huāyàngr　花盆儿 huāpénr　花岗岩 huāgāngyán
花好月圆 huāhǎoyuèyuán　花红柳绿 huāhóngliǔlǜ　花拳绣腿 huāquánxiùtuǐ
花团锦簇 huātuánjǐncù　花言巧语 huāyánqiǎoyǔ　花枝招展 huāzhīzhāozhǎn

huā 哗 哗啦 huālā（另见 huá）

huá 划 划船 huáchuán（另见 huà）

huá 华 华侨 huáqiáo　华而不实 huá'érbùshí（另见 huà）

huá 哗 哗然 huárán　哗众取宠 huázhòngqǔchǒng（另见 huā）

huá 滑 滑稽 huá·jī　滑轮 huálún

huá 猾 狡猾 jiǎohuá

huà 画 画室 huàshì　画地为牢 huàdìwéiláo　画虎类狗 huàhǔlèigǒu
画龙点睛 huàlóngdiǎnjīng　画蛇添足 huàshétiānzú　画饼充饥 huàbǐngchōngjī

huà 划 划分 huàfēn（另见 huá）

huà 化 化纤 huàxiān　化装 huàzhuāng　化妆品 huàzhuāngpǐn
化险为夷 huàxiǎnwéiyí

Huà 华 华山 HuàShān（另见 huá）

huà 话 话筒 huàtǒng

huà [桦] 桦树 huàshù

huái 槐 槐树 huáishù

huái 怀 怀疑 huáiyí　怀才不遇 huáicáibùyù

huái [徊] 徘徊 páihuái（另见 huí）

huái [淮] 淮海 HuáiHǎi

huài 坏
坏蛋 huàidàn

huān 欢
欢腾 huānténg　欢欣 huānxīn　欢蹦乱跳 huānbèngluàntiào
欢天喜地 huāntiānxǐdì

huán 环
环绕 huánrào

huán 还
还原 huányuán（另见 hái）

huǎn 缓
缓解 huǎnjiě　缓兵之计 huǎnbīngzhījì　缓不济急 huǎnbùjìjí

huàn 换
换算 huànsuàn

huàn 患
患者 huànzhě　患得患失 huàndéhuànshī　患难与共 huànnànyǔgòng

huàn 幻
幻景 huànjǐng　幻境 huànjìng

huàn 唤
唤醒 huànxǐng

huàn [宦]
宦官 huànguān

huàn [痪]
瘫痪 tānhuàn

huàn [涣]
涣散 huànsàn

huàn [焕]
焕发 huànfā　焕然一新 huànrányīxīn

huàn ·豢
豢养 huànyǎng

huāng 荒
荒谬 huāngmiù　荒诞 huāngdàn
荒僻 huāngpì　荒芜 huāngwú
荒唐 huāng · táng　荒无人烟 huāngwúrényān

huāng 慌
慌张 huāngzhāng

huáng 黄
黄疸 huángdǎn　黄莺 huángyīng
黄瓜 huáng · guā　黄澄澄 huángdēngdēng
黄鼠狼 huángshǔláng　黄道吉日 huángdàojírì

huáng 皇
皇冠 huángguān　皇上 huángshang　皇天后土 huángtiānhòutǔ

huáng 煌
辉煌 huīhuáng

huáng [凰]
凤凰 fènghuáng

H

huáng [磺]	磺胺 huáng'àn	huáng [惶]	惶惑 huánghuò　惶恐 huángkǒng
huáng [蝗]	蝗虫 huángchóng	huáng ·簧	弹簧 tánhuáng
huǎng 谎	谎言 huǎngyán	huǎng 晃	晃眼 huǎngyǎn（另见 huàng）
huǎng [恍]	恍惚 huǎng · hū　恍然 huǎngrán　恍如隔世 huǎngrúgéshì		
huǎng [幌]	幌子 huǎng · zi	huàng 晃	晃动 huàngdòng（另见 huǎng）
huī 灰	灰烬 huījìn　灰谐 huīxié　灰溜溜 huīliūliū　灰蒙蒙 huīméngméng		
huī 挥	挥霍 huīhuò	huī 辉	辉煌 huīhuáng　辉映 huīyìng
huī 恢	恢复 huīfù	huī [徽]	徽章 huīzhāng
huí 回	回避 huíbì　回来 huí · lái　回去 huí · qù　回味 huíwèi　回转 huízhuǎn　回肠荡气 huíchángdàngqì　回嗔作喜 huíchēnzuòxǐ　回光返照 huíguāngfǎnzhào　回心转意 huíxīnzhuǎnyì		
huí [茴]	茴香 huíxiāng	huí [蛔]	蛔虫 huíchóng
huí ·洄	洄游 huíyóu	huǐ 毁	毁灭 huǐmiè　毁家纾难 huǐjiāshūnàn
huǐ 悔	悔改 huǐgǎi　悔不当初 huǐ bù dāng chū		
huì 贿	贿赂 huìlù	huì 会	会晤 huìwù（另见 kuài）
huì 汇	汇率 huìlǜ	huì 惠	惠顾 huìgù　惠临 huìlín
huì 绘	绘制 huìzhì　绘声绘色 huìshēnghuìsè		
huì [讳]	讳言 huìyán　讳疾忌医 huìjíjìyī　讳莫如深 huìmòrúshēn		
huì [诲]	诲人不倦 huìrénbùjuàn	huì [秽]	秽气 huìqì

huì [晦]
晦涩 huìsè　晦气 huì · qì

huì 溃
溃脓 huìnóng（另见 kuì）

huì 彗
彗星 huìxīng

huì ·荟
荟萃 huìcuì

huì ·喙
百喙莫辩 bǎihuìmòbiàn

hūn 昏
昏暗 hūn'àn　昏天黑地 hūntiānhēidì

hūn 婚
婚姻 hūnyīn

hūn [荤]
荤腥 hūnxīng

hún 浑
浑浊 húnzhuó　浑浑噩噩 húnhún 'è 'è　浑金璞玉 húnjīnpúyù
浑水摸鱼 húnshuǐmōyú

hún 混
混水摸鱼 húnshuǐmōyú（另见 hùn）

hún 魂
魂不附体 húnbùfùtǐ　魂飞魄散 húnfēipòsàn　魂牵梦萦 húnqiānmèngyíng

hùn 混
混乱 hùnluàn　混淆 hùnxiáo　混浊 hùnzhuó
混沌 hùndùn　混迹 hùnjì　混合物 hùnhéwù
混凝土 hùnníngtǔ　混为一谈 hùnwéiyītán（另见 hún）

huō [豁]
豁口 huōkǒu（另见 huò）

huó 活
活泼 huó · po　活动 huó · dòng　活泛 huó · fan
活塞 huósāi　活蹦乱跳 huóbèngluàntiào　活灵活现 huólínghuóxiàn

huó 和
例：和面，和泥（另见 hé，hè，hú，huò）

huǒ 伙
伙伴 huǒbàn　伙计 huǒ · ji　伙食 huǒ · shí

huǒ 火
火候 huǒhou　火炬 huǒjù　火气 huǒ · qì
火焰 huǒyàn　火罐儿 huǒguànr　火锅儿 huǒguōr
火苗儿 huǒmiáor　火星儿 huǒxīngr　火辣辣 huǒlàlà
火海刀山 huǒhǎidāoshān　火急火燎 huǒjíhuǒliǎo　火冒三丈 huǒmàosānzhàng
火上加油 huǒshàngjiāyóu　火树银花 huǒshùyínhuā

huò 和
和弄 huò · nong　和稀泥 huòxīní（另见 hé，hè，hú，huó）

huò 获
获悉 huòxī

huò 或
或许 huòxǔ　或多或少 huòduōhuòshǎo

货 huò
货款 huòkuǎn　货真价实 huòzhēnjiàshí

祸 huò
祸害 huò · hài　祸不单行 huòbùdānxíng　祸国殃民 huòguóyāngmín
祸起萧墙 huòqǐxiāoqiáng

[霍] huò
霍乱 huòluàn

[豁] huò
豁免 huòmiǎn（另见 huō）

惑 huò
惑乱 huòluàn　大惑不解 dàhuòbùjiě

J

几 jī
几乎 jīhū　几率 jīlǜ（另见 jǐ）

击 jī
击毙 jībì　击毁 jīhuǐ

饥 jī
饥饿 jī'è　饥不择食 jībùzéshí

圾 jī
垃圾 lājī

机 jī
机舱 jīcāng　机会 jī · huì　机警 jījǐng
机灵 jī · ling　机器 jī · qì　机遇 jīyù
机缘 jīyuán　机器人 jī · qìrén　机械化 jīxièhuà

肌 jī
肌肤 jīfū　肌腱 jījiàn

鸡 jī
鸡鸣狗盗 jīmínggǒudào

奇 jī
奇数 jīshù（另见 qí）

积 jī
积累 jīlěi　积聚 jījù　积蓄 jīxù
积羽沉舟 jīyǔchénzhōu　积重难返 jīzhòngnánfǎn　积铢累寸 jīzhūlěicùn

基 jī
基础 jīchǔ　基调 jīdiào　基督教 Jīdūjiào

激 jī
激昂 jī'áng　激荡 jīdàng　激愤 jīfèn
激奋 jīfèn　激励 jīlì

[讥] jī
讥讽 jīfěng　讥笑 jīxiào

[叽] jī
叽咕 jī · gu

[唧] jī
唧哝 jī · nong

[畸] jī
畸形 jīxíng

[箕] jī
箕踞 jījù

[稽] jī
稽查 jīchá

·羁 jī
羁绊 jībàn

·姬 jī
（姓。）

及 jí
及格 jígé　及时 jíshí

吉 jí
吉利 jílì　吉他 jítā　吉祥 jíxiáng
吉普车 jípǔchē　吉光片羽 jí guāngpiànyǔ

·汲 jí
汲取 jíqǔ

级 jí
级别 jíbié

极 jí
极端 jíduān　极限 jíxiàn

即 jí
即便 jíbiàn　即将 jíjiāng　即刻 jíkè
即使 jíshǐ　即日 jírì　即景生情 jíjǐngshēngqíng

急 jí
急剧 jíjù　急需 jíxū　急躁 jízào
急促 jícù　急遽 jíjù　急风暴雨 jífēngbàoyǔ
急功近利 jígōngjìnlì　急流勇退 jíliúyǒngtuì　急中生智 jízhōngshēngzhì

疾 jí
疾病 jíbìng　疾驰 jíchí　疾患 jíhuàn
疾恶如仇 jí'è rúchóu　疾风劲草 jífēngjìngcǎo　疾首蹙额 jíshǒucù 'é
疾言厉色 jíyánlìsè

集 jí
集聚 jíjù　集邮 jíyóu　集装箱 jízhuāngxiāng
集思广益 jísīguǎngyì　集腋成裘 jíyèchéngqiú

籍 jí
籍贯 jíguàn

革 jí
（病危急。）（另见 gé）

[棘] jí
棘手 jíshǒu

[辑] jí
辑录 jílù

[嫉] jí
嫉妒 jídù　嫉恶如仇 jí 'èrúchóu　嫉贤妒能 jíxiándùnéng

·瘠 jí
贫瘠 pínjí

几 jǐ
几何 jǐhé（另见 jī）

己 jǐ：己任 jǐrèn

纪 jǐ：（姓。）（另见 jì）

挤 jǐ：挤兑 jǐduì

济 jǐ：济济一堂 jǐjǐyītáng（另见 jì）

给 jǐ：给养 jǐyǎng　给予 jǐyǔ（另见 gěi）

脊 jǐ：脊梁 jǐ · liang　脊背 jǐbèi　脊髓 jǐsuǐ　脊椎 jǐzhuī

·戟 jǐ：（古代兵器。）

·麂 jǐ：（一种哺乳动物，通称麂子。）

计 jì：计较 jìjiào　计量 jìliàng　计日程功 jìrìchénggōng

记 jì：记得 jì · dé　记号 jì · hao　记性 jì · xing　记载 jìzǎi　记事儿 jìshìr

纪 jì：纪要 jìyào（另见 jǐ）

技 jì：技艺 jìyì

系 jì：例：系鞋带。（另见 xì）

忌 jì：忌妒 jì · du　忌讳 jì · huì

际 jì：际遇 jìyù

季 jì：季度 jìdù

剂 jì：剂量 jìliàng

迹 jì：迹象 jìxiàng

济 jì：济贫 jìpín（另见 jǐ）

既 jì：既然 jìrán　既是 jìshì　既往不咎 jìwǎngbùjiù

继 jì：继任 jìrèn　继承权 jìchéngquán　继往开来 jìwǎngkāilái

寄 jì：寄托 jìtuō　寄予 jìyǔ　寄生虫 jìshēngchóng　寄人篱下 jìrénlíxià

绩 jì：绩效 jìxiào

[妓] jì：妓女 jìnǚ

[荠] jì：荠菜 jìcài（另见 qí）

[祭] jì：祭祀 jìsì

寂 jì
寂静 jìjìng　寂寞 jìmò

鲫 jì
鲫鱼 jìyú

冀 jì
冀图 jìtú

暨 jì
暨今 jìjīn

髻 jì
发髻 fàjì

加 jiā
加剧 jiājù　加重 jiāzhòng　加塞儿 jiāsāir
加油儿 jiāyóur

夹 jiā
夹杂 jiāzá　夹子 jiā · zi　夹缝儿 jiāfèngr（另见 gā，jiá）

茄 jiā
茄克 jiākè（另见 qié）

佳 jiā
佳肴 jiāyáo

家 jiā
家畜 jiāchù　家伙 jiā · huo　家具 jiā · jù
家眷 jiājuàn　家禽 jiāqín　家常便饭 jiāchángbiànfàn
家给人足 jiājǐrénzú　家徒四壁 jiātúsìbì　家喻户晓 jiāyùhùxiǎo

嘉 jiā
嘉奖 jiājiǎng　嘉言懿行 jiāyányìxíng

枷 jiā
枷锁 jiāsuǒ

夹 jiá
夹被 jiábèi（另见 gā，jiā）

荚 jiá
荚果 jiáguǒ

颊 jiá
面颊 miànjiá

甲 jiǎ
甲板 jiǎbǎn　甲壳 jiǎqiào　甲骨文 jiǎgǔwén
甲状腺 jiǎzhuàngxiàn

假 jiǎ
假借 jiǎjiè　假若 jiǎruò　假公济私 jiǎgōngjìsī（另见 jià）

贾 jiǎ
（姓。）（另见 gǔ）

钾 jiǎ
钾肥 jiǎféi

价 jià
价格 jiàgé　价钱 jià · qián　价值 jiàzhí

架 jià
架空 jiàkōng　架设 jiàshè　架势 jià · shi
架子 jià · zi

驾 jià
驾驶 jiàshǐ　驾驭 jiàyù　驾轻就熟 jiàqīngjiùshú

假 jià
假期 jiàqī（另见 jiǎ）

嫁 jià
嫁接 jiàjiē　嫁妆 jià・zhuang

稼 jià
稼穑 jiàsè

尖 jiān
尖端 jiānduān　尖锐 jiānruì

奸 jiān
奸商 jiānshāng

歼 jiān
歼灭 jiānmiè

坚 jiān
坚韧 jiānrèn　坚毅 jiānyì　坚贞 jiānzhēn
坚壁清野 jiānbìqīngyě　坚苦卓绝 jiānkǔzhuójué

间 jiān
间距 jiānjù　间不容发 jiānbùróngfà（另见 jiàn）

肩 jiān
肩膀 jiānbǎng　肩胛 jiānjiǎ　肩摩踵接 jiānmózhǒngjiē

艰 jiān
艰巨 jiānjù　艰险 jiānxiǎn　艰辛 jiānxīn
艰苦卓绝 jiānkǔzhuójué

监 jiān
监察 jiānchá　监督 jiāndū　监禁 jiānjìn
监视 jiānshì　监狱 jiānyù　监守自盗 jiānshǒuzìdào
（另见 jiàn）

兼 jiān
兼并 jiānbìng　兼顾 jiāngù　兼收并蓄 jiānshōubìngxù

渐 jiān
渐染 jiānrǎn（另见 jiàn）

煎 jiān
煎熬 jiān'áo

缄 jiān
缄默 jiānmò

拣 jiǎn
拣选 jiǎnxuǎn

茧 jiǎn
茧子 jiǎn・zi

俭 jiǎn
俭朴 jiǎnpǔ

捡 jiǎn
捡拾 jiǎnshí

检 jiǎn
检查 jiǎnchá　检察 jiǎnchá　检举 jiǎnjǔ
检疫 jiǎnyì

剪 jiǎn
剪裁 jiǎncái　剪子 jiǎn・zi

减 jiǎn
减产 jiǎnchǎn　减免 jiǎnmiǎn

简 jiǎn
简称 jiǎnchēng　简陋 jiǎnlòu　简洁 jiǎnjié
简练 jiǎnliàn

jiǎn [柬] 柬帖 jiǎntiě

jiǎn [碱] 盐碱地 yánjiǎndì

jiàn 见

见长 jiàncháng　见地 jiàndì　见解 jiànjiě
见识 jiàn・shi　见效 jiànxiào　见闻 jiànwén
见缝插针 jiànfèngchāzhēn　见猎心喜 jiànlièxīnxǐ　见危授命 jiànwēishòumìng
见微知著 jiànwēizhīzhù　见异思迁 jiànyìsīqiān

jiàn 件

文件 wénjiàn

jiàn 间

间谍 jiàndié　间断 jiànduàn　间隔 jiàngé
间或 jiànhuò　间隙 jiànxì　间歇 jiànxiē
间作 jiànzuò（另见 jiān）

jiàn 建

建设 jiànshè　建筑 jiànzhù

jiàn 荐

荐举 jiànjǔ

jiàn 贱

贫贱 pínjiàn

jiàn 剑

剑拔弩张 jiànbánǔzhāng

jiàn 监

监生 jiànshēng（另见 jiān）

jiàn 健

健康 jiànkāng　健儿 jiàn'ér

jiàn 舰

舰艇 jiàntǐng

jiàn 渐

渐变 jiànbiàn　渐进 jiànjìn（另见 jiān）

jiàn 践

践踏 jiàntà

jiàn 鉴

鉴定 jiàndìng　鉴赏 jiànshǎng

jiàn 键

键盘 jiànpán

jiàn 箭

箭头 jiàntóu　箭在弦上 jiànzàixiánshàng

jiàn [涧]

山涧 shānjiàn

jiàn [溅]

溅落 jiànluò

jiàn ・谏

谏诤 jiànzhèng

jiàn ・腱

腱鞘 jiànqiào

jiàn ・毽

毽子 jiàn・zi

jiāng 江

江河日下 jiānghérìxià　江郎才尽 jiāngláncáijìn　江洋大盗 jiāngyángdàdào

jiāng 将

将就 jiāng・jiu　将军 jiāngjūn　将计就计 jiāngjìjiùjì
将信将疑 jiāngxìnjiāngyí（另见 jiàng，qiāng）

jiāng 姜（姓。）

jiāng 浆 浆洗 jiāngxǐ

jiāng 僵 僵硬 jiāngyìng

jiāng 疆 疆域 jiāngyù

jiāng [缰] 缰绳 jiāng · shéng

jiǎng 讲 讲解 jiǎngjiě　讲究 jiǎng · jiu　讲授 jiǎngshòu

jiǎng 奖 奖惩 jiǎngchéng　奖券 jiǎngquàn　奖励 jiǎnglì

jiǎng 桨（划船用具。）

jiǎng [蒋]（姓。）

jiàng 匠 匠心 jiàngxīn

jiàng 虹（另见 hóng）

jiàng 降 降低 jiàngdī　降临 jiànglín（另见 xiáng）

jiàng 将 将士 jiàngshì（另见 jiāng，qiāng）

jiàng 强 倔强 juéjiàng（另见 qiáng，qiǎng）

jiàng 酱 酱油 jiàngyóu

jiàng ·绛 绛紫 jiàngzǐ

jiàng ·犟 犟嘴 jiàngzuǐ

jiāo 交 交汇 jiāohuì　交情 jiāo · qing　交融 jiāoróng
交涉 jiāoshè　交易 jiāoyì　交头接耳 jiāotóujiēěr
交相辉映 jiāoxiānghuīyìng

jiāo 郊 郊区 jiāoqū　郊野 jiāoyě

jiāo 浇 浇灌 jiāoguàn

jiāo 娇 娇嫩 jiāonèn　娇艳 jiāoyàn　娇生惯养 jiāoshēngguànyǎng
娇小玲珑 jiāoxiǎolínglóng

jiāo 骄 骄傲 jiāo’ào　骄奢淫逸 jiāoshē yínyì

jiāo 胶 胶片 jiāopiàn　胶柱鼓瑟 jiāozhùgǔsè

jiāo 教 教书 jiāoshū　教学 jiāoxué（另见 jiào）

jiāo 椒
椒盐 jiāoyán

jiāo 蕉
蕉农 jiāonóng

jiāo 焦
焦点 jiāodiǎn　焦急 jiāojí　焦虑 jiāolǜ
焦躁 jiāozào　焦灼 jiāozhuó　焦头烂额 jiāotóulàn 'é

jiāo [礁]
礁石 jiāoshí

jiāo ·跤
跌跤 diējiāo

jiáo 嚼
咬文嚼字 yǎowénjiáozì（另见 jiào，jué）

jiáo [矫]
矫情 jiáo · qing（另见 jiǎo）

jiǎo 角
角膜 jiǎomó（另见 jué）

jiǎo 狡
狡猾 jiǎohuá

jiǎo 饺
饺子 jiǎo · zi

jiǎo 绞
绞架 jiǎojià

jiǎo 脚
脚趾 jiǎozhǐ　脚印儿 jiǎoyìnr　脚踏实地 jiǎotàshídì（另见 jué）

jiǎo 搅
搅拌 jiǎobàn　搅动 jiǎodòng

jiǎo 缴
缴纳 jiǎonà　缴获 jiǎohuò

jiǎo [侥]
侥幸 jiǎoxìng（另见 yáo）

jiǎo [矫]
矫健 jiǎojiàn　矫正 jiǎozhèng　矫揉造作 jiǎoróuzàozuò
矫枉过正 jiǎowǎngguòzhèng（另见 jiáo）

jiǎo [剿]
剿灭 jiǎomiè（另见 chāo）

jiǎo ·皎
皎洁 jiǎojié

jiào 叫
叫唤 jiào · huan　叫嚷 jiàorǎng　叫嚣 jiàoxiāo
叫好儿 jiàohǎor

jiào 觉
睡觉 shuìjiào（另见 jué）

jiào 教
教诲 jiàohuì　教室 jiàoshì　教学 jiàoxué
教训 jiàoxùn　教学相长 jiàoxuéxiāngzhǎng（另见 jiāo）

jiào 校
校对 jiàoduì　校样 jiàoyàng　校正 jiàozhèng（另见 xiào）

jiào 轿

轿车 jiàochē　轿子 jiào · zi

jiào 较

较量 jiàoliàng

jiào 嚼

倒嚼 dǎojiào（另见 jiáo，jué）

jiào [窖]

窖藏 jiàocáng

jiào [酵]

酵母 jiàomǔ

jiē 节

节骨眼 jiēguyǎn（另见 jié）

jiē 阶

阶段 jiēduàn　阶级 jiējí　阶梯 jiētī

jiē 皆

皆大欢喜 jiēdàhuānxǐ

jiē [秸]

秸秆 jiēgǎn

jiē 结

结巴 jiē · ba　结果 jiēguǒ　结实 jiē · shi（另见 jié）

jiē 接

接触 jiēchù　接济 jiējì　接洽 jiēqià
接壤 jiērǎng　接种 jiēzhòng

jiē 揭

揭露 jiēlù　揭晓 jiēxiǎo　揭竿而起 jiēgān 'érqǐ

jiē 街

街道 jiēdào　街坊 jiē · fang　街谈巷议 jiētánxiàngyì
街头巷尾 jiētóuxiàngwěi

jié 节

节俭 jiéjiǎn　节律 jiélǜ　节奏 jiézòu
节外生枝 jiéwàishēngzhī　节衣缩食 jiéyīsuōshí（另见 jiē）

jié 劫

劫持 jiéchí

jié 杰

杰出 jiéchū　杰作 jiézuò

jié 洁

洁净 jiéjìng　洁身自好 jiéshēnzìhào

jié 结

结果 jiéguǒ　结核 jiéhé　结膜 jiémó
结束 jiéshù　结党营私 jiédǎngyíngsī（另见 jiē）

jié 捷

捷报 jiébào　捷径 jiéjìng　捷足先登 jiézúxiāndēng

jié 截

截止 jiézhǐ　截长补短 jiéchángbǔduǎn

jié 竭

竭力 jiélì　竭泽而渔 jiézé'éryú

jié 睫
睫毛 jiémáo

jiě 姐
姐夫 jiě · fu　姐姐 jiě · jie　姐妹 jiěmèi

jiě 解
解雇 jiěgù　解剖 jiěpōu　解甲归田 jiějiǎguītián
解铃系铃 jiělíngxìlíng　解民倒悬 jiěmíndàoxuán（另见 jiè，xiè）

jiè 介
介绍 jièshào　介质 jièzhì

jiè 戒
戒律 jièlǜ　戒严 jièyán　戒指 jiè · zhi

jiè 届
届时 jièshí

jiè 界
界限 jièxiàn　界线 jièxiàn

jiè 借
借贷 jièdài　借鉴 jièjiàn　借款 jièkuǎn
借古讽今 jiègǔfěngjīn　借花献佛 jièhuāxiànfó　借题发挥 jiètífāhuī

jiè 解
解差 jièchāi（另见 jiě，xiè）

jiè [芥]
芥末 jiè · mo（另见 gài）

jiè [诫]
告诫 gàojiè

jīn 巾
巾帼 jīnguó

jīn 斤
斤斤计较 jīnjīnjìjiào

jīn 今
今后 jīnhòu

jīn 金
金额 jīn'é　金融 jīnróng　金子 jīn · zi
金丝猴 jīnsīhóu　金碧辉煌 jīnbìhuīhuáng　金蝉脱壳 jīnchántuōqiào
金科玉律 jīnkēyùlǜ　金口玉言 jīnkǒuyùyán　金迷纸醉 jīnmízhǐzuì

jīn 津
津贴 jīntiē　津液 jīnyè

jīn 筋
筋骨 jīngǔ　筋疲力尽 jīnpílìjìn

jīn 禁
禁受 jīnshòu　禁不住 jīn · buzhù（另见 jìn）

jīn [襟]
襟怀 jīnhuái

jīn 矜
矜持 jīnchí

jǐn 仅
绝无仅有 juéwújǐnyǒu

jǐn 尽
尽管 jǐnguǎn　尽量 jǐnliàng　尽快 jǐnkuài（另见 jìn）

jǐn 紧
紧凑 jǐncòu　紧俏 jǐnqiào　紧锣密鼓 jǐnluómìgǔ

锦 jǐn

锦绣 jǐnxiù　锦标赛 jǐnbiāosài　锦上添花 jǐnshàngtiānhuā
锦心绣口 jǐnxīnxiùkǒu

谨 jǐn

谨小慎微 jǐnxiǎoshènwēi

尽 jìn

尽量 jìnliàng　尽情 jìnqíng　尽人皆知 jìnrénjiēzhī
尽善尽美 jìnshànjìnměi（另见 jǐn）

进 jìn

进餐 jìncān　进度 jìndù　进贡 jìngòng
近来 jìn・lái　进去 jìn・qù　进驻 jìngzhù
进退维谷 jìntuìwéigǔ

近 jìn

近邻 jìnlín　近视 jìnshì　近水楼台 jìnshuǐlóutái

劲 jìn

劲头 jìntóu（另见 jìng）

晋 jìn

晋级 jìnjí　晋升 jìnshēng

禁 jìn

禁锢 jìngù　禁忌 jìnjì（另见 jīn）

浸 jìn

浸泡 jìnpào　浸润 jìnrùn

靳 jìn

（姓。）

茎 jīng

根茎 gēnjīng

京 jīng

京剧 jīngjù

经 jīng

经络 jīngluò　经脉 jīngmài　经贸 jīngmào
经销 jīngxiāo　经年累月 jīngniánlěiyuè（另见 jìng）

惊 jīng

惊诧 jīngchà　惊愕 jīng'è　惊骇 jīnghài
惊惶 jīnghuáng　惊讶 jīngyà　惊扰 jīngrǎo
惊弓之鸟 jīnggōngzhīniǎo　惊世骇俗 jīngshìhàisú　惊涛骇浪 jīngtāohàilàng
惊心动魄 jīngxīndòngpò

晶 jīng

晶莹 jīngyíng

睛 jīng

眼睛 yǎnjīng

精 jīng

精干 jīnggàn　精炼 jīngliàn　精辟 jīngpì
精锐 jīngruì　精神 jīngshén　精神 jīng・shen
精髓 jīngsuǐ　精湛 jīngzhàn　精兵简政 jīngbīngjiǎnzhèng
精雕细镂 jīngdiāoxìlòu　精疲力竭 jīngpílìjié　精卫填海 jīngwèitiánhǎi

精益求精 jīngyìqiújīng

jīng [荆] 荆棘 jīngjí

jīng [兢] 兢兢业业 jīngjīngyèyè

jīng [鲸] 鲸吞 jīngtūn

jǐng 井 井底之蛙 jǐngdǐzhīwā

jǐng 颈 颈椎 jǐngzhuī（另见 gěng）

jǐng 景 景象 jǐngxiàng　景致 jǐngzhì

jǐng 警 警察 jǐngchá　警戒 jǐngjiè　警觉 jǐngjué
警惕 jǐngtì

jǐng [阱] 陷阱 xiànjǐng

jìng 劲 劲旅 jìnglǚ（另见 jìn）

jìng 径 径流 jìngliú　径直 jìngzhí

jìng 净 净化 jìnghuà

jìng 经 经纱 jìngshā（另见 jīng）

jìng 竞 竞赛 jìngsài

jìng 竟 竟然 jìngrán

jìng 境 境遇 jìngyù

jìng 敬 敬佩 jìngpèi　敬畏 jìngwèi　敬仰 jìngyǎng
敬而远之 jìng'éryuǎnzhī　敬谢不敏 jìngxièbùmǐn

jìng 静 静脉 jìngmài　静谧 jìngmì　静穆 jìngmù

jìng 镜 镜子 jìng・zi　镜片 jìngpiàn　镜花水月 jìnghuāshuǐyuè

jìng [靖] 靖边 jìngbiān

jiǒng [窘] 窘迫 jiǒngpò

jiū 纠 纠缠 jiūchán　纠纷 jiūfēn　纠葛 jiūgé

jiū 究 究竟 jiūjìng

jiū 揪 揪心 jiūxīn

jiū [鸠] 鸠形鹄面 jiūxínghúmiàn　鸠占鹊巢 jiūzhànquècháo

jiǔ 九 九霄云外 jiǔxiāoyúnwài

jiǔ 久 久远 jiǔyuǎn　久假不归 jiǔjiǎbùguī

jiǔ 酒 酒吧 jiǔbā　酒精 jiǔjīng　酒盅儿 jiǔzhōngr

酒酣耳热 jiǔhān 'ěrrè　　酒囊饭袋 jiǔnángfàndài

jiǔ [玖]（"九"的大写。）

jiǔ [韭] 韭菜 jiǔcài

jiǔ [灸] 针灸 zhēnjiǔ

jiù 旧 旧址 jiùzhǐ　　旧调重弹 jiùdiàochóngtán

jiù 救 救济 jiùjì　　救援 jiùyuán　　救死扶伤 jiùsǐfúshāng

jiù 就 就餐 jiùcān　　就绪 jiùxù　　就事论事 jiùshìlùnshì

jiù 舅 舅舅 jiù · jiu

jiù [臼] 臼齿 jiùchǐ

jiù [疚] 内疚 nèijiù

jiù ·厩 厩肥 jiùféi

jū 车（象棋棋子的一种。）（另见 chē）

jū 拘 拘谨 jūjǐn　　拘留 jūliú　　拘泥 jūnì
拘束 jūshù

jū 居 居然 jūrán　　居室 jūshì　　居留 jūliú
居安思危 jū'ānsīwēi　　居高临下 jūgāolínxià　　居心叵测 jūxīnpǒcè

jū 据 拮据 jiéjū（另见 jù）

jū 鞠 鞠躬尽瘁 jūgōngjìncuì

jū [驹] 驹子 jū · zi

jú 局 局促 júcù　　局限 júxiàn

jú 菊 菊花 júhuā

jú 橘 橘子 jú · zi

jǔ 举 举办 jǔbàn　　举棋不定 jǔqíbùdìng　　举手之劳 jǔshǒuzhīláo
举一反三 jǔyīfǎnsān　　举足轻重 jǔzúqīngzhòng

jǔ 矩 矩形 jǔxíng

jǔ 柜 柜柳 jǔliǔ（另见 guì）

jǔ [沮] 沮丧 jǔsàng（另见 jù）

jù 巨 巨额 jù'é　　巨著 jùzhù

jù 句 句读 jùdòu　　句法 jùfǎ　　句子 jù · zi

jù 拒 拒绝 jùjué　　拒谏饰非 jùjiànshìfēi

jù 具 具备 jùbèi　　具体而微 jùtǐ 'érwēi

jù 俱

俱乐部 jùlèbù

jù 剧

剧本 jùběn　剧场 jùchǎng　剧烈 jùliè

jù 据

据点 jùdiǎn　据悉 jùxī（另见 jū）

jù 距

距离 jùlí

jù 惧

惧怕 jùpà

jù 锯

锯齿儿 jùchǐr

jù [炬]

火炬 huǒjù

jù 聚

聚餐 jùcān　聚集 jùjí　聚精会神 jùjīnghuìshén
聚沙成塔 jùshāchéngtǎ

jù [沮]

沮洳 jùrù（另见 jǔ）

juān 捐

捐款 juānkuǎn　捐税 juānshuì　捐赠 juānzèng

juān 圈

例：把鸡圈起来。（另见 juàn，quān）

juān [鹃]

杜鹃 dùjuān

juǎn 卷

卷烟 juǎnyān　卷土重来 juǎntǔchónglái（另见 juàn）

juàn 卷

卷子 juàn · zi　卷宗 juànzōng（另见 juǎn）

juàn 圈

圈养 juànyǎng（另见 juān, quān）

juàn 倦

倦怠 juàndài

juàn 绢

绢花 juànhuā

juàn [眷]

眷恋 juànliàn

juē ·撅

撅嘴 juēzuǐ

jué 决

决策 juécè　决裂 juéliè　决一死战 juéyīsǐzhàn

jué 角

角色 juésè　角逐 juézhú（另见 jiǎo）

jué 觉

觉察 juéchá　觉得 jué · de　觉悟 juéwù
觉醒 juéxǐng（另见 jiào）

jué 绝

绝迹 juéjì　绝技 juéjì　绝缘 juéyuán
绝着儿 juézhāor　绝无仅有 juéwújǐnyǒu

掘 jué：掘进 juéjìn	嚼 jué：咀嚼 jǔjué（另见 jiáo，jiào）
脚 jué：（同"角"，jué。）（另见 jiǎo）	[诀] jué：诀别 juébié　诀窍 juéqiào
[倔] jué：倔强 juéjiàng（另见 juè）	[爵] jué：爵士乐 juéshìyuè
·抉 jué：抉择 juézé	·攫 jué：攫取 juéqǔ
·崛 jué：崛起 juéqǐ	·蕨 jué：蕨类植物 juélèizhíwù
[倔] juè：倔头倔脑 juètóujuènǎo（另见 jué）	

军 jūn：军备 jūnbèi　军阀 jūnfá　军舰 jūnjiàn　军需 jūnxū　军训 jūnxùn

均 jūn：均衡 jūnhéng　均匀 jūnyún

君 jūn：君子协定 jūnzǐxiédìng

菌 jūn：细菌 xìjūn（另见 jùn）	龟 jūn：龟裂 jūnliè（另见 guī，qiū）
[钧] jūn：雷霆万钧 léitíngwànjūn	俊 jùn：俊美 jùnměi　俊俏 jùnqiào
菌 jùn：菌子 jùn·zi（另见 jūn）	[骏] jùn：骏马 jùnmǎ
[峻] jùn：峻峭 jùnqiào	[竣] jùn：竣工 jùngōng
·郡 jùn：郡县 jùnxiàn	

K

[咖] kā：咖啡 kāfēi

卡 kǎ：卡车 kǎchē　卡片 kǎpiàn（另见 qiǎ）

咯 kǎ

咯血 kǎxiě（另见 gē，luò）

开 kāi

开创 kāichuàng　开赴 kāifù　开荒 kāihuāng
开掘 kāijué　开垦 kāikěn　开朗 kāilǎng
开幕 kāimù　开辟 kāipì　开窍 kāiqiào
开拓 kāituò　开销 kāixiāo　开凿 kāizáo
开春儿 kāichūnr　开窍儿 kāiqiàor　开诚布公 kāichéngbùgōng
开门揖盗 kāiményīdào　开源节流 kāiyuánjiéliú　开宗明义 kāizōngmíngyì

[揩] kāi

揩油 kāiyóu

慨 kǎi

慨然 kǎirán　慨叹 kǎitàn

[楷] kǎi

楷模 kǎimó

凯 kǎi

凯旋 kǎixuán　凯歌 kǎigē

刊 kān

刊登 kāndēng　刊载 kānzǎi

堪 kān

不堪 bùkān

看 kān

看管 kānguǎn　看护 kānhù　看守 kānshǒu（另见 kàn）

[勘] kān

勘测 kāncè　勘察 kānchá　勘探 kāntàn

砍 kǎn

砍伐 kǎnfá

[坎] kǎn

坎坷 kǎnkě　坎肩儿 kǎnjiānr

看 kàn

看待 kàndài　看见 kànjiàn　看中 kànzhòng
看重 kànzhòng　看做 kànzuò　看不起 kàn • buqǐ
看风使舵 kànfēngshǐ duò　看破红尘 kànpòhóngchén（另见 kān）

康 kāng

康复 kāngfù　康庄大道 kāngzhuāngdàdào

糠 kāng

糠秕 kāngbǐ

[慷] kāng

慷慨激昂 kāngkǎijī'áng

扛 káng

扛活 kánghuó（另见 gāng）

抗 kàng

抗旱 kànghàn　抗衡 kànghéng　抗拒 kàngjù

K

kàng 炕
炕席 kàngxí

kǎo 考
考查 kǎochá　考察 kǎochá　考核 kǎohé
考究 kǎo·jiu　考虑 kǎolǜ　考验 kǎoyàn

kǎo 烤
烤火 kǎohuǒ

kǎo [拷]
拷贝 kǎobèi

kào 靠
靠拢 kàolǒng　靠不住 kào·buzhù

kào [铐]
镣铐 liàokào

kē 棵
例：一棵树。

kē 颗
颗粒 kēlì

kē 科
科举 kējǔ　科普 kēpǔ　科室 kēshì

kē [磕]
磕头 kētóu

kē [苛]
苛刻 kēkè　苛捐杂税 kējuānzáshuì

kē [蝌]
蝌蚪 kēdǒu

kē [呵]
呵叻 kēlè（另见 hē）

kē [坷]
坷垃 kē·la（另见 kě）

kē ·瞌
瞌睡 kēshuì

kē ·柯
斧柯 fǔkē

ké 壳
贝壳 bèiké（另见 qiào）

ké 咳
咳嗽 ké·sou（另见 hāi）

kě 可
可耻 kěchǐ　可怜 kělián　可恶 kěwù
可疑 kěyí　可憎 kězēng　可操左券 kěcāozuǒquàn
可丁可卯 kědīngkěmǎo　可歌可泣 kěgēkěqì（另见 kè）

kě 渴
渴望 kěwàng

kě [坷]
坎坷 kǎnkě（另见 kē）

kè 克
克服 kèfú　克敌制胜 kèdízhìshèng　克己奉公 kèjǐfènggōng
克勤克俭 kèqínkèjiǎn

kè 课
课程 kèchéng

kè 刻
刻薄 kèbó　刻画 kèhuà　刻不容缓 kèbùrónghuǎn

刻骨铭心 kègǔmíngxīn　　刻舟求剑 kèzhōuqiújiàn

kè 客

客观 kèguān　　客轮 kèlún　　客气 kè · qi

客人 kè · rén　　客栈 kèzhàn

kè 可

可汗 kèhán（另见 kě）

kěn 肯

肯定 kěndìng

kěn 恳

恳切 kěnqiè

kěn 垦

垦荒 kěnhuāng

kěn [啃]

例：啃骨头。

kēng 坑

坑道 kēngdào　　坑子 kēng · zi　　坑坑洼洼 kēngkēngwāwā

kēng [吭]

吭声 kēngshēng（另见 háng）

kēng ·铿

铿锵 kēngqiāng

kōng 空

空旷 kōngkuàng　　空袭 kōngxí　　空谷足音 kōnggǔzúyīn

空空如也 kōngkōngrúyě　　空口无凭 kōngkǒuwúpíng　　空前绝后 kōngqiánjuéhòu

空穴来风 kōngxuéláifēng　　空中楼阁 kōngzhōnglóugé（另见 kòng）

kǒng 恐

恐怖 kǒngbù　　恐吓 kǒnghè　　恐慌 kǒnghuāng

恐惧 kǒngjù

kǒng 孔

孔雀 kǒngquè　　孔隙 kǒngxì

kòng 空

空额 kòng'é　　空隙 kòngxì　　空子 kòng · zi（另见 kōng）

kòng 控

控诉 kòngsù　　控制 kòngzhì

kōu [抠]

抠门儿 kōuménr

kǒu 口

口袋 kǒu · dai　　口径 kǒujìng　　口诀 kǒujué

口吻 kǒuwěn　　口罩 kǒuzhào　　口子 kǒu · zi

口哨儿 kǒushàor　　口罩儿 kǒuzhàor　　口碑载道 kǒubēizàidào

口蜜腹剑 kǒumìfùjiàn　　口若悬河 kǒuruòxuánhé　　口诛笔伐 kǒuzhūbǐfá

kòu 扣

扣押 kòuyā　　扣子 kòu · zi

寇 kòu
寇仇 kòuchóu

叩 kòu
叩头 kòutóu

枯 kū
枯竭 kūjié　枯萎 kūwěi　枯燥 kūzào
枯木逢春 kūmùféngchūn

哭 kū
哭泣 kūqì　哭诉 kūsù

[窟] kū
窟窿 kū · long

苦 kǔ
苦闷 kǔmèn　苦恼 kǔnǎo　苦涩 kǔsè
苦头 kǔ · tóu　苦衷 kǔzhōng　苦尽甘来 kǔjìngānlái
苦口婆心 kǔkǒupóxīn　苦思冥想 kǔsīmíngxiǎng　苦心孤诣 kǔxīngūyì

库 kù
库存 kùcún　库房 kùfáng

裤 kù
裤子 kù · zi　裤脚 kùjiǎo　裤腿 kùtuǐ

酷 kù
酷暑 kùshǔ

夸 kuā
夸奖 kuājiǎng　夸耀 kuāyào　夸大其词 kuādàqící
夸父逐日 kuāfùzhúrì　夸夸其谈 kuākuāqítán

垮 kuǎ
垮台 kuǎtái

挎 kuà
挎包 kuàbāo

跨 kuà
跨度 kuàdù　跨越 kuàyuè

[胯] kuà
胯骨 kuàgǔ

快 kuài
快活 kuài · huo　快乐 kuàilè　快艇 kuàitǐng
快板儿 kuàibǎnr　快步流星 kuàibùliúxīng　快马加鞭 kuàimǎjiābiān
快人快语 kuàirénkuàiyǔ

会 kuài
会计 kuài · jì（另见 huì）

块 kuài
块垒 kuàilěi

[筷] kuài
筷子 kuài · zi

脍 kuài
脍炙人口 kuàizhìrénkǒu

宽 kuān
宽敞 kuān · chǎng　宽阔 kuānkuò　宽恕 kuānshù
宽慰 kuānwèi　宽打窄用 kuāndǎzhǎiyòng　宽宏大量 kuānhóngdàliàng

kuǎn 款
款待 kuǎndài　款式 kuǎnshì　款项 kuǎnxiàng
款子 kuǎn · zi

kuāng 筐
筐子 kuāng · zi

kuáng 狂
狂奔 kuángbēn　狂妄 kuángwàng

kuàng 框
框子 kuàng · zi

kuàng 矿
矿藏 kuàngcáng

kuàng 旷
旷野 kuàngyě　旷日持久 kuàngrìchíjiǔ

kuàng 况
况且 kuàngqiě

kuàng [眶]
眼眶 yǎnkuàng

kuī 亏
亏损 kuīsǔn

kuī [盔]
盔甲 kuījiǎ

kuī [窥]
窥探 kuītàn　窥豹一斑 kuībàoyībān

kuí 葵
葵花 kuíhuā

kuí [魁]
魁梧 kuí · wu

kuí ·奎
奎宁 kuíníng

kuǐ [傀]
傀儡 kuǐlěi

kuì 愧
愧恨 kuìhèn

kuì [溃]
溃烂 kuìlàn　溃疡 kuìyáng　溃不成军 kuìbùchéngjūn
（另见 huì）

kuì ·匮
匮乏 kuìfá

kuì ·愧
愧疚 kuìjiù

kūn 昆
昆虫 kūnchóng　昆曲 kūnqǔ

kūn [坤]
坤包 kūnbāo

kǔn 捆
捆绑 kǔnbǎng

kùn 困
困惑 kùnhuò　困境 kùnjìng　困难 kùn · nan
困扰 kùnrǎo　困兽犹斗 kùnshòuyóudòu

kuò 扩
扩充 kuòchōng　扩散 kuòsàn　扩展 kuòzhǎn

kuò 阔
阔别 kuòbié　阔气 kuò · qi

kuò 括
括号 kuòhào

kuò [廓]
轮廓 lúnkuò

K

L

lā 拉　拉力 lālì　拉拢 lā・lǒng　拉链儿 lāliànr（另见 lá，lǎ，là）

lā 垃　垃圾 lājī

lā 啦　啦啦队 lālāduì（另见 la）

lá 拉　例：手上拉了个口子。（另见 lā，lǎ，là）

lǎ 喇　喇叭 lǎ・ba　喇嘛 lǎ・ma

lǎ 拉　半拉 bànlǎ（另见 lā，lá，là）

là 蜡　蜡烛 làzhú

là 腊　腊梅 làméi　腊月 làyuè

là 辣　辣椒 làjiāo

là 落　例：这里落了两个字。（另见 lào，luō，luò）

là 拉　（同"落"，là。）（另见 lā，lá，lǎ）

la 啦　例：他真来啦？（另见 lā）

lái 来　来宾 láibīn　来访 láifǎng　来客 láikè　来临 láilín　来头 lái・tou　来意 láiyì　来不及 lái・bují　来龙去脉 láilóngqùmài　来日方长 láirìfāngcháng

lái [莱]　莱菔 láifú

lài 赖　赖账 làizhàng

lài [癞]　癞蛤蟆 làihá・ma

lán 拦　拦截 lánjié　拦路 lánlù

lán 兰　兰花 lánhuā

lán 栏　栏杆 lángān

lán 蓝　蓝本 lánběn　蓝图 lántú

lán 篮　篮球 lánqiú　篮子 lán・zi

lán [澜]　波澜 bōlán

lǎn 览　览胜 lǎnshèng

lǎn 懒　懒得 lǎn・de　懒惰 lǎnduò　懒散 lǎnsǎn

lǎn [缆] 缆车 lǎnchē　缆绳 lǎnshéng

lǎn [榄] 橄榄 gǎnlǎn

lǎn [揽] 揽活 lǎnhuó

làn 滥 滥调 làndiào　滥用 lànyòng　滥竽充数 lànyúchōngshù

làn 烂 烂糊 làn · hu　烂泥 lànní

láng 郎 郎才女貌 lángcáinǚmào（另见 làng）

láng 狼 狼狈 lángbèi　狼吞虎咽 lángtūnhǔyàn　狼烟四起 lángyānsìqǐ

láng 廊 廊檐 lángyán

láng [琅] 琅琅 lángláng

láng [榔] 榔头 láng · tou

lǎng 朗 朗读 lǎngdú　朗诵 lǎngsòng

làng 浪 浪潮 làngcháo　浪费 làngfèi　浪头 làng · tou

làng 郎 屎壳郎 shǐkélàng（另见 láng）

lāo 捞 捞取 lāoqǔ

láo 劳 劳驾 láojià　劳模 láomó　劳碌 láolù　劳役 láoyì　劳动者 láodòngzhě　劳民伤财 láomínshāngcái　劳师动众 láoshīdòngzhòng　劳燕分飞 láoyànfēnfēi

láo 牢 牢房 láofáng　牢固 láogù　牢骚 láo · sāo　牢靠 láo · kao　牢笼 láolóng　牢不可破 láobùkěpò

láo [唠] 唠叨 láo · dao（另见 lào）

lǎo 老 老虎 lǎohǔ　老婆 lǎo · po　老实 lǎo · shi　老鼠 lǎoshǔ　老爷 lǎo · ye　老鹰 lǎoyīng　老子 lǎo · zi　老本儿 lǎoběnr　老伴儿 lǎobànr　老人家 lǎo · ren · jia　老太太 lǎotài · tai　老头子 lǎotóu · zi　老头儿 lǎotóur　老当益壮 lǎodāngyìzhuàng　老骥伏枥 lǎojìfúlì　老奸巨猾 lǎojiānjùhuá　老牛舐犊 lǎoniúshìdú　老生常谈 lǎoshēngchángtán　老态龙钟 lǎotàilóngzhōng　老羞成怒 lǎoxiūchéngnù

lǎo 姥 姥姥 lǎo · lao（另见 mǔ）

lào 涝 涝灾 làozāi

lào 落　落价 làojià（另见 là，luō，luò）

lào [酪]　奶酪 nǎilào

lào [烙]　烙印 làoyìn（另见 luò）

lào [唠]　唠嗑 làokē（另见 láo）

lè 乐　乐趣 lèqù　乐意 lèyì　乐于 lèyú　乐不思蜀 lèbùsīshǔ　乐此不疲 lècǐbùpí　乐极生悲 lèjíshēngbēi　乐善好施 lèshànhàoshī（另见 yuè）

lè 勒　勒令 lèlìng　勒索 lèsuǒ（另见 lēi）

le 了　例：不能再等了！（另见 liǎo）

lēi 勒　例：勒根绳子。（另见 lè）

léi 雷　雷暴 léibào　雷达 léidá　雷鸣 léimíng　雷厉风行 léilìfēngxíng　雷霆万钧 léitíngwànjūn

léi 累　累赘 léizhuì（另见 lěi，lèi）

léi [擂]　擂鼓 léigǔ　自吹自擂 zìchuīzìléi（另见 lèi）

léi ·镭　（一种金属元素。）

lěi 累　累积 lěijī　累及 lěijí（另见 léi，lèi）

lěi 垒　垒球 lěiqiú

lěi [儡]　傀儡 kuǐlěi

lěi [蕾]　花蕾 huālěi

lèi 泪　泪痕 lèihén　泪珠儿 lèizhūr

lèi 类　类别 lèibié　类似 lèisì　类推 lèituī　类型 lèixíng

lèi 累　劳累 láolèi（另见 léi，lěi）

lèi [肋]　肋骨 lèigǔ

lèi [擂]　擂台 lèitái（另见 léi）

léng [棱]　棱角 léngjiǎo

lěng 冷　冷峻 lěngjùn　冷酷 lěngkù　冷漠 lěngmò　冷清 lěng · qing　冷遇 lěngyù　冷不防 lěng · bufáng　冷嘲热讽 lěngcháorèfěng　冷若冰霜 lěngruòbīngshuāng　冷眼旁观 lěngyǎnpángguān　冷语冰人 lěngyǔbīngrén

lèng [愣]　愣头愣脑 lèngtóulèngnǎo

lí 梨　梨园 líyuán　梨核儿 líhúr

lí 犁 （翻土用的农具。）

lí 黎 黎明 límíng

lí 离 离间 líjiàn　离奇 líqí　离散 lísàn
离经叛道 líjīngpàndào　离群索居 líqúnsuǒjū　离乡背井 líxiāngbèijǐng

lí 厘 厘米 límǐ

lí [篱] 篱笆 lí・ba

lí 狸 狸猫 límāo

lí 璃 玻璃 bō・li

lí [漓] 漓江 Líjiāng

lǐ 里 里边 lǐ・bian　里面 lǐ・miàn　里头 lǐtou
里程碑 lǐchéngbēi

lǐ 理 理财 lǐcái　理睬 lǐcǎi　理亏 lǐkuī
理疗 lǐliáo　理事 lǐ・shì　理应 lǐyīng
理智 lǐzhì　理屈词穷 lǐqūcíqióng　理所当然 lǐsuǒdāngrán
理直气壮 lǐzhíqìzhuàng

lǐ 礼 礼拜 lǐbài　礼让 lǐràng　礼仪 lǐyí
礼貌 lǐmào　礼尚往来 lǐshàngwǎnglái
礼贤下士 lǐxiánxiàshì　礼义廉耻 lǐyìliánchǐ

lǐ 李 （姓。）

lǐ [鲤] 鲤鱼 lǐyú

lǐ ·锂 （一种金属元素。）

lì 栗 栗子 lì・zi

lì 历 历届 lìjiè

lì 利 利弊 lìbì　利害 lì・hai　利率 lìlǜ
利落 lìluo　利索 lìsuo　利息 lìxī
利益 lìyì　利令智昏 lìlìngzhìhūn　利欲熏心 lìyùxūnxīn

lì 例 例子 lì・zi　例证 lìzhèng　例行公事 lìxínggōngshì

lì 立 立即 lìjí　立足 lìzú　立竿见影 lìgānjiànyǐng
立功赎罪 lìgōngshúzuì　立身处世 lìshēnchǔshì　立锥之地 lìzhuīzhīdì

厉 lì　厉害 lì·hai　厉兵秣马 lìbīngmòmǎ

励 lì　励精图治 lìjīngtúzhì

力 lì　力戒 lìjiè　力量 lì·liàng　力气 lì·qi
力图 lìtú　力行 lìxíng　力竭声嘶 lìjiéshēngsī
力透纸背 lìtòuzhǐbèi　力挽狂澜 lìwǎnkuánglán

隶 lì　隶属 lìshǔ

粒 lì　颗粒 kēlì

丽 lì　丽质 lìzhì

[吏] lì　吏治 lìzhì

[俐] lì　伶俐 línglì

[莉] lì　茉莉 mòlì

[砾] lì　砾石 lìshí

[雳] lì　霹雳 pīlì

[沥] lì　沥青 lìqīng

[荔] lì　荔枝 lìzhī

[痢] lì　痢疾 lì·ji

俩 liǎ　例：咱俩。（另见 liǎng）

联 lián　联系 liánxì　联邦 liánbāng　联络 liánluò
联盟 liánméng　联贯 liánguàn　联结 liánjié

连 lián　连忙 liánmáng　连续 liánxù　连绵 liánmián
连累 lián·lei　连锁 liánsuǒ　连载 liánzǎi
连衣裙 liányīqún　连篇累牍 liánpiānlěidú

帘 lián　帘子 lián·zi

莲 lián　莲子 liánzǐ　莲蓬 lián·peng

廉 lián　廉价 liánjià　廉洁 liánjié

镰 lián　镰刀 liándāo

怜 lián　怜悯 liánmǐn

·涟 lián　涟漪 liányī

脸 liǎn　脸谱 liǎnpǔ　脸蛋儿 liǎndànr　脸盘儿 liǎnpánr

[敛] liǎn　敛财 liǎncái

恋 liàn　恋爱 liàn'ài　恋恋不舍 liànliànbùshě

L

liàn 炼 炼钢 liàngāng　炼焦 liànjiāo　炼乳 liànrǔ

liàn 练 练兵 liànbīng　练功 liàngōng

liàn 链 链子 liàn · zi　链条 liàntiáo

liáng 粮 粮仓 liángcāng　粮食 liáng · shi

liáng 凉 凉快 liáng · kuai　凉爽 liángshuǎng（另见 liàng）

liáng 量 量具 liángjù（另见 liàng）

liáng 梁 梁上君子 liángshàngjūnzǐ

liáng 良 良种 liángzhǒng　良久 liángjiǔ　良师益友 liángshīyìyǒu
良莠不齐 liángyǒubùqí

liáng 粱 粱肉 liángròu

liǎng 两 两极 liǎngjí　两旁 liǎngpáng　两栖 liǎngqī
两翼 liǎngyì　两口子 liǎngkǒu · zi　两败俱伤 liǎngbàijùshāng
两全其美 liǎngquánqíměi　两相情愿 liǎngxiāngqíngyuàn
两袖清风 liǎngxiùqīngfēng

liǎng 俩 伎俩 jìliǎng（另见 liǎ）

liàng 凉 例：粥太烫，凉一凉再喝。（另见 liáng）

liàng 量 量变 liàngbiàn　量入为出 liàngrùwéichū
量体裁衣 liàngtǐcáiyī（另见 liáng）

liàng 亮 亮光 liàngguāng

liàng 谅 谅解 liàngjiě

liàng 辆 例：一辆汽车。

liàng [晾] 晾晒 liàngshài

liāo [撩] 例：撩起帘子。（另见 liáo，liào）

liáo 僚 僚属 liáoshǔ

liáo 疗 疗程 liáochéng　疗效 liáoxiào　疗养院 liáoyǎngyuàn

liáo 辽 辽阔 liáokuò

liáo [寥] 寥若晨星 liáoruòchénxīng

liáo [撩] 撩拨 liáobō（另见 liāo，liào）

liáo [嘹] 嘹亮 liáoliàng

liáo [缭] 缭绕 liáorào

liáo [燎] 燎原 liáoyuán（另见 liǎo）

liáo [聊] 聊天儿 liáotiānr　聊备一格 liáobèiyīgé　聊胜于无 liáoshèngyúwú　聊以自慰 liáoyǐzìwèi

liáo [潦] 潦草 liáocǎo　潦倒 liáodǎo

liǎo 了 了不得 liǎo · bu · dé　了不起 liǎo · buqǐ　了如指掌 liǎorúzhǐzhǎng（另见 le）

liǎo [燎] 例：火苗一蹿，燎了眉毛。（另见 liáo）

liào 料 料理 liàolǐ　料想 liàoxiǎng　料子 liào · zi

liào [镣] 镣铐 liàokào

liào ·撂 例：他撂下饭碗，又上工地去了。

liào 瞭 瞭望 liàowàng

liào 撩 同"撂"（另见 liāo，liáo）

Liào ·廖 （姓。）

liē [咧] 大大咧咧 dàdàliēliē（另见 liě）

liě [咧] 咧嘴 liězuǐ（另见 liē）

liè 列 列席 lièxí　列强 lièqiáng

liè 裂 裂缝 lièfèng　裂痕 lièhén　裂纹 lièwén　裂隙 lièxì

liè 烈 烈士 lièshì　烈性 lièxìng　烈焰 lièyàn

liè 劣 劣等 lièděng　劣势 lièshì

liè 猎 猎人 lièrén　猎取 lièqǔ　猎犬 lièquǎn　猎手 lièshǒu

līn ·拎 例：拎着一兜水果。

lín 林 林木 línmù　林子 lín · zi　林阴道 línyīndào　林林总总 línlínzǒngzǒng

lín 临 临床 línchuáng　临界 línjiè　临摹 línmó　临渴掘井 línkějuéjǐng　临深履薄 línshēnlǚbó　临渊羡鱼 línyuānxiànyú lín 邻　邻近 línjìn　邻居 línjū　邻舍 línshè

lín 淋　淋巴结 línbājié　淋漓尽致 línlí jìnzhì（另见 lìn）

lín [磷]　磷肥 línféi　磷脂 línzhī

lín [鳞]　鳞片 línpiàn　鳞次栉比 líncìzhìbǐ

lín [琳]　琳琅满目 línlángmǎnmù

lín ·嶙　嶙峋 línxún

lín ·霖　霖雨 línyǔ

lǐn [凛]　凛冽 lǐnliè

lìn 淋　例：把这药用纱布淋一下。（另见 lín）

lìn [吝]　吝啬 lìnsè

lìn [赁]　租赁 zūlìn

lìn [躏]　蹂躏 róulìn

líng 零　零敲碎打 língqiāosuìdǎ

líng 陵　陵墓 língmù

líng 伶　伶俐 líng · lì

líng 铃　铃铛 líng · dang

líng 灵　灵魂 línghún　灵敏 língmǐn　灵通 língtōng
灵巧 língqiǎo　灵丹妙药 língdānmiàoyào

líng 龄　年龄 niánlíng

líng [翎]　翎毛 língmáo　翎子 líng · zi

líng [玲]　玲珑剔透 línglóngtītòu

líng [凌]　凌晨 língchén　凌空 língkōng

líng [菱]　菱角 líng · jiao　菱形 língxíng

líng ·聆　聆听 língtīng

líng ·羚　羚羊 língyáng

líng ·绫　绫罗绸缎 língluóchóuduàn

lǐng 领　领教 lǐngjiào　领事 lǐngshì　领域 lǐngyù
领子 lǐng · zi

lǐng 令　例：一令纸。（另见 lìng）

lǐng 岭　崇山峻岭 chóngshānjùnlǐng

lìng 另　另外 lìngwài　另起炉灶 lìngqǐlúzào　另眼相看 lìngyǎnxiāngkàn

lìng 令　令行禁止 lìngxíngjìnzhǐ（另见 lǐng）

liū 溜　溜达 liū · da（另见 liù）

liū ·蹓　蹓跶 liū · da（另见 liù）

Liú 刘　（姓。）

liú 留　留恋 liúliàn　留神 liúshén　留声机 liúshēngjī

liú 流　流畅 liúchàng　流毒 liúdú　流利 liúlì
流落 liúluò　流逝 liúshì　流淌 liútǎng
流血 liúxuè　流域 liúyù　流金铄石 liújīnshuòshí
流离失所 liúlíshīsuǒ

liú 榴　榴莲 liúlián　石榴 shí · liu

liú [琉]　琉璃 liú · li

liú [硫]　硫酸 liúsuān　硫磺 liúhuáng

liú [馏]　蒸馏 zhēngliú（另见 liù）

liú [瘤]　肿瘤 zhǒngliú

liǔ 柳　柳条 liǔtiáo　柳暗花明 liǔ'ànhuāmíng

liǔ ·绺　例：一绺丝线。

liù 六　六亲不认 liùqīnbùrèn　六神无主 liùshénwúzhǔ（另见 lù）

liù 陆　（“六”的大写。）（另见 lù）

liù 溜　例：拿纸条把窗户缝溜上。（另见 liū）

liù 蹓　例：蹓大街。（另见 liū）

liù 碌　碌碡 liù · zhou（另见 lù）

liù 馏　例：把馒头馏一馏。（另见 liú）

lóng 龙　龙灯 lóngdēng　龙卷风 lóngjuǎnfēng　龙飞凤舞 lóngfēifèngwǔ
龙盘虎踞 lóngpánhǔjù　龙潭虎穴 lóngtánhǔxué

lóng 聋　聋哑 lóngyǎ　聋子 lóng · zi

lóng 笼　笼子 lóng · zi（另见 lǒng）

lóng 隆　隆重 lóngzhòng　隆起 lóngqǐ

lóng [咙]　喉咙 hóulóng

lóng [胧]　朦胧 ménglóng

lóng [窿] 窟窿 kūlóng

lǒng 垄 垄断 lǒngduàn

lǒng 笼 笼罩 lǒngzhào　笼络 lǒngluò　笼统 lǒngtǒng(另见 lóng)

lǒng 拢 拢共 lǒnggòng

Lǒng ·陇 (甘肃的别称。)

lòng 弄 弄堂 lòngtáng（另见 nòng）

lōu 搂 搂头盖脸 lōutóugàiliǎn（另见 lǒu）

lóu 楼 楼阁 lóugé　楼梯 lóutī

lóu [娄] 娄子 lóu · zi

lǒu 搂 搂抱 lǒubào（另见 lōu）

lǒu [篓] 篓子 lǒu · zi

lòu 漏 漏洞 lòudòng　漏斗 lòudǒu

lòu 露 露面 lòumiàn　露脸 lòuliǎn　露马脚 lòumǎjiǎo　露馅儿 lòuxiànr（另见 lù）

lòu [陋] 陋俗 lòusú

lú 炉 炉子 lú · zi　炉灶 lúzào　炉火纯青 lúhuǒchúnqīng

lú 芦 芦笙 lúshēng　芦苇 lúwěi（另见 lǔ）

lú [庐] 庐山 Lú Shān

lú [颅] 颅骨 lúgǔ

lú [卢] 卢沟桥 Lúgōuqiáo

lǔ 鲁 鲁莽 lǔmǎng　鲁鱼亥豕 lǔyúhàishǐ

lǔ 虏 虏获 lǔhuò

lǔ 芦 油葫芦 yóuhulǔ（另见 lú）

lǔ [卤] 卤水 lǔshuǐ　卤素 lǔsù

lǔ ·掳 掳掠 lǔlüè

lù 六 六安 lù'an（另见 liù）

lù 路 路程 lùchéng　路子 lù · zi　路标 lùbiāo　路不拾遗 lùbùshíyí

lù 露 露骨 lùgǔ　露水 lù · shui　露珠 lùzhū（另见 lòu）

lù 鹿 鹿角 lùjiǎo　鹿茸 lùróng　鹿死谁手 lùsǐshéishǒu

lù 录　录用 lùyòng　录像机 lùxiàngjī

lù 陆　陆续 lùxù　陆地 lùdì（另见 liù）

lù 碌　碌碌无为 lùlùwúwéi（另见 liù）

lù 绿　绿林 lùlín（另见 lǜ）

lù [赂]　贿赂 huìlù

lù ·禄　禄蠹 lùdù

lù ·麓　（山脚。）

lǘ 驴　驴年马月 lǘniánmǎyuè

lǚ 旅　旅馆 lǚguǎn　旅途 lǚtú　旅伴 lǚbàn　旅进旅退 lǚjìnlǚtuì

lǚ 屡　屡次 lǚcì　屡见不鲜 lǚjiànbùxiān　屡教不改 lǚjiàobùgǎi　屡试不爽 lǚshìbùshuǎng

lǚ [吕]　（姓。）

lǚ [履]　履行 lǚxíng　履历 lǚlì　履险如夷 lǚxiǎnrúyí

lǚ [侣]　侣伴 lǚbàn

lǚ [缕]　缕缕 lǚlǚ

lǚ [铝]　（一种金属元素。）

lǚ ·捋　例：捋胡子。（另见 luō）

lǜ 律　律师 lǜshī　律诗 lǜshī

lǜ 虑　深谋远虑 shēnmóuyuǎnlǜ

lǜ 率　效率 xiàolǜ（另见 shuài）

lǜ 滤　滤纸 lǜzhǐ

lǜ 绿　绿肥 lǜféi（另见 lù）

lǜ [氯]　氯气 lǜqì

luán [峦]　山峦 shānluán

luán ·孪　孪生 luánshēng

luǎn 卵　卵巢 luǎncháo　卵石 luǎnshí

luàn 乱　乱七八糟 luànqībāzāo

lüè 掠　掠夺 lüèduó

lüè 略　略微 lüèwēi　略识之无 lüèshízhīwú

L

lūn [抡] 例：抡起铁锤打炮眼。（另见 lún）

lún 论 论语 Lún Yǔ（另见 lùn）

lún 轮 轮番 lúnfān　轮廓 lúnkuò　轮子 lún・zi

lún [伦] 伦次 lúncì

lún [沦] 沦陷 lúnxiàn　沦肌浃髓 lúnjījiāsuǐ

lún [抡] 抡选 lúnxuǎn（另见 lūn）

lún [仑] 昆仑 kūnlún

lùn 论 论调 lùndiào　论断 lùnduàn　论据 lùnjù

论战 lùnzhàn　论著 lùnzhù

论资排辈 lùnzīpáibèi（另见 lún）

luō [啰] 啰唆 luō・suo

luō ·捋 例：捋起袖子。（另见 lǚ）

luō 落 大大落落 dàdaluōluō（另见 là，lào，luò）

luó 螺 螺旋桨 luóxuánjiǎng

luó 骡 骡子 luó・zi

luó 罗 罗列 luóliè　罗盘 luópán

luó 萝 萝卜 luó・bo

luó 箩 箩筐 luókuāng

luó 锣 锣鼓 luógǔ

luó [逻] 逻辑 luójí

luǒ [裸] 裸露 luǒlù

luò 落 落后 luòhòu　落得 luò・de　落脚 luòjiǎo

落魄 luòpò　落款儿 luòkuǎnr　落花流水 luòhuāliúshuǐ

落井下石 luòjǐngxiàshí　落叶归根 luòyèguīgēn（另见 là，lào，luō）

luò 络 络绎 luòyì

luò 骆 骆驼 luò・tuo

luò [洛] 洛阳纸贵 luòyángzhǐguì

luò [烙] 炮烙 páoluò（另见 lào）

luò ·咯 吡咯 bǐluò（一种有机化合物。）（另见 gē，kǎ）

luò ·摞 例：一摞书。

练 习 二

一、给下列加点的字注音

灌溉（ ）	芥菜（ ）	柑橘（ ）	橄榄（ ）	赣江（ ）
膏车（ ）	搁置（ ）	疙瘩（ ）	葛藤（ ）	蛤蜊（ ）
讳言（ ）	晦涩（ ）	荤腥（ ）	豁免（ ）	畸形（ ）
箕踞（ ）	稽查（ ）	疾驰（ ）	棘手（ ）	嫉妒（ ）
脊梁（ ）	祭祀（ ）	稼穑（ ）	缄默（ ）	毽子（ ）
浇灌（ ）	椒盐（ ）	侥幸（ ）	酵母（ ）	秸秆（ ）
靖边（ ）	沮丧（ ）	掘进（ ）	攫取（ ）	峻峭（ ）
勘测（ ）	咳嗽（ ）	可汗（ ）	窟窿（ ）	盔甲（ ）
傀儡（ ）	匮乏（ ）	波澜（ ）	滥调（ ）	唠叨（ ）
烙印（ ）	傀儡（ ）	棱角（ ）	砾石（ ）	敛财（ ）
缭绕（ ）	镣铐（ ）	嶙峋（ ）	凛冽（ ）	吝啬（ ）
蹂躏（ ）	翎毛（ ）	朦胧（ ）	履行（ ）	滤纸（ ）

二、看音组词

乞gài（ ）	gǎn（ ）面杖	gǎo（ ）酬	gē（ ）裂
gé（ ）阂	gēng（ ）匙	gěng（ ）咽	gōu（ ）火
gū（ ）负	gū（ ）碌碌	gù（ ）佣	guàn（ ）头
hùn（ ）淆	hún（ ）浊	huǎng（ ）然	huāng（ ）谬
hè（ ）彩	hé（ ）子	hē（ ）斥	hào（ ）费
hǎn（ ）见	jí（ ）患	jí（ ）手	jǐ（ ）养
jí（ ）妒	jià（ ）穑	jiān（ ）默	jiàn（ ）盘
jiǎo（ ）纳	倒jiào（ ）	jīn（ ）持	jìn（ ）忌
kǎi（ ）模	kuī（ ）甲	lǎn（ ）惰	lè（ ）索
lián（ ）悯	lòu（ ）洞	lǚ（ ）次	lǚ（ ）历

三、给下列多音字注音并组词

干｛

杆｛

更｛

供｛

勾｛

哈｛

行｛

巷｛

号｛

荷　喝　横

哄　核　华

徊　会　混

茄　夹　间

假　将　强

尽　卷　可

量　笼　弄

四、成语填空

（　）莫能外	（　）脑涂地	（　）若晨星	（　）举目张
（　）屋建瓴	革故（　）新	（　）岸观火	（　）云播雨
功亏一（　）	（　）心斗角	（　）延残喘	（　）陋寡闻
骨（　）在喉	（　）影自怜	（　）步自封	（　）廉鲜耻
海市（　）楼	含辛（　）苦	（　）牛充栋	引（　）高歌
（　）高骛远	（　）衷共济	曲高（　）寡	（　）征暴敛
（　）篇巨制	（　）假虎威	（　）视眈眈	户枢不（　）
（　）众取宠	（　）虎类狗	（　）然一新	（　）如隔世
（　）疾忌医	魂牵梦（　）	（　）起萧墙	连篇累（　）
（　）首蹙额	（　）往不咎	（　）徒四壁	（　）不容发
老奸巨（　）	竭泽而（　）	（　）疲力尽	（　）心叵测
（　）躬尽瘁	（　）炙人口	（　）竽充数	（　）尚往来
（　）令智昏	（　）兵秣马	良（　）不齐	（　）漓尽致

五、辨字组词

络 洛 烙　　萝 箩 锣　　轮 伦 沦　　嶙 磷 鳞　　撩 嘹 缭

坑 吭 抗　　俭 检 捡　　减 碱 缄　　健 腱 键　　僵 疆 缰

孩	悍	烘	杆	钩
咳	捍	哄	秆	沟
核	焊	供	竿	构

模拟水平测试

一、读单音节字词（100 个音节）

盖	竿	骇	函	涧	僵
灸	厩	港	搁	吼	糊
稿	耕	匠	郊	钩	跟
桦	欢	俊	倔	缸	挂
幻	谎	灌	雇	徽	悔
股	逛	慧	豁	靳	驾
郭	鬼	茧	嘉	裹	桂
憾	杭	光	糕	箭	脚
阁	梗	旱	耗	皆	窘
绞	轿	喊	壶	截	惊
劣	毁	躬	垢	饥	吉
戟	冀	颊	歼	沪	画
孤	寡	滑	患	锂	黄
菊	踞	婚	获	景	居
聚	均	捐	决	罐	规
豪	禾	柜	棍	赫	痕
烘	喉	诫	谨		

二、读多音节词语（100 个音节）

概括	感慨	脊梁	纲领	港口
记事儿	坎坷	忌讳	沟通	涟漪
孤独	鼓励	观察	归途	光彩
鲁莽	拒绝	胳膊	航空	记事
号召	久远	后备	罕见	痕迹
和谐	互补	化验	黄昏	欢乐
婚配	活跃	积累	疾病	监督
降落	进犯	缓解	含糊	金融
惊奇	壶盖儿	救济	均衡	觉醒
靠不住	黄澄澄	刻不容缓		

M

妈 mā
妈妈 mā · ma

抹 mā
抹布 mābù（另见 mǒ，mò）

摩 mó
摩挲 mā · sa（另见 mó）

麻 má
麻痹 mábì　麻烦 má · fan　麻利 málì
麻子 má · zi　麻醉 mázuì　麻疹 mázhěn
麻花儿 máhuār　麻痹大意 mábìdàyì　麻木不仁 mámùbùrén

[蟆] má
蛤蟆 há · ma

码 mǎ
码头 mǎ · tou

蚂 mǎ
蚂蚁 mǎyǐ

马 mǎ
马达 mǎdá　马褂 mǎguà　马虎 mǎ · hu
马铃薯 mǎlíngshǔ　马不停蹄 mǎbùtíngtí　马齿徒增 mǎchǐtúzēng
马革裹尸 mǎgéguǒshī　马首是瞻 mǎshǒushìzhān

吗 mǎ
吗啡 mǎfēi（另见 ma）

[玛] mǎ
玛瑙 mǎnǎo

骂 mà
骂街 màjiē

吗 ma
例：明天他来吗？（另见 mǎ）

埋 mái
埋藏 máicáng　埋伏 mái · fú　埋没 máimò
埋头 máitóu　埋葬 máizàng　埋名隐姓 máimíngyǐnxìng
埋头苦干 máitóukǔgàn（另见 mán）

买 mǎi
买卖 mǎi · mai　买椟还珠 mǎidúhuánzhū

麦 mài
麦收 màishōu　麦子 mài · zi

卖 mài
卖命 màimìng　卖弄 mài · nong　卖官鬻爵 màiguānyùjué

迈 mài
迈进 màijìn

脉 mài
脉搏 màibó　脉冲 màichōng　脉络 màiluò（另见 mò）

蛮 mán
蛮干 mángàn　蛮横 mánhèng

mán 瞒
瞒上欺下 mánshàngqīxià　瞒天过海 mántiānguòhǎi　瞒心昧己 mánxīnmèijǐ

mán 埋
埋怨 mányuàn（另见 mái）

mán 馒
馒头 mán · tou

mán ·鳗
鳗鲡 mánlí

mǎn 满
满腔 mǎnqiāng　满载 mǎnzài　满腹经纶 mǎnfùjīnglún
满目疮痍 mǎnmùchuāngyí　满腔热忱 mǎnqiāngrèchén　满园春色 mǎnyuánchūnsè

mǎn ·螨
螨虫 mǎnchóng

màn 慢
慢性 mànxìng　慢条斯理 màntiáosīlǐ

màn 漫
漫画 mànhuà　漫游 mànyóu　漫不经心 mànbùjīngxīn
漫山遍野 mànshānbiànyě

màn [曼]
曼妙 mànmiào

màn [幔]
幔帐 mànzhàng

màn [蔓]
蔓草 màncǎo　蔓延 mànyán（另见 wàn）

màn ·谩
谩骂 mànmà

máng 芒
芒刺在背 mángcìzàibèi

máng 茫
茫然 mángrán　茫无头绪 mángwútóuxù

máng 盲
盲肠 mángcháng　盲从 mángcóng　盲目 mángmù
盲人摸象 mángrénmōxiàng　盲人瞎马 mángrénxiāmǎ

máng 忙
忙活 máng · huo　忙碌 mánglù　忙乱 mángluàn
忙里偷闲 mánglǐtōuxián

máng [氓]
流氓 liúmáng

mǎng [莽]
莽撞 mǎngzhuàng

mǎng ·蟒
蟒蛇 mǎngshé

māo 猫
猫头鹰 māotóuyīng

máo 毛
毛病 máo · bìng　毛发 máofà　毛料 máoliào
毛驴儿 máolǘr　毛骨悚然 máogǔsǒngrán　毛遂自荐 máosuìzìjiàn

máo 矛
矛盾 máodùn

máo 茅：茅草 máocǎo　茅屋 máowū　茅塞顿开 máosèdùnkāi

máo [锚]：锚泊 máobó

mǎo [铆]：铆钉 mǎodīng

mǎo ·卯：卯榫 mǎosǔn

mào 茂：茂密 màomì　茂盛 màoshèng

mào 冒：冒充 màochōng　冒昧 màomèi　冒失 mào · shi　冒险 màoxiǎn　冒尖儿 màojiānr　冒名顶替 màomíngdǐngtì

mào 貌：貌似 màosì　貌合神离 màohéshénlí

mào 帽：帽子 mào · zi

mào 贸：贸然 màorán　贸易 màoyì

me 么：那么（那末）nà · me（另见 yāo）

méi 梅：梅花 méihuā　梅雨 méiyǔ

méi ·酶：（一种有机化合物，对于生物化学变化起催化作用。）

méi 霉：霉菌 méijūn　霉烂 méilàn

méi 煤：煤炭 méitàn

méi 没：没劲 méijìn　没趣 méiqù　没有 méi · yǒu　没词儿 méicír　没谱儿 méipǔr　没准儿 méizhǔnr　没精打采 méijīngdǎcǎi（另见 mò）

méi 眉：眉毛 méi · mao　眉目 méi · mù　眉头 méitóu　眉宇 méiyǔ　眉飞色舞 méifēisèwǔ　眉开眼笑 méikāiyǎnxiào　眉清目秀 méiqīngmùxiù

méi [玫]：玫瑰 méi · gui

méi [枚]：不胜枚举 bùshèngméijǔ

méi [媒]：媒介 méijiè　媒人 méi · ren

méi [楣]：门楣 ménméi

měi 每：每年 měinián　每况愈下 měikuàngyùxià

měi 美：美好 měihǎo　美貌 měimào　美味 měiwèi

美中不足 měizhōngbùzú　美不胜收 měibùshèngshōu

měi ·镁　镁光灯 měiguāngdēng
mèi 妹　妹妹 mèi · mei
mèi [昧]　昧心 mèixīn
mèi [媚]　媚态 mèitài
mèi ·魅　魅力 mèilì
mèi ·寐　梦寐以求 mèngmèiyǐqiú
mēn 闷　闷热 mēnrè（另见 mèn）
mén 门　门道 mén · dao　门第 méndì　门槛 ménkǎn
门框 ménkuàng　门帘 ménlián　门面 mén · mian
门诊 ménzhěn　门洞儿 méndòngr　门槛儿 ménkǎnr
门口儿 ménkǒur　门铃儿 ménlíngr　门当户对 méndānghùduì
门可罗雀 ménkěluóquè　门庭若市 méntíngruòshì
mén 们　图们江 Túmén Jiāng（另见 men）
mèn 闷　闷闷不乐 mènmènbùlè（另见 mēn）
men 们　我们 wǒ · men（另见 mén）
mēng 蒙　蒙骗 mēngpiàn　蒙头转向 mēngtóuzhuànxiàng（另见 méng，měng）
méng 蒙　蒙蔽 méngbì　蒙昧 méngmèi　蒙混过关 ménghùnguòguān
（另见 mēng，měng）
méng 萌　萌动 méngdòng　萌发 méngfā　萌芽 méngyá
méng 盟　盟国 méngguó
méng [檬]　柠檬 níngméng
méng [朦]　朦胧 ménglóng
měng 蒙　蒙古包 měnggǔbāo（另见 mēng，méng）
měng 猛　猛烈 měngliè　猛然 měngrán　猛兽 měngshòu
měng [锰]　锰钢 měnggāng
mèng 梦　梦幻 mènghuàn　梦境 mèngjìng　梦乡 mèngxiāng
梦呓 mèngyì　梦寐以求 mèngmèiyǐqiú
mèng 孟　孟夏 mèngxià
mī 眯　眯缝 mī · feng（另见 mí）

咪 mī
咪咪 mīmī

迷 mí
迷糊 mí・hu　迷惑 míhuò　迷恋 míliàn
迷茫 mímáng　迷蒙 míméng　迷惘 míwǎng

眯 mí
例：沙子眯了眼。（另见 mī）

谜 mí
谜语 míyǔ

弥 mí
弥补 míbǔ　弥漫 mímàn　弥散 mísàn
弥天大罪 mítiāndàzuì

靡 mí
靡费 mífèi（另见 mǐ）

糜 mí
糜烂 mílàn

猕 mí
猕猴 míhóu

米 mǐ
米饭 mǐfàn　米珠薪桂 mǐzhūxīnguì

靡 mǐ
披靡 pīmǐ（另见 mí）

秘 mì
秘诀 mìjué　秘密 mìmì　秘书 mìshū
秘而不宣 mì'érbùxuān（另见 bì）

蜜 mì
蜜蜂 mìfēng　蜜枣儿 mìzǎor

密 mì
密闭 mìbì　密度 mìdù　密封 mìfēng
密集 mìjí　密云不雨 mìyúnbùyǔ

觅 mì
觅求 mìqiú

泌 mì
分泌 fēnmì（另见 bì）

幂 mì
乘幂 chéngmì

棉 mián
棉布 miánbù　棉花 mián・huā　棉纱 miánshā
棉絮 miánxù　棉球儿 miánqiúr

绵 mián
绵延 miányán　绵羊 miányáng　绵里藏针 miánlǐcángzhēn

眠 mián
睡眠 shuìmián

免 miǎn
免除 miǎnchú　免得 miǎn・de　免费 miǎnfèi
免税 miǎnshuì　免疫 miǎnyì

勉 miǎn
勉励 miǎnlì　勉强 miǎnqiǎng　勉为其难 miǎnwéiqínán

miǎn [缅] 缅怀 miǎnhuái

miǎn [娩] 分娩 fēnmiǎn

miǎn [冕] 冕旒 miǎnliú

miàn 面
面额 miàn'é　面积 miànjī　面颊 miànjiá
面子 miàn·zi　面条儿 miàntiáor　面黄肌瘦 miànhuángjīshòu
面面俱到 miànmiànjùdào　面面相觑 miànmiànxiāngqù

miáo 苗
苗圃 miáopǔ　苗条 miáo·tiao　苗头 miáo·tou
苗而不秀 miáo'érbùxiù

miáo 描
描绘 miáohuì　描摹 miáomó　描述 miáoshù
描写 miáoxiě

miáo [瞄] 瞄准 miáozhǔn

miǎo 秒 秒表 miǎobiǎo

miǎo [渺]
渺茫 miǎománg　渺小 miǎoxiǎo

miǎo [藐] 藐视 miǎoshì

miào 庙 庙宇 miàoyǔ

miào 妙
妙笔生花 miàobǐshēnghuā　妙趣横生 miàoqùhéngshēng　妙手回春 miàoshǒuhuíchūn

miè 蔑
蔑视 mièshì

miè 灭
灭绝 mièjué　灭此朝食 miècǐzhāoshí　灭顶之灾 mièdǐngzhīzāi

miè ·篾
竹篾 zhúmiè

mín 民
民航 mínháng　民族 mínzú　民谣 mínyáo
民不聊生 mínbùliáoshēng　民怨沸腾 mínyuànfèiténg　民脂民膏 mínzhīmíngāo

mǐn 敏
敏感 mǐngǎn　敏捷 mǐnjié　敏锐 mǐnruì

mǐn [皿] 器皿 qìmǐn

Mǐn [闽] 闽语 mǐnyǔ

mǐn [悯] 悯惜 mǐnxī

mǐn ·泯 泯灭 mǐnmiè

mǐn ·抿
例：抿着嘴笑。

míng 明
明白 míng・bai　明矾 míngfán　明朗 mínglǎng
明了 míngliǎo　明媚 míngmèi　明晰 míngxī
明辨是非 míngbiànshìfēi　明察暗访 míngchá'ànfǎng　明察秋毫 míngcháqiūháo
明火执仗 mínghuǒzhízhàng　明效大验 míngxiàodàyàn　明哲保身 míngzhébǎoshēn
明珠暗投 míngzhū'àntóu

míng 鸣
鸣叫 míngjiào　鸣锣开道 míngluókāidào

míng 名
名额 míng'é　名牌 míngpái　名片 míngpiàn
名堂 míng・tang　名誉 míngyù　名字 míng・zi
名牌儿 míngpáir　名副（符）其实 míng fù (fú) qí shí
名列前茅 mínglièqiánmáo　名闻遐迩 míngwénxiá'ěr

míng [铭]
铭文 míngwén

míng [螟]
螟蛉 mínglíng

míng ・冥
冥想 míngxiǎng

mìng 命
命脉 mìngmài　命题 mìngtí　命中 mìngzhòng

miù [谬]
谬论 miùlùn　谬误 miùwù

mō 摸
摸索 mō・suǒ　摸黑儿 mōhēir

mó 模
模仿 mófǎng　模范 mófàn　模糊 mó・hu
模型 móxíng　模拟 mónǐ　模特儿 mótèr
模棱两可 móléngliǎngkě（另见 mú）

mó 膜
膜拜 móbài

mó 磨
磨擦 mócā　磨练 móliàn　磨难 mónàn
磨杵成针 móchǔchéngzhēn（另见 mò）

mó 摩
摩擦 mócā　摩登 módēng　摩托 mótuō
摩肩接踵 mójiānjiēzhǒng（另见 mā）

mó 魔
魔鬼 móguǐ　魔术 móshù　魔爪 mózhǎo

mó [馍]
白面馍 báimiànmó

mó [摹]
摹仿 mófǎng

mó [蘑] 蘑菇 mó · gu

mǒ 抹 抹杀 mǒshā（另见 mā，mò）

mò 末 末梢 mòshāo　末尾 mòwěi

mò 沫 沫子 mò · zi

mò 莫 莫非 mòfēi　莫测高深 mòcègāoshēn　莫名其妙 mòmíngqímiào　莫逆之交 mònìzhījiāo　莫衷一是 mòzhōngyīshì

mò 漠 漠然 mòrán　漠视 mòshì　漠不关心 mòbùguānxīn

mò 墨 墨水儿 mòshuǐr　墨汁儿 mòzhīr　墨守成规 mòshǒuchéngguī

mò 默 默契 mòqì　默然 mòrán　默默无闻 mòmòwúwén

mò 脉 脉脉 mòmò（另见 mài）

mò 万 万俟 Mòqí（另见 wàn）

mò 磨 磨叨 mò · dao（另见 mó）

mò 抹 转弯抹角 zhuǎnwānmòjiǎo（另见 mā，mǒ）

mò 没 没落 mòluò　没收 mòshōu　没齿不忘 mòchǐbùwàng（另见 méi）

mò [陌] 陌生 mòshēng

mò [寞] 寂寞 jìmò

mò [茉] 茉莉 mòlì

mò ·蓦 蓦然 mòrán

móu 谋 谋害 móuhài　谋略 móulüè　谋求 móuqiú　谋生 móushēng

móu ·眸 眸子 móu · zi

mǒu 某 例：解放军某部。

mú 模 模板 múbǎn　模样 múyàng（另见 mó）

mǔ 亩 例：10 分等于 1 亩。

mǔ 母 母爱 mǔ'ài　母亲 mǔ · qīn　母系 mǔxì　母校 mǔxiào　母语 mǔyǔ

mǔ 姥（年老的妇女。）（另见 lǎo）

mǔ [牡] 牡丹 mǔ · dan　牡蛎 mǔlì

mǔ [拇] 拇指 mǔzhǐ

mǔ [姆] 保姆 bǎomǔ

mù 墓 墓碑 mùbēi　墓地 mùdì　墓室 mùshì　墓葬 mùzàng

mù 暮 暮色 mùsè　暮鼓晨钟 mùgǔchénzhōng

mù 幕 幕后 mùhòu

mù 木 木耳 mù'ěr　木匠 mù · jiang　木偶 mù'ǒu　木炭 mùtàn　木头 mù · tou　木已成舟 mùyǐchéngzhōu

mù 目 目标 mùbiāo　目的 mùdì　目睹 mùdǔ　目不交睫 mùbùjiāojié　目不识丁 mùbùshídīng　目不暇接 mùbùxiájiē　目不转睛 mùbùzhuǎnjīng　目瞪口呆 mùdèngkǒudāi　目光如炬 mùguāngrújù

mù 牧 牧场 mùchǎng　牧民 mùmín

mù 慕 慕名 mùmíng

mù [募] 募捐 mùjuān

mù [沐] 沐猴而冠 mùhóuér'guàn

mù [穆] 穆斯林 mùsīlín

mù [睦] 睦邻 mùlín

N

Nā 那 （姓。）（另见 nà）

ná 拿 拿腔拿调 náqiāngnádiào

nǎ 哪 哪里 nǎ · lǐ　哪些 nǎxiē　哪会儿 nǎhuìr（另见 né、na）

nà 那 那里 nà · lǐ　那么 nà · me　那些 nàxiē　那样 nàyàng（另见 Nā）

nà 纳 纳粹 nàcuì　纳闷儿 nàmènr　纳入 nàrù　纳税 nàshuì

nà [钠]	(一种金属元素。)	
nà [娜]	(人名用字。)(另见 nuó)	
nà [捺]	按捺 ànnà	
nà [呐]	呐喊 nàhǎn	
na 哪	例：你得留神哪！(另见 nǎ、né)	
nǎi 乃	乃至 nǎizhì	
nǎi 奶	奶粉 nǎifěn	奶奶 nǎi · nai
nǎi 氖	氖灯 nǎidēng	
nài 耐	耐心 nàixīn	耐用 nàiyòng　耐人寻味 nàirénxúnwèi
nài [奈]	奈何 nàihé	
nán 南	南边 nán · bian　南瓜 nán · guā　南面 nánmiàn	南洋 Nányáng　南柯一梦 nánkē yī mèng　南腔北调 nánqiāngběidiào　南辕北辙 nányuánběizhé
nán 男	男方 nánfāng	男生 nánshēng
nán 难	难保 nánbǎo　难处 nánchù　难堪 nánkān　难免 nánmiǎn　难题 nántí　难为 nán · wei	难为情 nánwéiqíng　难能可贵 nánnéngkěguì (另见 nàn)
nàn 难	难民 nànmín	难友 nànyǒu (另见 nán)
nāng 囊	囊揣 nāngchuài (另见 náng)	
náng 囊	囊括 nángkuò	囊空如洗 nángkōngrúxǐ (另见 nāng)
náo 挠	挠头 náotóu	
nǎo 脑	脑袋 nǎo · dai　脑筋 nǎojīn　脑髓 nǎosuǐ	脑子 nǎo · zi　脑瓜儿 nǎoguār　脑满肠肥 nǎomǎnchángféi
nǎo 恼	恼火 nǎohuǒ	恼羞成怒 nǎoxiūchéngnù
nào 闹	闹哄 nào · hong　闹市 nàoshì	闹事 nàoshì

闹腾 nào · teng

né 哪 哪吒 Né · zhā（另见 nǎ、na）

ne 呢 例：你们劳动力够不够呢？（另见 ní）

něi [馁] 气馁 qìněi

nèi 内 内阁 nèigé　内涵 nèihán　内疚 nèijiù　内销 nèixiāo　内省 nèixǐng　内顾之忧 nèigùzhīyōu　内外交困 nèi wài jiāokùn

nèn 嫩 嫩绿 nènlǜ

néng 能 能耐 néng · nai　能事 néngshì　能源 néngyuán　能工巧匠 nénggōngqiǎojiàng

ní 泥 泥浆 níjiāng　泥泞 nínìng　泥塑 nísù　泥鳅 ní · qiu（另见 nì）

ní 尼 尼姑 nígū　尼龙 nílóng

ní 呢 呢绒 níróng（另见 ne）

ní ·霓 霓虹灯 níhóngdēng

ní ·倪 端倪 duānní

nǐ [拟] 拟订 nǐdìng　拟定 nǐdìng　拟人 nǐrén　拟于不伦 nǐyúbùlún

nǐ 你 你们 nǐ · men

nì 逆 逆差 nìchā　逆境 nìjìng　逆转 nìzhuǎn　逆来顺受 nìláishùnshòu　逆水行舟 nìshuǐxíngzhōu

nì 泥 泥子 nì · zi　拘泥 jūnì（另见 ní）

nì [昵] 昵称 nìchēng

nì [溺] 溺爱 nì'ài

nì [匿] 匿名 nìmíng　匿影藏形 nìyǐngcángxíng

nì [腻] 腻虫 nìchóng　腻烦 nì · fan　腻味 nì · wei　腻子 nì · zi

niān ·拈 拈轻怕重 niānqīngpàzhòng

niān [蔫] 蔫头耷脑 niāntóudānǎo

nián 年 年成 nián · cheng 年会 niánhuì 年纪 niánjì
年龄 niánlíng 年轮 niánlún 年迈 niánmài
年青 niánqīng 年轻 niánqīng 年限 niánxiàn
年头儿 niántóur 年富力强 niánfùlìqiáng 年高德劭 niángāodéshào

nián ·黏 黏结 niánjié

niǎn [捻] 捻子 niǎn · zi

niǎn [碾] 碾坊 niǎnfáng 碾盘 niǎnpán

niǎn [撵] 例：把他撵出去。

niàn 念 念白 niànbái 念叨 niàn · dao 念头 niàn · tou
念念不忘 niànniànbùwàng

niàn ·廿 （二十。）

niáng 娘 娘家 niáng · jia

niàng 酿 酿造 niàngzào

niǎo 鸟 鸟瞰 niǎokàn 鸟尽弓藏 niǎojìngōngcáng 鸟语花香 niǎoyǔhuāxiāng

niǎo ·袅 袅袅 niǎoniǎo

niào 尿 尿素 niàosù（另见 suī）

niē 捏 捏造 niēzào

niè [镊] 镊子 niè · zi

niè [孽] 孽障 nièzhàng

Niè [聂] （姓。）

niè ·涅 涅槃 nièpán

niè ·啮 啮噬 nièshì

niè ·镍 （一种金属元素。）

nín 您 例：老师，您早！

níng 凝 凝固 nínggù 凝聚 níngjù 凝练 níngliàn
凝神 níngshén 凝望 níngwàng

níng 宁 宁静 níngjìng（另见 nìng）

níng [狞] 狞笑 níngxiào

níng [拧] 例：拧手巾。（另见 nǐng，nìng）

níng 柠 柠檬 níngméng

nǐng [拧] 例：拧螺丝。（另见 níng，nìng）

nìng 宁

宁可 nìngkě　宁肯 nìngkěn　宁愿 nìngyuàn
宁缺毋滥 nìngquēwúlàn　宁死不屈 nìngsǐbùqū（另见 níng）

nìng [拧] 例：这孩子脾气真拧。（另见 níng，nǐng）

niú 牛

牛犊 niúdú　牛仔裤 niúzǎikù　牛刀小试 niúdāoxiǎoshì
牛鬼蛇神 niúguǐshéshén　牛郎织女 niúlángzhīnǚ　牛头马面 niútóumǎmiàn

niǔ 扭

扭曲 niǔqū　扭转 niǔzhuǎn　扭搭 niǔ · da
扭捏 niǔ · nie

niǔ 纽

纽扣 niǔkòu　纽带 niǔdài　纽子 niǔ · zi

niǔ [钮] 电钮 diànniǔ

niù [拗] 执拗 zhíniù（另见ǎo，ào）

nóng 浓

浓郁 nóngyù　浓重 nóngzhòng　浓缩 nóngsuō
浓墨重彩 nóngmòzhòngcǎi

nóng 农

农场 nóngchǎng　农耕 nónggēng　农垦 nóngkěn
农历 nónglì　农产品 nóngchǎnpǐn　农作物 nóngzuòwù

nóng [脓] 脓肿 nóngzhǒng

nòng 弄 弄虚作假 nòngxūzuòjiǎ（另见 lòng）

nú 奴

奴才 nú · cai　奴隶 núlì　奴仆 núpú
奴役 núyì　奴颜婢膝 núyánbìxī　奴颜媚骨 núyánmèigǔ

nǔ 努

努力 nǔlì

nù 怒

怒吼 nùhǒu　怒不可遏 nùbùkě'è　怒发冲冠 nùfàchōngguān
怒火中烧 nùhuǒzhōngshāo

nǚ 女

女儿 nǚ'ér　女工 nǚgōng　女婿 nǚ · xu

nuǎn 暖

暖和 nuǎn · huo　暖瓶 nuǎnpíng　暖气 nuǎnqì

nüè [疟] 疟疾 nüèji　疟蚊 nüèwén（另见 yào）

nüè [虐] 虐待 nüèdài

nuó 挪 挪动 nuó · dong　挪用 nuóyòng

nuó [娜]	婀娜 ēnuó（另见 nà）		
nuò [懦]	懦弱 nuòruò		
nuò [糯]	糯米 nuòmǐ		
nuò [诺]	诺言 nuòyán		

O

Ōu 区	（姓。）（另见 qū）		
ōu 欧	欧洲 ōuzhōu		
ōu [殴]	殴打 ōudǎ		
ōu [鸥]	海鸥 hǎi'ōu		
ōu ·讴	讴歌 ōugē		
ǒu 偶	偶尔 ǒu'ěr	偶像 ǒuxiàng	偶然性 ǒuránxìng
ǒu [藕]	藕断丝连 ǒuduànsīlián		
ǒu [呕]	呕吐 ǒutù	呕心沥血 ǒuxīnlìxuè	

P

pā 趴	趴窝 pāwō		
pá 扒	扒手 páshǒu（另见 bā）		
pá 爬	爬行 páxíng（另见 bà）		
pá [耙]	耙子 pázi（另见 bà）		
pá ·琶	琵琶 pí · pa		
pà 怕	怕事 pàshì		
pà [帕]	手帕 shǒupà		
pāi 拍	拍卖 pāimài	拍摄 pāishè	拍子 pāi · zi
pái 排	排斥 páichì	排挤 páijǐ	排场 pái · chǎng
	排行 páiháng	排练 páiliàn	排泄 páixiè
	排演 páiyǎn	排山倒海 páishāndǎohǎi	排忧解难 páiyōujiěnàn
	（另见 pǎi）		
pái 牌	牌坊 pái · fāng	牌楼 pái · lou	牌子 pái · zi

pái [徘] 徘徊 páihuái

pǎi 排 排子车 pǎizichē（另见 pái）

pǎi 迫 迫击炮 pǎijīpào（另见 pò）

pài 派 派别 pàibié　派遣 pàiqiǎn　派头 pàitóu　派系 pàixì

pài [湃] 澎湃 péngpài

pān 攀 攀登 pāndēng　攀谈 pāntán　攀援 pānyuán　攀龙附凤 pānlóngfùfèng

pān 番 番禺 Pānyú（另见 fān）

Pān [潘]（姓。）

pán 盘 盘剥 pánbō　盘缠 pán · chan　盘踞 pánjù　盘旋 pánxuán　盘算 pán · suan　盘子 pán · zi　盘根错节 pángēncuòjié　盘根问底 pángēnwèndǐ　盘马弯弓 pánmǎwāngōng

pán 胖 心广体胖 xīnguǎngtǐpán（另见 pàng）

pàn 盼 盼头 pàn · tou

pàn 判 判处 pànchǔ　判断 pànduàn　判若鸿沟 pànruòhónggōu

pàn 叛 叛变 pànbiàn　叛乱 pànluàn　叛逆 pànnì　叛徒 pàntú

pàn [畔] 湖畔 húpàn

pāng 乓 乒乓 pīngpāng

pāng 膀 例：他的心脏病不轻，脸都膀了。（另见 bǎng，páng）

páng 膀 膀胱 pángguāng（另见 bǎng，pāng）

páng 旁 旁白 pángbái　旁观者清 pángguānzhěqīng　旁敲侧击 pángqiāocèjī　旁征博引 pángzhēngbóyǐn

páng [磅] 磅礴 pángbó（另见 bàng）

páng [螃] 螃蟹 pángxiè

páng [庞] 庞杂 pángzá　庞然大物 pángrándàwù

pàng 胖 胖子 pàng · zi　胖墩儿 pàngdūnr（另见 pán）

pāo 抛

抛弃 pāoqì　抛锚 pāomáo　抛头露面 pāotóulùmiàn
抛砖引玉 pāozhuānyǐnyù

pāo 泡

泡桐 pāotóng（另见 pào）

páo 炮

炮制 páozhì（另见 bāo，pào）

páo 袍

袍子 páo・zi　袍笏登场 páohùdēngchǎng

páo [咆]

咆哮 páoxiào

páo [刨]

刨根儿 páogēnr（另见 bào）

pǎo 跑

跑步 pǎobù　跑道 pǎodào　跑调儿 pǎodiàor
跑腿儿 pǎotuǐr

pào 泡

泡菜 pàocài　泡沫 pàomò（另见 pāo）

pào 炮

炮弹 pàodàn　炮击 pàojī（另见 bāo，páo）

pēi [胚]

胚胎 pēitāi　胚芽 pēiyá

péi 培

培训 péixùn　培育 péiyù　培植 péizhí

péi 赔

赔偿 péicháng　赔款 péikuǎn

péi 陪

陪伴 péibàn　陪衬 péichèn

Péi ・裴

（姓。）

pèi 配

配备 pèibèi　配角 pèijué　配偶 pèi'ǒu
配制 pèizhì　配置 pèizhì　配种 pèizhǒng

pèi 佩

佩戴 pèidài　佩服 pèi・fú

pèi [沛]

充沛 chōngpèi

pēn 喷

喷泉 pēnquán　喷洒 pēnsǎ　喷射 pēnshè
喷嚏 pēntì　喷涂 pēntú　喷子 pēn・zi（另见 pèn）

pén 盆

盆景 pénjǐng　盆栽 pénzāi　盆子 pén・zi

pèn 喷 喷香 pènxiāng（另见 pēn）

pēng 烹 烹饪 pēngrèn 烹调 pēngtiáo

pēng 砰 例：砰的一声，木板倒了。

pēng 抨 抨击 pēngjī

péng 蓬 蓬勃 péngbó 蓬乱 péngluàn 蓬松 péngsōng 蓬荜增辉 péngbìzēnghuī 蓬门荜户 péngménbìhù 蓬头垢面 péngtóugòumiàn

péng 棚 棚子 péng · zi

péng 膨 膨大 péngdà 膨胀 péngzhàng

péng 朋 朋友 péng · you 朋比为奸 péngbǐwéijiān

péng 鹏 鹏程万里 péngchéngwànlǐ

péng 澎 澎湃 péngpài

péng 篷 篷车 péngchē

péng 硼 硼酸 péngsuān

Péng 彭 （姓。）

pěng 捧 捧场 pěngchǎng

pèng 碰 碰见 pèngjiàn 碰头 pèngtóu 碰撞 pèngzhuàng

pī 批 批驳 pībó 批量 pīliàng 批评 pīpíng

pī 披 披露 pīlù 披肝沥胆 pīgānlìdǎn 披坚执锐 pījiānzhíruì 披荆斩棘 pījīngzhǎnjí 披沙拣金 pīshājiǎnjīn 披星戴月 pīxīngdàiyuè

pī 劈 劈波斩浪 pībōzhǎnlàng（另见 pǐ）

pī 坯 坯布 pībù 坯子 pī · zi

pī 霹 霹雳 pīlì

pí 脾 脾气 pí · qi 脾胃 píwèi 脾脏 pízàng

pí 疲 疲惫 píbèi 疲乏 pífá 疲倦 píjuàn 疲于奔命 píyúbēnmìng

pí 皮 皮层 pícéng 皮肤 pífū 皮子 pí · zi 皮开肉绽 píkāiròuzhàn

pí 啤 啤酒 píjiǔ

pí 毗 毗邻 pílín

P

pí ·琵　琵琶 pí · pa

pǐ 劈　劈叉 pǐchà　劈柴 pǐ · chái（另见 pī）

pǐ 匹　匹配 pǐpèi　匹夫之勇 pǐfū zhī yǒng　匹马单枪 pǐmǎdānqiāng

pǐ 否　否极泰来 pǐjítàilái（另见 fǒu）

pǐ ·癖　癖好 pǐhào　癖性 pǐxìng

pì 辟　辟谣 pìyáo

pì 僻　僻静 pìjìng

pì [譬]　譬如 pìrú

pì [屁]　屁股 pì · gu　屁滚尿流 pìgǔnniàoliú

pì ·媲　媲美 pìměi

piān 偏　偏差 piānchā　偏激 piānjī　偏僻 piānpì　偏颇 piānpō　偏重 piānzhòng

piān 扁　扁舟 piānzhōu（另见 biǎn）

piān [翩]　翩翩 piānpiān

piān 片　片子 piān · zi（另见 piàn）

piān 篇　篇幅 piān · fú

pián 便　便宜 pián · yi（另见 biàn）

piàn 片　片段 piànduàn　片断 piànduàn　片面 piànmiàn　片甲不存 piànjiǎbùcún　片瓦无存 piànwǎwúcún　片言只字 piànyánzhīzì（另见 piān）

piàn 骗　骗局 piànjú　骗取 piànqǔ　骗子 piàn · zi

piāo 飘　飘荡 piāodàng　飘忽 piāohū　飘零 piāolíng　飘落 piāoluò　飘散 piāosàn　飘逸 piāoyì

piāo 漂　漂泊 piāobó　漂移 piāoyí（另见 piǎo，piào）

Piáo 朴　（姓。）（另见 pō，pò，pǔ）

piáo [瓢]　瓢虫 piáochóng

piǎo 漂　漂染 piǎorǎn　漂白粉 piǎobáifěn（另见 piāo，piào）

piǎo ·瞟　例：瞟了他一眼。

piào 漂　漂亮 piào · liang（另见 piāo，piǎo）

piào 票
票据 piàojù　票子 piào · zi

piē 撇
撇开 piē · kāi（另见 piě）

piē 瞥
瞥见 piējiàn（另见 piě）

piě 撇
撇嘴 piězuǐ（另见 piē）

pīn 拼
拼搏 pīnbó　拼凑 pīncòu　拼音 pīnyīn

pín 贫
贫乏 pínfá　贫寒 pínhán　贫瘠 pínjí
贫血 pínxuè　贫嘴薄舌 pínzuǐbóshé

pín [频]
频繁 pínfán　频率 pínlǜ　频道 píndào

pǐn 品
品种 pǐnzhǒng　品尝 pǐncháng　品德 pǐndé
品行 pǐnxíng　品性 pǐnxìng　品头论足 pǐntóulùnzú

pìn [聘]
聘请 pìnqǐng　聘用 pìnyòng　聘礼 pìnlǐ

pīng 乒
乒乓球 pīngpāngqiú

píng 苹
苹果 píngguǒ

píng 平
平缓 pínghuǎn　平价 píngjià　平庸 píngyōng
平衡木 pínghéngmù　平步青云 píngbùqīngyún　平分秋色 píngfēnqiūsè
平铺直叙 píngpūzhíxù　平易近人 píngyìjìnrén

píng 凭
凭吊 píngdiào　凭仗 píngzhàng　凭证 píngzhèng

píng 评
评估 pínggū　评价 píngjià　评审 píngshěn
评剧 píngjù　评判 píngpàn　评弹 píngtán
评议 píngyì　评头论足 píngtóulùnzú

píng [屏]
屏障 píngzhàng　屏幕 píngmù（另见 bǐng）

píng [冯]
暴虎冯河 bàohǔpínghé（另见 Féng）

píng [坪]
坪坝 píngbà

píng 瓶
瓶子 píng · zi

píng 萍
萍水相逢 píngshuǐxiāngféng

pō 坡
坡度 pōdù　坡田 pōtián

pō 朴 朴刀 pōdāo（另见 piáo，pò，pǔ）

pō 泼 泼辣 pōlà

pō 颇 偏颇 piānpō

pō 泊 湖泊 húpō（另见 bó）

pó 繁 (姓。)（另见 fán）

pó 婆 婆家 pó·jia　婆婆 pó·po　婆娑 pósuō

pò 朴 朴树 pòshù（另见 piáo，pō，pǔ）

pò 破 破案 pò'àn　破获 pòhuò　破例 pòlì
破裂 pòliè　破绽 pòzhàn　破釜沉舟 pòfǔchénzhōu
破罐破摔 pòguànpòshuāi　破镜重圆 pòjìngchóngyuán　破旧立新 pòjiùlìxīn

pò 魄 魄力 pòlì

pò 迫 迫害 pòhài　迫使 pòshǐ　迫近 pòjìn
迫不得已 pòbùdéyǐ　迫不及待 pòbùjídài　迫在眉睫 pòzàiméijié
（另见 pǎi）

pōu 剖 剖面 pōumiàn　剖析 pōuxī　剖腹藏珠 pōufùcángzhū

pū 扑 扑粉 pūfěn　扑面 pūmiàn　扑朔迷离 pūshuòmílí

pū 铺 铺衬 pūchèn　铺轨 pūguǐ　铺设 pūshè
铺盖 pū·gai　铺天盖地 pūtiāngàidì　铺张扬厉 pūzhāngyánglì
（另见 pù）

pū 仆 前仆后继 qiánpūhòujì（另见 pú）

pú 仆 仆人 púrén　仆从 púcóng（另见 pū）

pú 葡 葡萄 pú·tao　葡萄酒 pú·taojiǔ　葡萄糖 pú·taotáng

pú [脯] 胸脯 xiōngpú（另见 fǔ）

pú [菩] 菩萨 pú·sà　菩提树 pútíshù

pú [蒲] 蒲棒 púbàng　蒲包 púbāo　蒲草 púcǎo
蒲扇 púshàn　蒲团 pútuán　蒲墩儿 púdūnr
蒲公英 púgōngyīng

匍（pú） 匍匐 púfú

朴（pǔ） 朴素 pǔsù　朴实 pǔshí　朴质 pǔzhì
（另见 piáo，pō，pò）

普（pǔ） 普及 pǔjí　普选 pǔxuǎn　普照 pǔzhào
普通话 pǔtōnghuà　普天同庆 pǔtiāntóngqìng

谱（pǔ） 谱曲 pǔqǔ　谱表 pǔbiǎo　谱系 pǔxì
谱写 pǔxiě

[圃]（pǔ） 苗圃 miáopǔ

[浦]（Pǔ） 浦口 Pǔkǒu

[瀑]（pù） 瀑布 pùbù

铺（pù） 铺面 pùmiàn（另见 pū）

堡（pù） （多用于地名。）（另见 bǎo，bǔ）

Q

期（qī） 期间 qījiān　期待 qīdài　期刊 qīkān
期望 qīwàng　期限 qīxiàn　期期艾艾 qīqī'ài'ài

欺（qī） 欺负 qī · fu　欺凌 qīlíng　欺骗 qīpiàn
欺侮 qīwǔ　欺诈 qīzhà　欺行霸市 qīhángbàshì
欺软怕硬 qīruǎnpàyìng

妻（qī） 妻子 qī · zǐ

戚（qī） 戚友 qīyǒu

七（qī） 七绝 qījué　七律 qīlǜ　七窍 qīqiào

漆（qī） 漆黑 qīhēi　漆器 qīqì

[嘁]（qī） 嘁嘁喳喳 qīqīchāchā

[栖]（qī） 栖身 qīshēn　栖息 qīxī

[柒]（qī） （"七"的大写）

[凄]（qī） 凄惨 qīcǎn　凄楚 qīchǔ　凄凉 qīliáng

沏 qī
沏茶 qīchá

其 qí
其他 qítā　其它 qítā　其余 qíyú
其貌不扬 qímàobùyáng

棋 qí
棋盘 qípán　棋子 qízǐ　棋逢对手 qíféngduìshǒu

奇 qí
奇怪 qíguài　奇观 qíguān　奇迹 qíjì
奇异 qíyì　奇耻大辱 qíchǐdàrǔ　奇货可居 qíhuòkějū
奇装异服 qízhuāngyìfú（另见 jī）

齐 qí
齐备 qíbèi　齐整 qízhěng　齐头并进 qítóubìngjìn

旗 qí
旗子 qí・zi　旗袍 qípáo　旗帜 qízhì
旗鼓相当 qígǔxiāngdāng　旗开得胜 qíkāidéshèng　旗帜鲜明 qízhìxiānmíng

骑 qí
骑兵 qíbīng　骑虎难下 qíhǔnánxià

[崎] qí
崎岖 qíqū

[荠] qí
荸荠 bí・qi

[畦] qí
畦灌 qíguàn

[鳍] qí
（鱼类的运动器官。）

[歧] qí
歧视 qíshì　歧途 qítú　歧路亡羊 qílùwángyáng

[脐] qí
脐带 qídài

[祈] qí
祈祷 qídǎo　祈求 qíqiú

起 qǐ
起草 qǐcǎo　起初 qǐchū　起伏 qǐfú
起哄 qǐhòng　起来 qǐ・lái　起诉 qǐsù
起源 qǐyuán　起程 qǐchéng　起承转合 qǐchéngzhuǎnhé
起死回生 qǐsǐhuíshēng　起早贪黑 qǐzǎotānhēi

岂 qǐ
岂有此理 qǐyǒucǐlǐ

企 qǐ
企图 qǐtú　企鹅 qǐ'é

乞 qǐ
乞丐 qǐgài　乞讨 qǐtǎo

启 qǐ
启程 qǐchéng　启迪 qǐdí　启蒙 qǐméng
启示 qǐshì　启事 qǐshì

[稽] qǐ
稽首 qǐshǒu

・绮 qǐ
绮丽 qǐlì

qì 弃

弃权 qìquán　弃暗投明 qì'àntóumíng

qì 砌

砌墙 qìqiáng

qì 器

器材 qìcái　器皿 qìmǐn　器械 qìxiè
器乐 qìyuè　器重 qìzhòng

qì 气

气喘 qìchuǎn　气垫 qìdiàn　气度 qìdù
气氛 qì · fēn　气愤 qìfèn　气概 qìgài
气候 qìhòu　气囊 qìnáng　气恼 qìnǎo
气馁 qìněi　气魄 qìpò　气势 qìshì
气息 qìxī　气旋 qìxuán　气焰 qìyàn
气质 qìzhì

qì 汽

汽笛 qìdí　汽缸 qìgāng　汽艇 qìtǐng
汽油 qìyóu

qì [泣]

泣不成声 qìbùchéngshēng

qì [契]

契机 qìjī　契约 qìyuē

qì [迄]

迄今 qìjīn

qiā [掐]

掐头去尾 qiātóuqùwěi

qiǎ 卡

卡具 qiǎjù　卡壳 qiǎké（另见 kǎ）

qià 恰

恰当 qiàdàng　恰巧 qiàqiǎo　恰似 qiàsì
恰如其分 qiàrúqífèn

qià 洽

洽谈 qiàtán

qiān 牵

牵涉 qiānshè　牵引 qiānyǐn　牵制 qiānzhì
牵肠挂肚 qiānchángguàdù　牵线搭桥 qiānxiàndāqiáo

qiān 铅

铅笔 qiānbǐ（另见 yán）

qiān 千

千卡 qiānkǎ　千瓦 qiānwǎ　千方百计 qiānfāngbǎijì
千锤百炼 qiānchuíbǎiliàn　千钧一发 qiānjūnyīfà　千篇一律 qiānpiānyīlǜ
千载难逢 qiānzǎinánféng　千姿百态 qiānzībǎitài

qiān 迁

迁就 qiānjiù　迁居 qiānjū　迁徙 qiānxǐ

Q

qiān 签 签订 qiāndìng 签署 qiānshǔ 签证 qiānzhèng

qiān 谦 谦虚 qiānxū 谦逊 qiānxùn 谦卑 qiānbēi 谦恭 qiāngōng 谦谦君子 qiānqiānjūnzǐ

qiān ·扦 扦子 qiān · zi

qián 钱 钱币 qiánbì 钱财 qiáncái

qián 前 前辈 qiánbèi 前边 qián · bian 前臂 qiánbì 前额 qián'é 前面 qiánmiàn 前哨 qiánshào 前提 qiántí 前头 qián · tou 前途 qiántú 前夕 qiánxī 前肢 qiánzhī 前奏 qiánzòu 前沿 qiányán 前车之鉴 qiánchēzhījiàn 前赴后继 qiánfùhòujì 前功尽弃 qiángōngjìnqì 前仆后继 qiánpūhòujì 前仰后合 qiányǎnghòuhé

qián 钳 钳工 qiángōng 钳子 qián · zi 钳制 qiánzhì

qián 潜 潜藏 qiáncáng 潜伏 qiánfú 潜力 qiánlì 潜水 qiánshuǐ 潜艇 qiántǐng 潜意识 qiányìshí 潜移默化 qiányímòhuà

qián [黔] 黔驴技穷 qiánlǘjìqióng

qián [乾] 乾坤 qiánkūn

qián ·虔 虔诚 qiánchéng

qiǎn 浅 浅薄 qiǎnbó 浅显 qiǎnxiǎn

qiǎn 遣 遣送 qiǎnsòng

qiǎn [谴] 谴责 qiǎnzé

qiàn 欠 欠缺 qiànquē

qiàn 歉 歉疚 qiànjiù 歉收 qiànshōu

qiàn 纤 纤夫 qiànfū（另见 xiān）

qiàn [嵌] 镶嵌 xiāngqiàn

qiāng 枪 枪毙 qiāngbì 枪杆 qiānggǎn 枪林弹雨 qiānglíndànyǔ

qiāng 将 将进酒 qiāngjìnjiǔ（另见 jiāng，jiàng）

qiāng 腔 腔调 qiāngdiào

qiāng [呛] 例：喝得太猛，呛着了。（另见 qiàng）

qiáng 墙 墙壁 qiángbì 墙角 qiángjiǎo

强 qiáng
强调 qiángdiào　强劲 qiángjìng　强盛 qiángshèng
强弩之末 qiángnǔzhīmò（另见 jiàng，qiǎng）

抢 qiǎng
抢购 qiǎnggòu　抢劫 qiǎngjié

强 qiǎng
强迫 qiǎngpò　强求 qiǎngqiú　强词夺理 qiǎngcíduólǐ
强人所难 qiǎngrénsuǒnán（另见 jiàng，qiáng）

[呛] qiàng
例：油烟呛人。（另见 qiāng）

锹 qiāo
铁锹 tiěqiāo

敲 qiāo
敲打 qiāo · dǎ　敲诈 qiāozhà　敲骨吸髓 qiāogǔxīsuǐ

雀 qiāo
雀子 qiāo · zi（另见 què）

悄 qiāo
悄悄 qiāoqiāo（另见 qiǎo）

[跷] qiāo
跷跷板 qiāoqiāobǎn

乔 qiáo
乔木 qiáomù

桥 qiáo
桥梁 qiáoliáng

瞧 qiáo
瞧见 qiáojiàn

侨 qiáo
侨胞 qiáobāo　侨眷 qiáojuàn

[翘] qiáo
翘首 qiáoshǒu（另见 qiào）

[荞] qiáo
荞麦 qiáomài

[憔] qiáo
憔悴 qiáocuì

巧 qiǎo
巧合 qiǎohé　巧夺天工 qiǎoduótiāngōng　巧立名目 qiǎolìmíngmù
巧取豪夺 qiǎoqǔháoduó　巧言令色 qiǎoyánlìngsè

悄 qiǎo
悄然 qiǎorán（另见 qiāo）

壳 qiào
壳菜 qiàocài（另见 ké）

[窍] qiào
窍门 qiàomén

[撬] qiào
撬杠 qiàogàng

[翘] qiào
翘尾巴 qiàowěi · ba（另见 qiáo）

[峭] qiào
峭壁 qiàobì

[俏] qiào
俏丽 qiàolì　俏皮 qiào · pí

·鞘 qiào
例：刀出鞘。（另见 shāo）

切 qiē
切磋 qiēcuō　切割 qiēgē（另见 qiè）

茄 qié
茄子 qié · zi（另见 jiā）

且 qiě
且慢 qiěmàn

qiè 切 切忌 qièjì（另见 qiē） 切肤之痛 qièfūzhītòng

qiè 窃 窃取 qièqǔ 窃贼 qièzéi

qiè [怯] 怯懦 qiènuò

qiè ·妾

qiè ·惬 惬意 qièyì

qīn 侵 侵略 qīnlüè 侵蚀 qīnshí 侵袭 qīnxí

qīn 亲 亲昵 qīnnì 亲戚 qīn · qi 亲切 qīnqiè
亲事 qīnshì 亲属 qīnshǔ 亲吻 qīnwěn
亲缘 qīnyuán 亲痛仇快 qīntòngchóukuài（另见 qìng）

qīn [钦] 钦差 qīnchāi 钦佩 qīnpèi

qín 琴 琴键 qínjiàn

qín 勤 勤奋 qínfèn 勤俭 qínjiǎn 勤快 qín · kuai
勤工俭学 qíngōngjiǎnxué

qín 芹 芹菜 qíncài

qín 禽 禽兽 qínshòu

qín [擒] 擒拿 qínná

qín [秦] 秦腔 qínqiāng 秦镜高悬 qínjìnggāoxuán 秦楼楚馆 qínlóuchǔguǎn

qín ·噙 例：噙着眼泪。

qǐn [寝] 寝室 qǐnshì

qìn ·沁 沁人心脾 qìnrénxīnpí

qīng 青 青翠 qīngcuì 青稞 qīngkē 青睐 qīnglài
青苔 qīngtái 青霉素 qīngméisù 青出于蓝 qīngchūyúlán
青红皂白 qīnghóngzàobái 青黄不接 qīnghuángbùjiē 青梅竹马 qīngméizhúmǎ
青天霹雳 qīngtiānpīlì 青云直上 qīngyúnzhíshàng

qīng 轻 轻便 qīngbiàn 轻浮 qīngfú 轻蔑 qīngmiè
轻骑 qīngqí 轻巧 qīng · qiǎo 轻柔 qīngróu

轻率 qīngshuài　轻盈 qīngyíng　轻车熟路 qīngchēshúlù
轻而易举 qīng'éryìjǔ　轻歌曼舞 qīnggēmànwǔ　轻举妄动 qīngjǔwàngdòng
轻描淡写 qīngmiáodànxiě　轻诺寡信 qīngnuòguǎxìn　轻装简从 qīngzhuāngjiǎncóng

qīng 蜻
蜻蜓点水 qīngtíngdiǎnshuǐ

qīng 倾
倾倒 qīngdǎo　倾倒 qīngdào　倾诉 qīngsù
倾销 qīngxiāo　倾斜 qīngxié　倾泻 qīngxiè
倾城倾国 qīngchéngqīngguó　倾家荡产 qīngjiādàngchǎn　倾箱倒箧 qīngxiāngdàoqiè

qīng 清
清偿 qīngcháng　清澈 qīngchè　清楚 qīng・chu
清脆 qīngcuì　清瘦 qīngshòu　清爽 qīngshuǎng
清晰 qīngxī　清真寺 qīngzhēnsì　清规戒律 qīngguījièlǜ

qīng [氢]
氢弹 qīngdàn

qīng [卿]
卿卿我我 qīngqīngwǒwǒ

qíng 晴
晴朗 qínglǎng　晴天霹雳 qíngtiānpīlì

qíng 情
情调 qíngdiào　情境 qíngjìng　情趣 qíngqù
情势 qíngshì　情形 qíng・xíng　情绪 qíngxù
情谊 qíngyì　情不自禁 qíngbùzìjīn　情投意合 qíngtóuyìhé
情随事迁 qíngsuíshìqiān

qíng [擎]
众擎易举 zhòngqíngyìjǔ

qǐng 请
请教 qǐngjiào　请示 qǐngshì　请柬 qǐngjiǎn
请君入瓮 qǐngjūnrùwèng

qǐng 顷
顷刻 qǐngkè

qìng 亲
亲家 qìng・jia（另见 qīn）

qìng 庆
庆贺 qìnghè　庆幸 qìngxìng　庆祝 qìngzhù

qìng ・磬
（古代打击乐器。）

qióng 穷
穷尽 qóngjìn　穷兵黩武 qióngbīngdúwǔ　穷奢极侈 qióngshējíchǐ
穷途潦倒 qióngtúliáodǎo　穷途末路 qióngtúmòlù　穷乡僻壤 qióngxiāngpìrǎng
穷形尽相 qióngxíngjìnxiàng　穷原竟委 qióngyuánjìngwěi　穷源溯流 qióngyuánsùliú

qióng [琼]
琼脂 qióngzhī

qiū 秋 秋季 qiūjì　秋高气爽 qiūgāoqìshuǎng　秋毫无犯 qiūháowúfàn

qiū 丘 丘陵 qiūlíng

qiū 龟 龟兹 Qiūcí（另见guī，jūn）

qiū [蚯] 蚯蚓 qiūyǐn

Qiū ·邱 （姓。）

qiú 球 球赛 qiúsài

qiú 求 求援 qiúyuán　求全责备 qiúquánzébèi　求同存异 qiútóngcúnyì

Qiú 仇 （姓。）（另见 chóu）

qiú [囚] 囚禁 qiújìn　囚徒 qiútú　囚首垢面 qiúshǒugòumiàn

qiú ·酋 酋长 qiúzhǎng

qiú ·裘 裘皮 qiúpí

qū 趋 趋势 qūshì　趋炎附势 qūyánfùshì　趋之若鹜 qūzhīruòwù

qū 区 区域 qūyù（另见 Ōu）

qū 曲 曲解 qūjiě　曲面 qūmiàn　曲线 qūxiàn
曲折 qūzhé　曲轴 qūzhóu　曲突徙薪 qūtūxǐxīn
曲意逢迎 qūyìféngyíng（另见 qǔ）

qū 屈 屈辱 qūrǔ　屈打成招 qūdǎchéngzhāo

qū 驱 驱除 qūchú　驱散 qūsàn　驱使 qūshǐ
驱逐 qūzhú

qū [蛆] 蛆虫 qūchóng

qū [岖] 崎岖 qíqū

qū [躯] 躯干 qūgàn　躯壳 qūqiào

qū ·祛 祛除 qūchú

qú 渠 渠道 qúdào

qǔ 取 取缔 qǔdì　取经 qǔjīng　取暖 qǔnuǎn
取舍 qǔshě　取悦 qǔyuè　取长补短 qǔchángbǔduǎn
取精用弘 qǔjīngyònghóng

qǔ 曲

曲调 qǔdiào　　典牌 qǔpái　　曲子 qǔ · zi

曲高和寡 qǔgāohèguǎ（另见 qū）

qǔ [娶]

娶亲 qǔqīn

qù 趣

趣味 qùwèi

qù 去

去处 qùchù　　去向 qùxiàng

quān 圈

圈套 quāntào　　圈子 quān · zi（另见 juān，juàn）

quán 拳

拳击 quánjī　　拳头 quán · tou

quán 权

权贵 quánguì　　权衡 quánhéng　　权利 quánlì

权势 quánshì　　权威 quánwēi　　权限 quánxiàn

权益 quányì

quán 泉

泉源 quányuán

quán 全

全部 quánbù　　全集 quánjí　　全局 quánjú

全貌 quánmào　　全盘 quánpán　　全权代表 quánquándàibiǎo

全神贯注 quánshénguànzhù

quán [痊]

痊愈 quányù

quán ·蜷

蜷缩 quánsuō

quǎn 犬

犬齿 quǎnchǐ　　犬牙交错 quǎnyájiāocuò

quàn 劝

劝解 quànjiě　　劝慰 quànwèi　　劝阻 quànzǔ

quàn 券

证券 zhèngquàn（另见 xuàn）

quē 缺

缺德 quēdé　　缺乏 quēfá　　缺憾 quēhàn

缺陷 quēxiàn

qué [瘸]

瘸子 qué · zi

què 却

却步 quèbù　　却之不恭 quèzhībùgōng

què 鹊

鹊桥 quèqiáo　　鹊巢鸠占 quècháojiūzhàn

què 雀

雀跃 quèyuè（另见 qiāo）

Q

què 确　确保 quèbǎo　确切 quèqiè　确凿 quèzáo

què ·阕　弹琴一阕 tánqínyīquè

qún 裙　裙子 qún·zi　裙带 qúndài

qún 群　群岛 qúndǎo　群居 qúnjū　群策群力 qúncèqúnlì　群龙无首 qúnlóngwúshǒu　群魔乱舞 qúnmóluànwǔ

R

rán 然　然而 rán'ér

rán 燃　燃料 ránliào　燃烧 ránshāo　燃眉之急 ránméizhījí

rǎn 染　染料 rǎnliào　染色体 rǎnsètǐ

rǎn ·冉　冉冉 rǎnrǎn

rāng 嚷　嚷嚷 rāng·rang（另见 rǎng）

ráng [瓤]　瓤子 ráng·zi

rǎng 壤　壤土 rǎngtǔ

rǎng 嚷　例：别嚷了，人家都睡觉了。（另见 rāng）

rǎng [攘]　攘外 rǎngwài

ràng 让　让步 ràngbù

ráo 饶　饶恕 ráoshù

rǎo 扰　扰乱 rǎoluàn

rào 绕　绕道 ràodào　绕远儿 ràoyuǎnr

rě 惹　惹祸 rěhuò　惹火烧身 rěhuǒshāoshēn

rè 热　热忱 rèchén　热切 rèqiè　热闹 rè·nao　热火朝天 rèhuǒcháotiān　热血沸腾 rèxuèfèiténg

rén 人　人称 rénchēng　人家 rénjiā　人家 rén·jia　人们 rén·men　人伦 rénlún　人参 rénshēn　人像 rénxiàng　人影儿 rényǐngr　人缘儿 rényuánr　人地生疏 réndìshēngshū　人杰地灵 rénjiédìlíng　人情世故 rénqíngshìgù　人寿年丰 rénshòuniánfēng　人微言轻 rénwēiyánqīng rén 任 任县 Rén Xiàn（另见 rèn）

rén 仁 仁慈 réncí　仁义 rényì　仁人志士 rénrénzhìshì

rěn 忍 忍耐 rěnnài　忍痛 rěntòng　忍俊不禁 rěnjùnbùjīn
忍辱负重 rěnrǔfùzhòng

rèn 任 任教 rènjiào　任凭 rènpíng　任务 rèn・wu
任劳任怨 rènláorènyuàn　任重道远 rènzhòngdàoyuǎn（另见 rén）

rèn 刃 刃具 rènjù

rèn 认 认购 rèngòu　认识 rèn・shi　认为 rènwéi

rèn [韧] 韧带 rèndài

rèn [纫] 缝纫 féngrèn

rèn ·妊 妊娠 rènshēn

rēng 扔 扔球 rēngqiú

réng 仍 仍旧 réngjiù　仍然 réngrán

rì 日 日程 rìchéng　日趋 rìqū　日益 rìyì
日子 rì・zi　日薄西山 rìbóxīshān　日暮途穷 rìmùtúqióng
日新月异 rìxīnyuèyì　日以继夜 rìyǐjìyè　日月如梭 rìyuèrúsuō

róng 荣 荣幸 róngxìng　荣耀 róngyào　荣誉 róngyù

róng 融 融洽 róngqià　融会贯通 rónghuìguàntōng

róng 熔 熔化 rónghuà

róng 容 容量 róngliàng　容貌 róngmào　容许 róngxǔ
容颜 róngyán　容易 róngyì

róng 绒 绒毛 róngmáo　绒线 róngxiàn

róng [茸] 茸毛 róngmáo

róng [榕] 榕树 róngshù

róng [溶] 溶洞 róngdòng　溶剂 róngjì　溶解 róngjiě

R

溶血 róngxuè　溶液 róngyè

róng [蓉] 豆蓉 dòuróng

rǒng [冗] 冗长 rǒngcháng

róu 揉 揉搓 róucuō

róu 柔 柔和 róuhé　柔软 róuruǎn

róu [蹂] 蹂躏 róulìn

ròu 肉 肉食 ròushí　肉质 ròuzhì

rú 如 如此 rúcǐ　如意 rúyì　如出一辙 rúchūyīzhé
如法炮制 rúfǎpáozhì　如火如荼 rúhuǒrútú　如饥似渴 rújīsìkě
如释重负 rúshìzhòngfù　如数家珍 rúshǔjiāzhēn　如影随形 rúyǐngsuíxíng

rú [蠕] 蠕动 rúdòng

rú [儒] 儒家 rújiā　儒学 rúxué

rǔ 辱 辱骂 rǔmà

rǔ 乳 乳白 rǔbái　乳臭 rǔxiù　乳汁 rǔzhī

rǔ ·汝 (人称代词，你。)

rù 入 入境 rùjìng　入侵 rùqīn　入座 rùzuò
入不敷出 rùbùfūchū　入木三分 rùmùsānfēn　入乡随俗 rùxiāngsuísú

rù [褥] 褥疮 rùchuāng　褥子 rù·zi

ruǎn 软 软件 ruǎnjiàn　软禁 ruǎnjìn　软硬兼施 ruǎnyìngjiānshī

ruǐ [蕊] 花蕊 huāruǐ

ruì 锐 锐角 ruìjiǎo　锐利 ruìlì　锐不可当 ruìbùkědāng

ruì 瑞 瑞雪 ruìxuě

rùn 润 润滑 rùnhuá

rùn [闰] 闰年 rùnnián

ruò 若 若干 ruògān　若即若离 ruòjíruòlí　若无其事 ruòwúqíshì

ruò 弱 弱点 ruòdiǎn　弱不禁风 ruòbùjīnfēng　弱肉强食 ruòròuqiángshí

练习三

一、看拼音写汉字

mábì（　　）	qídǎo（　　）	pēngrèn（　　）	pósuō（　　）
ménglóng（　　）	mánglù（　　）	páihuái（　　）	nàhǎn（　　）
nüè（　）待	婀 nuó（　）	ōu（　）歌	充 pèi（　）
蛮 hèng（　）	mán（　）怨	màn（　）延	mào（　）然
分 mì（　）	miǎo（　）视	mù（　）邻	qǐ（　）首
湖 pàn（　）	清 chè（　）	ráo（　）恕	róng（　）线
花 ruǐ（　）	mài（　）搏	rèn（　）带	qí（　）视
mò（　）不关心	nǎo（　）羞成怒	ǒu（　）心沥血	píng（　）水相逢
qí（　）路亡羊	ruì（　）不可当	rě（　）火烧身	其 mào（　）不扬

二、给加点字注音

玫瑰（　）	媚态（　）	蒙骗（　）	迷惘（　）	确凿（　）
披靡（　）	妊娠（　）	分娩（　）	绮丽（　）	竹篾（　）
泯灭（　）	泥泞（　）	气馁（　）	琵琶（　）	脑髓（　）
昵称（　）	脾脏（　）	癖好（　）	栖息（　）	冗长（　）

暴虎冯河（　）	民不聊生（　）	宁死不屈（　）	心广体胖（　）
否极泰来（　）	麻痹大意（　）	貌合神离（　）	强词夺理（　）

三、成语填空

明火执（　）	曲高（　）寡	（　）肩接踵	（　）衷一是
南辕北（　）	（　）人心脾	（　）箱倒箧	穷乡（　）壤
（　）之不恭	融（　）贯通	每况（　）下	迫在眉（　）
强（　）之末	如法（　）制	入不（　）出	（　）墨登场
（　）移默化	强（　）之末	切（　）之痛	轻歌（　）舞
请君入（　）	穷兵（　）武	（　）突徙薪	名列前（　）
蓬（　）增辉	披星（　）月	（　）空如洗	奴颜（　）骨
瞒心（　）己	梦（　）以求	面面相（　）	（　）守成规

四、给下列多音字注音并组词

模{　　　　囊{　　　　宁{

拗{　　　　扒{　　　　泡{

泊{　　　　曲{　　　　排{

摩{　　　　悄{　　　　疟{

模拟水平测试

一、读单音节字词（100个音节）

鳗	酋	抨	弥	歧	眸
捺	纽	孽	癖	庞	迄
磐	祛	蔓	糜	冥	藐
妊	蓦	呕	胚	绮	媲
篾	契	抛	潜	卯	暖
韧	摹	盘	疲	寐	蹂
扰	痊	萌	顷	茂	昵
泯	乾	屏	洽	迄	漠
募	剖	铺	凭	谴	频
啤	酶	烹	霹	佩	咆
螃	殴	虐	挪	袅	恼
沐	奈	陌	聘	媚	钦
绵	盟	裘	魅	蜻	贸
霉	蛮	漫	盲	貌	猕
缅	瞄	渺	末	摩	凄
拇	乃	瀑	牧	嫩	拟
逆	狞	念	浓		

二、读多音节词语（100个音节）

眯缝	牡丹	喷嚏	褥子	涅槃
跑调儿	讴歌	攀援	浅显	譬如
麻痹	偶尔	纽扣儿	品种	勉强
磅礴	祈求	糯米	蠕动	剖析
胚芽	脑髓	宁愿	瞥见	绮丽
贫瘠	匍匐	气馁	梦呓	囊括
溺爱	炮制	没谱儿	毗邻	虔诚
呢绒	怯懦	蜷缩	冗长	青睐
谬论	绕远儿	脾脏	惬意	铭文
霓虹灯	蒲公英	情不自禁		

S

sā 撒 撒谎 sāhuǎng 撒娇 sājiāo（另见 sǎ）

sā 仨 例：仨瓜俩枣。

sǎ 洒 洒落 sǎluò 洒脱 sǎtuō

sǎ 撒 撒播 sǎbō（另见 sā）

sà [飒] 飒爽 sàshuǎng

sà [萨] 萨克管 sàkèguǎn

sà 卅 例：五卅运动。

sāi 塞 塞子 sāi·zi（另见 sài，sè）

sāi [腮] 腮腺 sāixiàn

sāi 鳃 （某些水生动物的呼吸器官。）

sài 塞 塞外 sàiwài 塞翁失马 sàiwēngshīmǎ（另见 sāi，sè）

sài 赛 赛跑 sàipǎo

sān 三 三角 sānjiǎo 三番五次 sānfānwǔcì 三纲五常 sāngāngwǔcháng 三顾茅庐 sāngùmáolú 三皇五帝 sānhuángwǔdì 三缄其口 sānjiānqíkǒu 三令五申 sānlìngwǔshēn

sān [叁] （“三”的大写。）

sǎn 伞 伞兵 sǎnbīng

sǎn 散 散漫 sǎnmàn 散兵游勇 sǎnbīngyóuyǒng（另见 sàn）

sàn 散 散布 sànbù 散失 sànshī（另见 sǎn）

sāng 桑 桑蚕 sāngcán 桑葚 sāngshèn 桑榆暮景 sāngyúmùjǐng

sāng 丧 丧事 sāngshì 丧葬 sāngzàng（另见 sàng）

sǎng 嗓 嗓音 sǎngyīn 嗓子 sǎng·zi 嗓门儿 sǎngménr

sàng 丧 丧失 sàngshī 丧魂落魄 sànghúnluòpò 丧权辱国 sàngquánrǔguó 丧心病狂 sàngxīnbìngkuáng（另见 sāng）

sāo [臊] 腥臊 xīngsāo（另见 sào）

sāo [骚] 骚动 sāodòng 骚扰 sāorǎo

sāo [搔] 搔首弄姿 sāoshǒunòngzī

sāo ·缫 缫丝 sāosī

sǎo 扫 扫荡 sǎodàng　扫描 sǎomiáo　扫射 sǎoshè　扫兴 sǎoxìng（另见 sào）

sǎo 嫂 嫂子 sǎo · zi

sào 扫 扫帚 sào · zhou（另见 sǎo）

sào [臊] 害臊 hàisào（另见 sāo）

sào ·瘙 瘙痒 sàoyǎng

sè 塞 塞责 sèzé（另见 sāi，sài）

sè 色 色调 sèdiào　色盲 sèmáng　色泽 sèzé　色厉内荏 sèlìnèirěn（另见 shǎi）

sè [涩] 涩滞 sèzhì

sè [瑟] 瑟瑟 sèsè

sēn 森 森林 sēnlín　森严 sēnyán

sēng [僧] 僧侣 sēnglǚ

shā 杀 杀菌 shājūn　杀戮 shālù　杀鸡取卵 shājīqǔluǎn　杀戮无辜 shālùwúgū　杀身成仁 shāshēnchéngrén　杀一儆百 shāyījǐngbǎi

shā 沙 沙漠 shāmò　沙滩 shātān　沙哑 shāyǎ　沙子 shā · zi　沙里淘金 shālǐtáojīn

shā 纱 纱锭 shādìng

shā [砂] 砂轮儿 shālúnr

shā [煞] 煞车 shāchē（另见 shà）

shā [刹] 刹车 shāchē（另见 chà）

shā [杉] 杉篙 shāgāo（另见 shān）

shā ·鲨 鲨鱼 shāyú

shá [啥] 例：有啥说啥。

shǎ 傻 傻瓜 shǎguā　傻子 shǎ · zi

shà 厦 高楼大厦 gāolóudàshà（另见 xià）

shà [霎] 霎时 shàshí

shà [煞] 煞白 shàbái　煞费苦心 shàfèikǔxīn　煞有介事 shàyǒujièshì（另见 shā）

shāi 筛
筛选 shāixuǎn

shǎi 色
色子 shǎi·zi（另见 sè）

shài 晒
晒台 shàitái　晒图 shàitú

shān 删
删改 shāngǎi　删节 shānjié

shān 山
山坳 shān'ào　山峰 shānfēng　山涧 shānjiàn
山梁 shānliáng　山麓 shānlù　山峦 shānluán
山脉 shānmài　山崖 shānyá　山楂 shānzhā
山盟海誓 shānménghǎishì　山清水秀 shānqīngshuǐxiù　山穷水尽 shānqióngshuǐjìn
山珍海味 shānzhēnhǎiwèi

shān 衫
衬衫 chènshān

shān 扇
扇动 shāndòng（另见 shàn）

shān [杉]
（常绿乔木。）（另见 shā）

shān [苫]
例：草苫子。（另见 shàn）

shān [栅]
栅极 shānjí（另见 zhà）

shān [珊]
珊瑚 shānhú

shān ·煽
煽动 shāndòng　煽风点火 shānfēngdiǎnhuǒ

shǎn 闪
闪烁 shǎnshuò　闪耀 shǎnyào　闪烁其词 shǎnshuòqící

shǎn [掺]
掺手 shǎnshǒu（另见 chān）

shǎn ·陕
陕西 Shǎnxī

shàn 善
善良 shànliáng　善罢甘休 shànbàgānxiū　善始善终 shànshǐshànzhōng

Shàn 单
（姓。）（另见 chán，dān）

shàn 扇
扇贝 shànbèi　扇子 shàn·zi　扇面儿 shànmiànr（另见 shān）

shàn [膳]
膳食 shànshí

shàn [擅]
擅长 shàncháng　擅自 shànzì

shàn [苫]
苫布 shànbù（另见 shān）

shàn [赡]
赡养 shànyǎng

shàn ·禅
禅让 shànràng（另见 chán）

shāng 伤
伤疤 shāngbā　伤感 shānggǎn　伤痕 shānghén
伤势 shāngshì　伤风败俗 shāngfēngbàisú　伤天害理 shāngtiānhàilǐ

shāng 商

商贩 shāngfàn　商贾 shānggǔ　商榷 shāngquè
商人 shāngrén　商量 shāng・liang

shǎng 赏

赏赐 shǎngcì　赏识 shǎngshí　赏心悦目 shǎngxīnyuèmù

shǎng 上

上声 shǎngshēng（另见 shàng）

shǎng 晌

晌午 shǎngwǔ

shàng 上

上臂 shàngbì　上边 shàng・bian　上来 shànglái
上面 shàngmiàn　上去 shàng・qù　上诉 shàngsù
上旬 shàngxún　上涨 shàngzhǎng　上缴 shàngjiǎo
上司 shàng・si　上头 shàng・tou　上肢 shàngzhī
上蹿下跳 shàngcuānxiàtiào　上行下效 shàngxíngxiàxiào（另见 shǎng）

shàng 尚

尚且 shàngqiě

shang 裳

衣裳 yī・shang

shāo 梢

梢头 shāotóu

shāo 捎

捎带 shāodài（另见 shào）

shāo 稍

稍微 shāowēi（另见 shào）

shāo 烧

烧饼 shāo・bing　烧毁 shāohuǐ

shāo 鞘

鞭鞘 biānshāo（另见 qiào）

sháo 勺

勺子 sháo・zi

sháo ［芍］

芍药 sháo・yao

shǎo 少

少量 shǎoliàng（另见 shào）　少安毋躁 shǎo'ānwúzào　少见多怪 shǎojiànduōguài

shào 捎

捎色 shàoshǎi（另见 shāo）

shào 哨

哨卡 shàoqiǎ　哨所 shàosuǒ　哨子 shào・zi

shào 稍

稍息 shàoxī（另见 shāo）

shào 少

少爷 shào・ye（另见 shǎo）　少不更事 shàobùgēngshì　少年老成 shàoniánlǎochéng

shào 绍

绍兴酒 shàoxīngjiǔ

shē ［奢］

奢侈 shēchǐ

shē ［赊］

赊账 shēzhàng

shé 折

折本 shéběn（另见 zhē，zhé）

shé 蛇

蛇蝎 shéxiē

shé 舌
舌苔 shétāi　舌头 shé · tou　舌敝唇焦 shébìchúnjiāo
舌剑唇枪 shéjiànchúnqiāng

shě 舍
舍弃 shěqì　舍不得 shě · bu · de　舍己为人 shějǐwèirén
舍近求远 shějìnqiúyuǎn　舍生取义 shěshēngqǔyì（另见 shè）

shè 摄
摄影 shèyǐng　摄取 shèqǔ

shè 舍
舍下 shèxià（另见 shě）

shè 射
射击 shèjī　射箭 shèjiàn　射线 shèxiàn

shè 涉
涉及 shèjí

shè 社
社会 shèhuì

shè 设
设备 shèbèi　设施 shèshī　设想 shèxiǎng
设置 shèzhì　设身处地 shèshēnchǔdì

shè [赦]
赦免 shèmiǎn

shè ·麝
麝香 shèxiāng

shéi 谁
例：你找谁？（另见 shuí）

shēn 申
申报 shēnbào　申诉 shēnsù

shēn 伸
伸展 shēnzhǎn　伸缩 shēnsuō

shēn 身
身材 shēncái　身份 shēn · fèn　身躯 shēnqū
身世 shēnshì　身子 shēn · zi　身败名裂 shēnbàimíngliè
身体力行 shēntǐlìxíng　身先士卒 shēnxiānshìzú

shēn 深
深奥 shēn'ào　深沉 shēnchén　深厚 shēnhòu
深刻 shēnkè　深浅 shēnqiǎn　深邃 shēnsuì
深渊 shēnyuān　深闭固拒 shēnbìgùjù　深藏若虚 shēncángruòxū
深沟高垒 shēngōugāolěi　深居简出 shēn jūjiǎnchū　深谋远虑 shēnmóuyuǎnlǜ
深思熟虑 shēnsīshúlǜ　深恶痛绝 shēnwùtòngjué

shēn 参
参商 shēnshāng（另见 cān，cēn）

shēn [绅]
绅士 shēnshì

shēn [呻]
呻吟 shēnyín

shēn ·砷
（一种非金属元素，有毒。）

shén 什
什么 shén · me（另见 shí）

shén 神

神龛 shénkān　神气 shén·qì　神秘 shénmì
神圣 shénshèng　神态 shéntài　神通 shéntōng
神仙 shén·xiān　神韵 shényùn　神志 shénzhì
神州 shénzhōu　神经质 shénjīngzhì　神不守舍 shénbùshǒushè
神采奕奕 shéncǎiyìyì　神出鬼没 shénchūguǐmò　神工鬼斧 shéngōngguǐfǔ
神机妙算 shénjīmiàosuàn

shěn 沈

沈阳 Shěnyáng

shěn 审

审查 shěnchá　审理 shěnlǐ　审讯 shěnxùn
审核 shěnhé　审慎 shěnshèn　审视 shěnshì
审时度势 shěnshíduóshì

shěn 婶

婶子 shěn·zi

shèn 甚

甚至 shènzhì　甚嚣尘上 shènxiāochénshàng

shèn 肾

肾脏 shènzàng

shèn 慎

慎重 shènzhòng

shèn 渗

渗透 shèntòu

shēng 声

声调 shēngdiào　声势 shēngshì　声息 shēngxī
声誉 shēngyù　声称 shēngchēng　声望 shēngwàng
声援 shēngyuán　声东击西 shēngdōngjīxī　声泪俱下 shēnglèijùxià
声色俱厉 shēngsèjùlì　声嘶力竭 shēngsīlìjié

shēng 生

生存 shēngcún　生疏 shēngshū　生态 shēngtài
生效 shēngxiào　生育 shēngyù　生殖 shēngzhí
生日 shēngrì　生肖 shēngxiào　生涯 shēngyá
生意 shēngyì　生意 shēng·yi　生财有道 shēngcáiyǒudào
生花之笔 shēnghuāzhībǐ　生灵涂炭 shēnglíngtútàn　生龙活虎 shēnglónghuóhǔ
生杀予夺 shēngshāyǔduó　生死攸关 shēngsǐyōuguān　生吞活剥 shēngtūnhuóbō

shēng 牲

牲畜 shēngchù　牲口 shēng·kou

shēng 升

升降 shēngjiàng　升腾 shēngténg　升堂入室 shēngtángrùshì

shēng [甥]

外甥 wài·sheng

shēng [笙]

笙歌达旦 shēnggēdádàn

shéng 绳

绳索 shéngsuǒ　绳子 shéng·zi　绳之以法 shéngzhīyǐfǎ
绳锯木断 shéngjùmùduàn　绳捆索绑 shéngkǔnsuǒbǎng

shěng 省
省份 shěngfèn　省略 shěnglüè　省事 shěngshì（另见 xǐng）

shèng 盛
盛况 shèngkuàng　盛行 shèngxíng　盛装 shèngzhuāng
盛气凌人 shèngqìlíngrén（另见 chéng）

shèng 圣
圣经 shèngjīng　圣旨 shèngzhǐ　圣诞节 shèngdànjié

shèng 剩
剩余 shèngyú

shèng 胜
胜任 shèngrèn　胜仗 shèngzhàng

shèng 乘
千乘之国 qiānshèngzhīguó（另见 chéng）

shī 师
师傅 shī · fu　师范 shīfàn　师资 shīzī
师出无名 shīchūwúmíng　师心自用 shīxīnzìyòng

shī 失
失眠 shīmián　失效 shīxiào　失踪 shīzōng
失散 shīsàn　失调 shītiáo　失陷 shīxiàn
失意 shīyì　失职 shīzhí　失重 shīzhòng
失道寡助 shīdàoguǎzhù　失之交臂 shīzhījiāobì

shī 狮
狮子 shī · zi　狮子搏兔 shī · zibótù

shī 施
施肥 shīféi　施展 shīzhǎn　施舍 shīshě

shī 湿
湿润 shīrùn

shī 诗
诗篇 shīpiān　诗韵 shīyùn　诗情画意 shīqínghuàyì

shī 尸
尸骸 shīhái　尸首 shī · shou　尸骨未寒 shīgǔwèihán

shī [虱]
虱子 shī · zi

shí 十
十足 shízú　十冬腊月 shídōnglàyuè　十恶不赦 shí’èbùshè

shí 什
什锦 shíjǐn（另见 shén）

shí 石
石雕 shídiāo　石膏 shígāo　石匠 shí · jiang
石窟 shíkū　石榴 shí · liu　石墨 shímò
石笋 shísǔn　石头 shí · tou　石子儿 shízǐr
石沉大海 shíchéndàhǎi　石破天惊 shípòtiānjīng（另见 dàn）

shí
拾

拾掇 shí · duo　拾遗 shíyí　拾金不昧 shíjīnbùmèi
拾人牙慧 shírényáhuì

shí
时

时髦 shímáo　时装 shízhuāng　时辰 shí · chen
时分 shífēn　时候 shí · hou　时势 shíshì
时效 shíxiào　时不我待 shíbùwǒdài　时过境迁 shíguòjìngqiān
时来运转 shíláiyùnzhuǎn

shí
食

食谱 shípǔ　食物链 shíwùliàn　食不甘味 shíbùgānwèi
食古不化 shígǔbùhuà　食言而肥 shíyán'érféi

shí
实

实惠 shíhuì　实践 shíjiàn　实况 shíkuàng
实施 shíshī　实质 shízhì　实效 shíxiào
实验 shíyàn　实在 shízài　实在 shí · zai
实事求是 shíshìqiúshì

shí
识

识趣 shíqù　识文断字 shíwénduànzì（另见 zhì）

shí
蚀

蚀本 shíběn

shǐ
史

史籍 shǐjí　史料 shǐliào　史无前例 shǐwúqiánlì

shǐ
使

使得 shǐ · de　使馆 shǐguǎn　使唤 shǐ · huan
使劲 shǐjìn

shǐ
驶

驾驶 jiàshǐ

shǐ
始

始祖 shǐzǔ　始作俑者 shǐzuòyǒngzhě

shǐ
[矢]

矢量 shǐliàng　矢志不渝 shǐzhìbùyú

shǐ
[屎]

眼屎 yǎnshǐ

shì
式

式样 shìyàng

shì
示

示范 shìfàn　示威 shìwēi　示弱 shìruò

shì
侍

侍奉 shìfèng　侍候 shìhòu

shì
世

世道 shìdào　世故 shìgù　世故 shì · gu
世俗 shìsú　世袭 shìxí　世态炎凉 shìtàiyánliáng
世外桃源 shìwàitáoyuán

shì 事

事迹 shìjì　事情 shì · qing　事宜 shìyí
事半功倍 shìbàngōngbèi　事必躬亲 shìbìgōngqīn　事过境迁 shìguòjìngqiān
事与愿违 shìyǔyuànwéi

shì 誓

誓言 shìyán　誓词 shìcí

shì 逝

逝世 shìshì

shì 势

势必 shìbì　势力 shìlì　势头 shì · tou
势不可挡 shìbùkědǎng　势不两立 shìbùliǎnglì　势均力敌 shìjūnlìdí
势如破竹 shìrúpòzhú

shì 是

是非 shìfēi

shì 适

适当 shìdàng　适宜 shìyí　适中 shìzhōng
适得其反 shìdéqífǎn　适可而止 shìkě'érzhǐ

shì 似

似的 shì · de（另见 sì）

shì 氏

氏族 shìzú

shì 饰

饰物 shìwù

shì 释

释放 shìfàng

shì 市

市场 shìchǎng　市政 shìzhèng

shì 柿

柿饼 shìbǐng　柿子 shì · zi

shì 室

教室 jiàoshì

shì 视

视察 shìchá　视觉 shìjué　视野 shìyě
视网膜 shìwǎngmó　视而不见 shì'érbùjiàn　视若无睹 shìruòwúdǔ
视死如归 shìsǐrúguī

shì 试

试卷 shìjuàn　试探 shìtàn　试图 shìtú

shì 式

式样 shìyàng

shì [拭]

拭目以待 shìmùyǐdài

shì [恃]

恃才傲物 shìcái'àowù

shì [嗜]

嗜好 shìhào　嗜痂之癖 shìjiāzhīpǐ

shì 仕

仕途 shìtú

shì 士

士兵 shìbīng

shì 噬	吞噬 tūnshì
shì 螫	螫针 shìzhēn
shì 舐	舐犊情深 shìdúqíngshēn
shi 匙	钥匙 yào · shi（另见 chí）
shi 殖	骨殖 gǔ · shi（另见 zhí）

shōu 收

收成 shōu · cheng　收缩 shōusuō　收缴 shōujiǎo
收敛 shōuliǎn　收拾 shōu · shi　收效 shōuxiào
收益 shōuyì　收摊儿 shōutānr

shóu 熟

（口语，义同"熟"，shú。）（另见 shú）

shǒu 手

手续 shǒuxù　手势 shǒushì　手稿 shǒugǎo
手巾 shǒu · jīn　手铐 shǒukào　手帕 shǒupà
手腕 shǒuwàn　手绢儿 shǒujuànr　手套儿 shǒutàor
手榴弹 shǒuliúdàn　手不释卷 shǒubùshìjuàn　手到擒来 shǒudàoqínlái
手疾眼快 shǒujíyǎnkuài　手舞足蹈 shǒuwǔzúdǎo　手足无措 shǒuzúwúcuò

shǒu 首

首创 shǒuchuàng　首届 shǒujiè　首饰 shǒu · shi
首当其冲 shǒudāngqíchōng　首屈一指 shǒuqūyīzhǐ　首善之区 shǒushànzhīqū
首鼠两端 shǒushǔliǎngduān

shǒu 守

守备 shǒubèi　守候 shǒuhòu　守口如瓶 shǒukǒurúpíng
守株待兔 shǒuzhūdàitù

shòu 寿

寿命 shòumìng　寿终正寝 shòuzhōngzhèngqǐn

shòu 授

授予 shòuyǔ　授权 shòuquán

shòu 售

售货 shòuhuò

shòu 受

受挫 shòucuò　受累 shòulěi　受累 shòulèi
受难 shòunàn　受贿 shòuhuì　受益 shòuyì
受宠若惊 shòuchǒngruòjīng

shòu 瘦

瘦弱 shòuruò　瘦骨嶙峋 shòugǔlínxún

shòu 兽	兽医 shòuyī
shòu 狩	狩猎 shòuliè

shū 蔬	蔬菜 shūcài	shū 叔	叔叔 shū · shu
shū 梳	梳理 shūlǐ	梳子 shū · zi	梳妆 shūzhuāng
shū 输	输送 shūsòng	shū 殊	殊途同归 shūtútóngguī
shū 舒	舒服 shū · fu 舒坦 shū · tan	舒适 shūshì	舒畅 shūchàng
shū 疏	疏忽 shū · hu	疏导 shūdǎo	疏财仗义 shūcáizhàngyì
shū 书	书籍 shūjí 书签 shūqiān	书记 shūjì	书刊 shūkān
shū [抒]	抒情 shūqíng	shū [枢]	枢纽 shūniǔ
shū [淑]	淑静 shūjìng	shū ·倏	倏然 shūrán
shú 熟	熟练 shúliàn 熟能生巧 shúnéngshēngqiǎo	熟悉 shú · xi 熟视无睹 shúshìwúdǔ（另见 shóu）	熟睡 shúshuì
shú [赎]	赎罪 shúzuì	shú [秫]	秫秸 shú · jie
shú ·孰	例：人非圣贤，孰能无过？	shǔ 暑	暑假 shǔjià
shǔ 数	数伏 shǔfú 数典忘祖 shǔdiǎnwàngzǔ	数落 shǔ · luo 数米而炊 shǔmǐ'érchuī（另见 shù，shuò）	数不胜数 shǔbùshèngshǔ
shǔ 鼠	鼠肚鸡肠 shǔdùjīcháng	鼠目寸光 shǔmùcùnguāng	鼠窃狗盗 shǔqiègǒudào
shǔ 属	属性 shǔxìng（另见 zhǔ）	shǔ 薯	薯蓣 shǔyù
shǔ [蜀]	蜀犬吠日 shǔquǎnfèirì	shǔ [署]	署名 shǔmíng
shǔ [曙]	曙光 shǔguāng	shǔ [黍]	黍子 shǔ · zi
shù 树	树丛 shùcóng 树脂 shùzhī	树干 shùgàn 树碑立传 shùbēilìzhuàn	树冠 shùguān 树大根深 shùdàgēnshēn

shù 束
束缚 shùfù　束手待毙 shùshǒudàibì　束手就擒 shùshǒujiùqín
束之高阁 shùzhīgāogé

shù 竖
竖立 shùlì

shù 数
数额 shù'é　数据 shùjù　数值 shùzhí（另见 shǔ，shuò）

shù 术
术语 shùyǔ（另见 zhú）

shù 述
述评 shùpíng　述而不作 shù'érbùzuò

shù [恕]
恕罪 shùzuì

shù [庶]
庶民 shùmín

shù [墅]
别墅 biéshù

shù [漱]
漱口 shùkǒu

shuā 刷
刷新 shuāxīn

shuǎ 耍
耍弄 shuǎnòng

shuāi 摔
摔跤 shuāijiāo

shuāi 衰
衰弱 shuāiruò　衰竭 shuāijié　衰落 shuāiluò

shuǎi 甩
甩卖 shuǎimài

shuài 帅
帅才 shuàicái

shuài 率
率领 shuàilǐng　率由旧章 shuàiyóujiùzhāng（另见 lǜ）

shuài [蟀]
蟋蟀 xīshuài

shuān [栓]
栓塞 shuānsè

shuān ·拴
例：把马拴在树上。

shuàn [涮]
涮锅 shuànguō

shuāng 霜
霜冻 shuāngdòng　霜降 shuāngjiàng

shuāng 双
双重 shuāngchóng　双管齐下 shuāngguǎnqíxià

shuǎng 爽
爽快 shuǎng · kuai　爽朗 shuǎnglǎng

shuí 谁
（"谁" shéi 的又音。）（另见 shéi）

shuǐ 水
水泵 shuǐbèng　水波 shuǐbō　水分 shuǐfèn
水稻 shuǐdào　水獭 shuǐtǎ　水域 shuǐyù
水源 shuǐyuán　水闸 shuǐzhá　水蒸气 shuǐzhēngqì

水到渠成 shuǐdàoqúchéng　水滴石穿 shuǐdīshíchuān　水落石出 shuǐluòshíchū
水乳交融 shuǐrǔjiāoróng　水涨船高 shuǐzhǎngchuángāo

shuì 睡　睡眠 shuìmián

shuì 税　税额 shuì'é　税率 shuìlǜ

shuì 说　游说 yóushuì（另见 shuō，yuè）

shǔn [吮]　吮痈舐痔 shǔnyōngshìzhì

shùn 顺　顺序 shùnxù　顺应 shùnyìng　顺风转舵 shùnfēngzhuǎnduò
顺理成章 shùnlǐchéngzhāng　顺手牵羊 shùnshǒuqiānyáng　顺水推舟 shùnshuǐtuīzhōu
顺藤摸瓜 shùnténgmōguā

shùn [瞬]　瞬间 shùnjiān　瞬息万变 shùnxīwànbiàn

shùn ·舜　（传说中上古帝王名。）

shuō 说　说法 shuō · fǎ　说谎 shuōhuǎng　说教 shuōjiào
说长道短 shuōchángdàoduǎn（另见 shuì，yuè）

shuò 数　数见不鲜 shuòjiànbùxiān（另见 shǔ，shù）

shuò [硕]　硕果 shuòguǒ　硕大无朋 shuòdàwúpéng

shuò [烁]　闪烁 shǎnshuò

sī 撕　撕毁 sīhuǐ

sī 斯　斯文扫地 sīwénsǎodì

sī 思　思潮 sīcháo　思量 sī · liang　思索 sīsuǒ
思绪 sīxù　思忖 sīcǔn　思虑 sīlǜ
思谋 sīmóu

sī 私　私塾 sīshú　私自 sīzì　私有制 sīyǒuzhì

sī 司　司法 sīfǎ　司空见惯 sī kōngjiànguàn

sī 丝　丝绸 sīchóu　丝毫 sīháo　丝绒 sīróng
丝丝入扣 sīsīrùkòu

sī [嘶]　嘶哑 sīyǎ

sǐ 死
死寂 sǐjì　死刑 sǐxíng　死不瞑目 sǐbùmíngmù
死得其所 sǐdéqísuǒ　死心塌地 sǐxīntādì　死有余辜 sǐyǒuyúgū

sì 寺
寺院 sìyuàn

sì 四
四散 sìsàn　四肢 sìzhī　四分五裂 sìfēnwǔliè
四面楚歌 sìmiànchǔgē　四平八稳 sìpíngbāwěn

sì 肆
肆意 sìyì　肆无忌惮 sìwújìdàn

sì 似
似乎 sìhū　似是而非 sìshì'érfēi（另见 shì）

sì 饲
饲料 sìliào　饲养 sìyǎng

sì [伺]
伺机 sìjī（另见 cì）

sì ·祀
祭祀 jìsì

sì ·嗣
嗣后 sìhòu

sì ·俟
俟机 sìjī

sōng 松
松散 sōngsǎn　松鼠 sōngshǔ　松懈 sōngxiè
松松垮垮 sōngsōngkuǎkuǎ

sǒng ·怂
怂恿 sǒngyǒng

sǒng [耸]
耸立 sǒnglì　耸人听闻 sǒngréntīngwén

sòng 宋
宋体 sòngtǐ

sòng 送
送行 sòngxíng　送葬 sòngzàng　送信儿 sòngxìnr

sòng 诵
诵读 sòngdú

sòng 颂
颂扬 sòngyáng

sòng [讼]
讼师 sòngshī

sōu 搜
搜查 sōuchá　搜集 sōují　搜索 sōusuǒ
搜捕 sōubǔ　搜刮 sōuguā

sōu 艘
例：一艘远洋货轮。

sòu 嗽
咳嗽 ké · sou

sū 苏
苏醒 sūxǐng

sū [酥]
酥脆 sūcuì

sú 俗
俗话 súhuà

sù 素
素材 sùcái　素描 sùmiáo　素质 sùzhì
素昧平生 sùmèipíngshēng

sù 速
速度 sùdù　速率 sùlǜ

sù 塑
塑料 sùliào　塑造 sùzào　塑像 sùxiàng

sù 宿
宿舍 sùshè　宿营 sùyíng（另见 xiǔ，xiù）

sù 诉
诉讼 sùsòng

sù 肃
肃穆 sùmù　肃清 sùqīng

sù 缩
缩砂密 sùshāmì（另见 suō）

sù [粟]
沧海一粟 cānghǎiyīsù

sù [溯]
溯源 sùyuán

suān 酸
酸痛 suāntòng

suàn 蒜
蒜苗 suànmiáo　蒜瓣儿 suànbànr

suàn 算
算盘 suàn · pán　算计 suàn · ji　算账 suànzhàng

suī 虽
虽然 suīrán

suī 尿
（义同“尿”，niào。）（另见 niào）

suí 随
随和 suí · he　随即 suíjí　随波逐流 suíbōzhúliú
随机应变 suíjīyìngbiàn　随声附和 suíshēngfùhè　随心所欲 suíxīnsuǒyù
随遇而安 suíyù'ér'ān

suì [遂]
半身不遂 bànshēnbùsuí（另见 suì）

suí ·隋
（朝代。）

suí ·绥
绥靖 suíjìng

suǐ [髓]
骨髓 gǔsuǐ

suì 碎
碎步儿 suìbùr

suì 岁
岁暮 suìmù　岁数 suì · shu

suì 穗
穗子 suì · zi

suì [遂]
遂心 suìxīn　遂愿 suìyuàn（另见 suí）

suì [隧]
隧道 suìdào

suì [祟]
鬼鬼祟祟 guǐguǐsuìsuì

sūn 孙
孙子 sūn · zi　孙女 sūn · nǚ

损 sǔn
损耗 sǔnhào　损人利己 sǔnrénlìjǐ

笋 sǔn
竹笋 zhúsǔn

缩 suō
缩短 suōduǎn　缩影 suōyǐng　缩衣节食 suōyījiéshí（另见 sù）

[嗦] suō
啰嗦 luō・suo

[梭] suō
梭镖 suōbiāo

[唆] suō
唆使 suōshǐ

·蓑 suō
蓑衣 suōyī

索 suǒ
索取 suǒqǔ　索性 suǒxìng

锁 suǒ
锁链 suǒliàn

所 suǒ
所谓 suǒwèi　所属 suǒshǔ　所有制 suǒyǒuzhì
所向披靡 suǒxiàngpīmǐ　所向无敌 suǒxiàngwúdí

[琐] suǒ
琐碎 suǒsuì

T

他 tā
他们 tā・men　他乡 tāxiāng

它 tā
它们 tā・men

她 tā
她们 tā・men

塌 tā
塌陷 tāxiàn

踏 tā
踏实 tā・shi（另见 tà）

塔 tǎ
塔吊 tǎdiào

踏 tà
踏步 tàbù（另见 tā）

[拓] tà
拓片 tàpiàn（另见 tuò）

[蹋] tà
（踏；踩。）

·榻 tà
（狭长而较矮的床，泛指床。）

[苔] tāi
舌苔 shétāi（另见 tái）

[胎] tāi
胎儿 tāi'er　胎盘 tāipán

台 tái
台灯 táidēng　台阶 táijiē　台子 tái・zi

tái 抬：抬升 táishēng　抬头 táitóu

tái [苔]：苔藓 táixiǎn（另见 tāi）

tài 泰：泰山 tàishān　泰然自若 tàiránzìruò

tài 太：太监 tài · jiān　太空 tàikōng　太太 tài · tai　太阳 tài · yáng　太阳能 tàiyángnéng

tài 态：态度 tài · dù　态势 tàishì

tài [汰]：淘汰 táotài

tài ·钛（一种金属元素。）

tān 摊：摊贩 tānfàn　摊派 tānpài　摊子 tān · zi

tān 贪：贪婪 tānlán　贪图 tāntú　贪污 tānwū

tān 滩：滩涂 tāntú

tān [瘫]：瘫痪 tānhuàn

tān ·坍：坍塌 tāntā

tán 痰：痰盂儿 tányúr

tán 坛：坛子 tán · zi

tán 谈：谈论 tánlùn　谈判 tánpàn　谈笑自若 tánxiàozìruò　谈言微中 tányánwēizhòng

tán 弹：弹劾 tánhé　弹簧 tánhuáng　弹冠相庆 tánguānxiāngqìng（另见 dàn）

tán [昙]：昙花一现 tánhuāyīxiàn

tán [檀]：檀香 tánxiāng

tán [潭]：龙潭虎穴 lóngtánhǔxué

Tán [谭]（姓。）

tǎn 坦：坦克 tǎnkè　坦率 tǎnshuài

tǎn 毯：毯子 tǎn · zi

tǎn [袒]：袒护 tǎnhù

tàn 探：探测 tàncè　探究 tànjiū　探索 tànsuǒ　探险 tànxiǎn　探询 tànxún　探囊取物 tànnángqǔwù

tàn 叹：叹息 tànxī　叹为观止 tànwéiguānzhǐ

tàn 炭 炭疽 tànjū

tàn [碳] 碳酸 tànsuān

tāng 汤 汤匙 tāngchí

tāng 趟 例：趟（蹚）水过河。（另见 tàng）

táng 唐 唐突 tángtū

táng 塘 塘堰 tángyàn

táng 糖 糖果 tángguǒ　糖尿病 tángniàobìng

táng 堂 堂皇 tánghuáng　堂而皇之 táng'érhuángzhī　堂堂正正 tángtángzhèngzhèng

táng 膛 胸膛 xiōngtáng

táng [搪] 搪瓷 tángcí　搪塞 tángsè

táng [棠] 棠棣 tángdì

táng ·螳 螳螂 tángláng

tǎng 倘 倘使 tǎngshǐ

tǎng 躺 躺椅 tǎngyǐ

tǎng [淌] 例：天气太热，身上直淌汗。

tàng 趟 例：今天夜里还有一趟车。（另见 tāng）

tàng 烫 烫伤 tàngshāng

tāo 涛 波涛 bōtāo

tāo ·绦 绦虫 tāochóng　绦子 tāo · zi

tāo 掏 掏腰包 tāoyāobāo

tāo 滔 滔滔 tāotāo

tāo 叨 叨扰 tāorǎo（另见 dāo，dáo）

táo 桃 桃李 táolǐ　桃子 táo · zi

táo 逃 逃避 táobì　逃窜 táocuàn　逃荒 táohuāng
逃难 táonàn　逃脱 táotuō　逃奔 táobèn
逃之夭夭 táozhī yāoyāo

táo 淘 淘汰 táotài

táo 陶 陶瓷 táocí　陶器 táoqì　陶冶 táoyě
陶醉 táozuì

táo 萄 葡萄糖 pú · taotáng

tǎo 讨 讨伐 tǎofá　讨厌 tǎoyàn

tào 套 套用 tàoyòng

tè 特
特产 tèchǎn　特长 tècháng　特赦 tèshè
特殊 tèshū　特务 tè · wu　特异 tèyì

téng 腾
腾空 téngkōng　腾云驾雾 téngyúnjiàwù

téng 疼
疼爱 téng'ài　疼痛 téngtòng

Téng ·滕
（姓。）

téng [藤]
藤萝 téngluó

téng [誊]
誊写 téngxiě

tī 梯
梯形 tīxíng　梯子 tī · zi

tī 踢
踢腾 tī · teng

tī [剔]
剔除 tīchú

tí 提
提案 tí'àn　提拔 tíbá　提倡 tíchàng
提纯 tíchún　提纲 tígāng　提供 tígōng
提炼 tíliàn　提取 tíqǔ　提携 tíxié
提醒 tíxǐng　提议 tíyì　提成儿 tíchéngr
提纲挈领 tígāngqièlǐng　提心吊胆 tíxīndiàodǎn（另见 dī）

tí 题
题材 tícái　题词 tící　题目 tímù

tí 蹄
蹄筋 tíjīn　蹄子 tí · zi

tí [啼]
啼哭 tíkū　啼饥号寒 tíjīháohán　啼笑皆非 tíxiàojiēfēi

tǐ 体
体裁 tǐcái　体察 tǐchá　体罚 tǐfá
体检 tǐjiǎn　体谅 tǐliàng　体面 tǐmiàn
体魄 tǐpò　体贴 tǐtiē　体味 tǐwèi
体验 tǐyàn　体制 tǐzhì　体质 tǐzhì
体大思精 tǐdàsījīng　体无完肤 tǐwúwánfū

tì 剃
剃头 tìtóu

tì 替
替换 tìhuàn

tì 惕
惕厉 tìlì

tì [屉]
屉子 tì · zi

tì [涕]
涕零 tìlíng

天 tiān

天赋 tiānfù　天际 tiānjì　天幕 tiānmù
天涯 tiānyá　天资 tiānzī　天窗儿 tiānchuāngr
天崩地裂 tiānbēngdìliè　天翻地覆 tiānfāndìfù　天经地义 tiānjīngdìyì
天网恢恢 tiānwǎnghuīhuī

添 tiān

添置 tiānzhì

填 tián

填补 tiánbǔ　填充 tiánchōng　填空 tiánkòng
填塞 tiánsè

田 tián

田赋 tiánfù　田埂 tiángěng

甜 tián

甜蜜 tiánmì

[恬] tián

恬静 tiánjìng　恬不知耻 tiánbùzhīchǐ

[舔] tiǎn

例：舔盘子。

挑 tiāo

挑剔 tiāo · ti　挑选 tiāoxuǎn　挑子 tiāo · zi
挑刺儿 tiāocìr　挑肥拣瘦 tiāoféijiǎnshòu（另见 tiǎo）

条 tiáo

条款 tiáokuǎn　条子 tiáo · zi　条分缕析 tiáofēnlǚxī

调 tiáo

调剂 tiáojì　调配 tiáopèi　调嘴学舌 tiáozuǐxuéshé
（另见 diào）

[笤] tiáo

笤帚 tiáo · zhou

挑 tiǎo

挑拨 tiǎobō　挑衅 tiǎoxìn（另见 tiāo）

跳 tiào

跳舞 tiàowǔ　跳跃 tiàoyuè　跳蚤 tiào · zao
跳高儿 tiàogāor

眺 tiào

眺望 tiàowàng

贴 tiē

贴切 tiēqiè

帖 tiē

妥帖 tuǒtiē（另见 tiě，tiè）

铁 tiě

铁轨 tiěguǐ　铁索 tiěsuǒ　铁蹄 tiětí
铁匠 tiě · jiàng　铁锨 tiěxiān

帖 tiě

帖子 tiě · zi（另见 tiē，tiè）

帖 tiè

碑帖 bēitiè（另见 tiē，tiě）

tīng 厅
厅堂 tīngtáng

tīng 听
听候 tīnghòu　听见 tīngjiàn　听筒 tīngtǒng
听而不闻 tīng'érbùwén　听天由命 tīngtiānyóumìng

tíng 停
停泊 tíngbó　停滞 tíngzhì　停歇 tíngxiē

tíng 庭
庭审 tíngshěn　庭院 tíngyuàn

tíng 亭
亭子 tíng·zi　亭亭玉立 tíngtíngyùlì

tíng 蜓
蜻蜓 qīngtíng

tíng [廷]
宫廷 gōngtíng

tǐng 挺
挺拔 tǐngbá　挺进 tǐngjìn

tǐng 艇
舰艇 jiàntǐng

tōng 通
通畅 tōngchàng　通称 tōngchēng　通航 tōngháng
通宵 tōngxiāo　通晓 tōngxiǎo　通讯 tōngxùn
通融 tōngróng　通权达变 tōngquándábiàn（另见 tòng）

tóng 同
同胞 tóngbāo　同行 tóngháng　同龄 tónglíng
同盟 tóngméng　同行 tóngxíng　同仇敌忾 tóngchóudíkài
同恶相济 tóng'èxiāngjì　同室操戈 tóngshìcāogē
同舟共济 tóngzhōugòngjì（另见 tòng）

tóng 铜
铜钱 tóngqián　铜臭 tóngxiù

tóng 童
童子 tóngzǐ　童颜鹤发 tóngyánhèfà

tóng 桐
桐油 tóngyóu

tóng [瞳]
瞳孔 tóngkǒng

tóng [彤]
彤云 tóngyún

Tóng ·佟
（姓。）

tǒng 桶
水桶 shuǐtǒng

tǒng 筒
筒裤 tǒngkù

tǒng 统
统称 tǒngchēng　统筹 tǒngchóu　统率 tǒngshuài
统辖 tǒngxiá

[捅] tǒng
捅马蜂窝 tǒngmǎfēngwō

痛 tòng
痛斥 tòngchì　痛恨 tònghèn　痛快 tòng · kuài
痛觉 tòngjué　痛定思痛 tòngdìngsītòng

同 tòng
胡同 hútòng（另见 tóng）

通 tòng
例：发了一通牢骚。（另见 tōng）

偷 tōu
偷懒 tōulǎn　偷窃 tōuqiè　偷袭 tōuxí

投 tóu
投案 tóu'àn　投奔 tóubèn　投降 tóuxiáng
投掷 tóuzhì　投笔从戎 tóubǐcóngróng　投鞭断流 tóubiānduànliú
投鼠忌器 tóushǔjìqì

头 tóu
头发 tóu · fa　头盔 tóukuī　头颅 tóulú
头衔 tóuxián　头绪 tóuxù　头子 tóu · zi
头头是道 tóutóushìdào　头重脚轻 tóuzhòngjiǎoqīng

透 tòu
透彻 tòuchè　透亮 tòu · liang　透露 tòulù
透亮儿 tòuliàngr

秃 tū
秃顶 tūdǐng

突 tū
突围 tūwéi　突袭 tūxí

[凸] tū
凸版 tūbǎn

图 tú
图谋 túmóu　图片 túpiàn　图腾 túténg
图钉儿 túdīngr　图穷匕见 túqióngbǐxiàn　图文并茂 túwénbìngmào

徒 tú
徒弟 tú · dì　徒刑 túxíng　徒劳无功 túláowúgōng
徒有虚名 túyǒuxūmíng

途 tú
途径 tújìng

涂 tú
涂料 túliào　涂抹 túmǒ　涂脂抹粉 túzhīmǒfěn

屠 tú
屠宰 túzǎi

土 tǔ
土匪 tǔfěi　土壤 tǔrǎng　土崩瓦解 tǔbēngwǎjiě

tǔ 吐

吐露 tǔlù　　吐痰 tǔtán　　吐故纳新 tǔgùnàxīn（另见 tù）

tù 吐

吐血 tùxiě（另见 tǔ）

tù 兔

兔子 tù・zi　　兔起鹘落 tùqǐhúluò　　兔死狗烹 tùsǐgǒupēng

兔死狐悲 tùsǐhúbēi

tuān ·湍

湍急 tuānjí　　湍流 tuānliú

tuán 团

团聚 tuánjù　　团圆 tuányuán

tuī 推

推测 tuīcè　　推崇 tuīchóng　　推辞 tuīcí

推断 tuīduàn　　推荐 tuījiàn　　推敲 tuīqiāo

推销 tuīxiāo　　推卸 tuīxiè　　推本溯源 tuīběnsùyuán

推波助澜 tuībōzhùlán

tuí [颓]

颓废 tuífèi　　颓丧 tuísàng

tuǐ 腿

腿脚 tuǐjiǎo

tuì 退

退却 tuìquè　　退缩 tuìsuō　　退避三舍 tuìbìsānshè

tuì [褪]

褪色 tuìshǎi（另见 tùn）

tuì [蜕]

蜕变 tuìbiàn　　蜕化 tuìhuà　　蜕皮 tuìpí

tūn 吞

吞并 tūnbìng　　吞没 tūnmò　　吞噬 tūnshì

吞吐 tūntǔ　　吞咽 tūnyàn

tún 屯

屯垦 túnkěn　　屯扎 túnzhā

tún [囤]

囤积 túnjī（另见 dùn）

tún [臀]

臀围 túnwéi

tùn [褪]

褪去 tùnqù（另见 tuì）

tuō 拖

拖累 tuōlěi　　拖延 tuōyán　　拖拉机 tuōlājī

tuō 托

托管 tuōguǎn　　托盘 tuōpán

tuō 脱 脱险 tuōxiǎn 脱销 tuōxiāo 脱胎换骨 tuōtāihuàngǔ
脱颖而出 tuōyǐng'érchū

tuó 驼 驼背 tuóbèi　tuó [驮] 驮马 tuómǎ（另见 duò）

tuó [鸵] 鸵鸟 tuóniǎo　tuó ·陀 陀螺 tuóluó

tuǒ 妥 妥当 tuǒ·dang 妥善 tuǒshàn 妥协 tuǒxié

tuǒ [椭] 椭圆 tuǒyuán

tuò [唾] 唾沫 tuò·mo 唾液 tuòyè 唾面自干 tuòmiànzìgān
唾手可得 tuòshǒukědé

tuò [拓] 拓荒 tuòhuāng 拓展 tuòzhǎn（另见 tà）

W

wā 挖 挖掘 wājué 挖苦 wā·ku 挖潜 wāqián
挖空心思 wākōngxīnsī

wā 蛙 蛙泳 wāyǒng　wā [洼] 洼地 wādì

wā ·凹 （同"洼"，用于地名：万家凹。）（另见āo）

wá 娃 娃娃 wá·wa　wǎ 瓦 瓦砾 wǎlì 瓦釜雷鸣 wǎfǔléimíng（另见 wà）

wà 袜 袜子 wà·zi　wà 瓦 瓦刀 wàdāo（另见 wǎ）

wāi 歪 歪曲 wāiqū 歪门邪道 wāiménxiédào

wài 外 外边 wài·bian 外汇 wàihuì 外籍 wàijí
外貌 wàimào 外面 wàimiàn 外销 wàixiāo
外延 wàiyán 外债 wàizhài 外强中干 wàiqiángzhōnggān

wān 弯 弯曲 wānqū　wān 湾 海湾 hǎiwān

wān [豌] 豌豆 wāndòu

wān ·剜 剜肉医疮 wānròuyīchuāng

wán 玩 玩弄 wánnòng 玩赏 wánshǎng 玩耍 wánshuǎ
玩意儿 wányìr 玩火自焚 wánhuǒzìfén 玩世不恭 wánshìbùgōng
玩物丧志 wánwùsàngzhì

wán 顽 顽固 wángù 顽强 wánqiáng

wán 丸 丸药 wányào

wán 完 完备 wánbèi 完善 wánshàn 完璧归赵 wánbìguīzhào

wǎn 挽 挽救 wǎnjiù 挽留 wǎnliú

wǎn 晚 晚霞 wǎnxiá 晚上 wǎn·shang

wǎn 碗 碗筷 wǎnkuài

wǎn [婉] 婉转 wǎnzhuǎn

wǎn [宛] 宛如 wǎnrú

wǎn [惋] 惋惜 wǎnxī

Wǎn ·皖 （安徽的别称。）

wàn 万 万恶 wàn'è 万古长青 wàngǔchángqīng 万劫不复 wànjiébùfù
万马齐喑 wànmǎqíyīn 万念俱灰 wànniànjùhuī 万紫千红 wànzǐqiānhóng
（另见 mò）

wàn [腕] 腕子 wàn·zi

wàn [蔓] 藤蔓 téngwàn（另见 màn）

wāng 汪 汪洋 wāngyáng

wáng 王 王朝 wángcháo 王冠 wángguān 王室 wángshì

wáng 亡 亡灵 wánglíng 亡魂丧胆 wánghúnsàngdǎn 亡羊补牢 wángyángbǔláo

wǎng 网 网罗 wǎngluó 网络 wǎngluò 网开一面 wǎngkāiyīmiàn

wǎng 往 往返 wǎngfǎn

wǎng [枉] 枉费 wǎngfèi 枉然 wǎngrán

wàng 望

望断 wàngduàn　望远镜 wàngyuǎnjìng　望尘莫及 wàngchénmòjí
望穿秋水 wàngchuānqiūshuǐ　望而却步 wàng'érquèbù　望风披靡 wàngfēngpīmǐ
望梅止渴 wàngméizhǐkě　望眼欲穿 wàngyǎnyùchuān　望洋兴叹 wàngyángxīngtàn

wàng 旺

旺盛 wàngshèng

wàng 忘

忘却 wàngquè　忘恩负义 wàng'ēnfùyì　忘乎所以 wànghūsuǒyǐ

wàng 妄

妄图 wàngtú　妄自菲薄 wàngzìfěibó　妄自尊大 wàngzìzūndà

wēi 威

威吓 wēihè　威胁 wēixié

wēi 微

微波 wēibō　微型 wēixíng　微不足道 wēibùzúdào
微言大义 wēiyándàyì

wēi 危

危险 wēixiǎn　危如累卵 wēirúlěiluǎn　危言耸听 wēiyánsǒngtīng
危在旦夕 wēizàidànxī

wēi [偎]

偎依 wēiyī

wēi [巍]

巍峨 wēi'é

wēi [薇]

蔷薇 qiángwēi

wéi 违

违心 wéixīn　违章 wéizhāng

wéi 围

围剿 wéijiǎo　围裙 wéi · qún　围绕 wéirào
围嘴儿 wéizuǐr　围魏救赵 wéiwèijiùzhào

wéi 唯

唯心主义 wéixīnzhǔyì

wéi ·韦

韦编三绝 wéibiānsānjué

wéi 为

为难 wéinán　为非作歹 wéifēizuòdǎi　为富不仁 wéifùbùrén
为所欲为 wéisuǒyùwéi（另见 wèi）

wéi 维

维系 wéixì　维新 wéixīn　维生素 wéishēngsù

wéi [桅]

桅杆 wéigān　桅樯 wéiqiáng

wéi ·惟

惟恐 wéikǒng　惟利是图 wéilìshìtú　惟妙惟肖 wéimiàowéixiào
惟命是听 wéimìngshìtīng　惟我独尊 wéiwǒdúzūn

wéi ·帷

帷幕 wéimù

wěi 委

委派 wěipài　委曲 wěi · qu　委托 wěituō
委婉 wěiwǎn　委决不下 wěijuébùxià　委曲求全 wěiqūqiúquán

wěi 伟

伟大 wěidà

wěi 伪

伪善 wěishàn　伪装 wěizhuāng

wěi 尾

尾巴 wěi · ba　尾声 wěishēng　尾随 wěisuí
尾大不掉 wěidàbùdiào（另见 yǐ）

wěi [苇]

苇塘 wěitáng

wěi [纬]

纬度 wěidù

wěi [萎]

萎缩 wěisuō

wèi 未

未曾 wèicéng　未遂 wèisuì　未卜先知 wèibǔxiānzhī
未可厚非 wèikěhòufēi　未雨绸缪 wèiyǔchóumóu

wèi 位

位能 wèinéng　位置 wèi · zhì　位子 wèi · zi

wèi 味

味道 wèi · dào　味觉 wèijué　味同嚼蜡 wèitóngjiáolà

wèi 畏

畏惧 wèijù　畏缩 wèisuō　畏首畏尾 wèishǒuwèiwěi

wèi 胃

胃液 wèiyè　胃溃疡 wèikuìyáng

wèi 喂

喂养 wèiyǎng

wèi 慰

慰藉 wèijiè

wèi 卫

卫生 wèishēng

wèi 为

为何 wèihé　为了 wèi · le　为虎作伥 wèihǔzuòchāng
（另见 wéi）

wèi [猬]

刺猬 cì · wei

wèi [蔚]

蔚蓝 wèilán　蔚然成风 wèiránchéngfēng　蔚为大观 wèiwéidàguān

wèi [尉]

尉官 wèiguān（另见 yù）

wèi [谓]

谓语 wèiyǔ

wèi [魏] 魏碑 wèibēi

wēn 温 温暖 wēnnuǎn　温室 wēnshì　温顺 wēnshùn
温馨 wēnxīn　温故知新 wēngùzhīxīn　温情脉脉 wēnqíngmòmò
温文尔雅 wēnwén'ěryǎ

wēn [瘟] 瘟疫 wēnyì

wén 文 文盲 wénmáng　文凭 wénpíng　文献 wénxiàn
文雅 wényǎ　文娱 wényú　文从字顺 wéncóngzìshùn
文过饰非 wénguòshìfēi　文恬武嬉 wéntiánwǔxī　文质彬彬 wénzhìbīnbīn

wén 纹 纹理 wénlǐ　纹饰 wénshì　纹丝不动 wénsībùdòng

wén 蚊 蚊帐 wénzhàng　蚊子 wén・zi

wén 闻 闻名 wénmíng　闻风丧胆 wénfēngsàngdǎn　闻鸡起舞 wénjīqǐwǔ
闻所未闻 wénsuǒwèiwén　闻过则喜 wénguòzéxǐ

wěn 稳 稳当 wěn・dang　稳健 wěnjiàn　稳妥 wěntuǒ
稳操胜券 wěncāoshèngquàn　稳如泰山 wěnrútàishān

wěn [紊] 紊乱 wěnluàn　wěn [吻] 吻合 wěnhé

wèn 问 问候 wènhòu　问道于盲 wèndàoyúmáng　问寒问暖 wènhánwènnuǎn

wēng 翁 翁婿 wēngxù　wēng [嗡] 例：蜜蜂嗡嗡地飞。

wèng [瓮] 瓮声瓮气 wèngshēngwèngqì　瓮中捉鳖 wèngzhōngzhuōbiē

wō 窝 窝囊 wō・nang　窝棚 wōpeng　窝头 wōtóu

wō [涡] 涡流 wōliú（另见guō）　wō [蜗] 蜗牛 wōniú

wǒ 我 我们 wǒ・men　我行我素 wǒxíngwǒsù

wò 卧 卧室 wòshì　卧薪尝胆 wòxīnchángdǎn

wò 握 握手 wòshǒu　wò 沃 沃土 wòtǔ

乌 wū
乌鸦 wūyā　乌贼 wūzéi　乌飞兔走 wūfēitùzǒu
乌合之众 wūhézhīzhòng　乌烟瘴气 wūyānzhàngqì（另见 wù）

污 wū
污秽 wūhuì　污蔑 wūmiè　污染 wūrǎn
污辱 wūrǔ　污泥浊水 wūnízhuóshuǐ

屋 wū
屋脊 wūjǐ　屋檐 wūyán　屋子 wū · zi

呜 wū
呜咽 wūyè

[巫] wū
巫师 wūshī

[诬] wū
诬蔑 wūmiè　诬陷 wūxiàn

[恶] wū
例：恶，是何言也！（另见 ě，è，wù）

无 wú
无偿 wúcháng　无耻 wúchǐ　无端 wúduān
无辜 wúgū　无赖 wúlài　无聊 wúliáo
无奈 wúnài　无疑 wúyí　无暇 wúxiá
无益 wúyì　无垠 wúyín　无缘 wúyuán
无动于衷 wúdòngyúzhōng　无独有偶 wúdúyǒu'ǒu　无功受禄 wúgōngshòulù
无关宏旨 wúguānhóngzhǐ　无济于事 wújìyúshì　无坚不摧 wújiānbùcuī
无可奈何 wúkěnàihé　无冕之王 wúmiǎnzhīwáng　无妄之灾 wúwàngzhīzāi
无懈可击 wúxièkějī

吴 wú
吴牛喘月 wúniúchuǎnyuè

[芜] wú
芜杂 wúzá

[蜈] wú
蜈蚣 wúgōng

[梧] wú
梧桐 wútóng

·毋 wú
毋庸置疑 wúyōngzhìyí

·吾 wú
吾辈 wúbèi

武 wǔ
武断 wǔduàn

五 wǔ
五行 wǔxíng　五脏 wǔzàng　五方杂处 wǔfāngzáchǔ
五湖四海 wǔhúsìhǎi　五雷轰顶 wǔléihōngdǐng　五体投地 wǔtǐtóudì

伍 wǔ
队伍 duìwǔ

午 wǔ
午餐 wǔcān

舞 wǔ
舞弊 wǔbì　舞蹈 wǔdǎo　舞姿 wǔzī
舞文弄墨 wǔwénnòngmò

侮 wǔ
侮辱 wǔrǔ

[鹉] wǔ
鹦鹉 yīngwǔ

wǔ [捂] 捂住 wǔzhù	wù 雾 雾气 wùqì	
wù 勿 请勿吸烟 qǐngwùxīyān		
wù 物 物种 wùzhǒng	物换星移 wùhuànxīngyí	物极必反 wùjíbìfǎn
物以类聚 wùyǐlèijù		
wù 恶 厌恶 yànwù（另见 ě，è，wū）	wù 乌 乌拉草 wù · lacǎo（另见 wū）	
wù 务 务必 wùbì	wù 悟 悟性 wù · xing	
wù 误 误差 wùchā	误会 wùhuì	
wù [晤] 晤面 wùmiàn	晤谈 wùtán	
wù [坞] 花坞 huāwù		

ㄒ

xī 惜 惜别 xībié	惜墨如金 xīmòrújīn	
xī 析 析出 xīchū	xī 西 西域 xīyù	西瓜 xī · guā
xī 吸 吸附 xīfù	吸吮 xīshǔn	
xī 牺 牺牲 xīshēng		
xī 稀 稀薄 xībó	稀罕 xī · han	稀释 xīshì
稀疏 xīshū	稀里糊涂 xī · lihútú	稀里马虎 xī · limǎhū
xī 悉 悉心 xīxīn	xī 息 息怒 xīnù	息事宁人 xīshìníngrén
xī 锡 锡纸 xīzhǐ	xī 希 希冀 xījì	希望 xīwàng
xī 膝 膝盖 xīgài	膝痒搔背 xīyǎngsāobèi	

夕 xī
夕阳 xīyáng

溪 xī
溪流 xīliú

熄 xī
熄灭 xīmiè

[蟋] xī
蟋蟀 xīshuài

[晰] xī
清晰 qīngxī

[昔] xī
昔日 xīrì

·奚 xī
奚落 xīluò

·兮 xī
例：脏兮兮。

·蜥 xī
蜥蜴 xīyì

[熙] xī
熙熙攘攘 xīxīrǎngrǎng

[犀] xī
犀利 xīlì　犀牛 xīniú

[嬉] xī
嬉戏 xīxì　嬉皮笑脸 xīpíxiàoliǎn

·唏 xī
唏嘘 xīxū

袭 xí
袭击 xíjī

席 xí
席位 xíwèi　席卷 xíjuǎn　席子 xí · zi

习 xí
习惯 xíguàn　习俗 xísú　习作 xízuò
习非成是 xífēichéngshì　习焉不察 xíyānbùchá　习以为常 xíyǐwéicháng
习与性成 xíyǔxìngchéng

[媳] xí
媳妇 xífu

喜 xǐ
喜鹊 xǐ · què　喜悦 xǐyuè　喜好 xǐhào
喜欢 xǐ · huan　喜剧 xǐjù　喜出望外 xǐchūwàngwài
喜闻乐见 xǐwénlèjiàn　喜笑颜开 xǐxiàoyánkāi

洗 xǐ
洗涤 xǐdí　洗澡 xǐzǎo　洗礼 xǐlǐ
洗刷 xǐshuā（另见 Xiǎn）

[铣] xǐ
铣床 xǐchuáng（另见 xiǎn）

[徙] xǐ
徙居 xǐjū

系 xì
系统 xìtǒng　系列 xìliè（另见 jì）

戏 xì
戏剧 xìjù　戏弄 xìnòng　戏曲 xìqǔ
戏台 xìtái　戏谑 xìxuè　戏法儿 xìfǎr（另见 hū）

细 xì
细菌 xìjūn　细密 xìmì　细嫩 xìnèn
细腻 xìnì　细碎 xìsuì　细微 xìwēi

细则 xìzé　　细致 xìzhì　　细胞核 xìbāohé
细大不捐 xìdàbùjuān　　细水长流 xìshuǐchángliú

xì 隙
隙缝 xìfèng

xiā 瞎
瞎子 xiā · zi

xiā 虾
虾米 xiā · mi（另见 há）

xiá 峡
峡谷 xiágǔ

xiá 狭
狭隘 xiá'ài　　狭义 xiáyì　　狭窄 xiázhǎi
狭路相逢 xiálùxiāngféng

xiá 霞
霞光 xiáguāng

xiá [辖]
辖区 xiáqū

xiá [匣]
匣子 xiá · zi

xiá [暇]
闲暇 xiánxiá　　无暇兼顾 wúxiájiāngù　　自顾不暇 zìgùbùxiá

xiá [侠]
侠客 xiákè　　侠义 xiáyì　　侠肝义胆 xiágānyìdǎn

xiá ·遐
遐想 xiáxiǎng

xià 下
下巴 xià · ba　　下边 xià · bian　　下来 xià · lái
下去 xià · qù　　下面 xiàmiàn　　下降 xiàjiàng
下旬 xiàxún　　下游 xiàyóu　　下颌 xiàhé
下属 xiàshǔ　　下行 xiàxíng　　下葬 xiàzàng
下坠 xiàzhuì　　下意识 xiàyìshí
下车伊始 xiàchēyīshǐ　　下里巴人 xiàlǐbārén

xià 夏
夏季 xiàjì　　夏令 xiàlìng

xià 吓
吓唬 xiàhu（另见 hè）

xià 厦
厦门 Xiàmén（另见 shà）

xiān 掀
掀起 xiānqǐ　　掀动 xiāndòng

xiān 先
先锋 xiānfēng　　先前 xiānqián　　先行 xiānxíng
先辈 xiānbèi　　先导 xiāndǎo　　先例 xiānlì
先烈 xiānliè　　先期 xiānqī　　先遣 xiānqiǎn
先驱 xiānqū　　先生 xiān · sheng　　先知 xiānzhī
先睹为快 xiāndǔwéikuài　　先发制人 xiānfāzhìrén　　先见之明 xiānjiànzhīmíng
先入为主 xiānrùwéizhǔ　　先声夺人 xiānshēngduórén　　先斩后奏 xiānzhǎnhòuzòu

xiān 仙
仙鹤 xiānhè　仙山琼阁 xiānshānqiónggé

xiān 鲜
鲜血 xiānxuè　鲜艳 xiānyàn（另见 xiǎn）

xiān 纤
纤维 xiānwéi　纤尘不染 xiānchénbùrǎn（另见 qiàn）

xiān [锨]

xián 咸
咸菜 xiáncài

xián 闲
闲散 xiánsǎn　闲暇 xiánxiá　闲置 xiánzhì
闲工夫 xiángōng · fu　闲言碎语 xiányánsuìyǔ　闲云野鹤 xiányúnyěhè

xián 弦
弦乐器 xiányuèqì

xián 嫌
嫌弃 xiánqì　嫌疑 xiányí

xián 贤
贤惠 xiánhuì　贤德 xiándé

xián 衔
衔接 xiánjiē

xián [涎]
涎水 xiánshuǐ　涎皮赖脸 xiánpílàiliǎn

xián [舷]
舷窗 xiánchuāng　舷梯 xiántī

xián ·娴
娴熟 xiánshú　娴雅 xiányǎ

xiǎn 显
显得 xiǎn · de　显赫 xiǎnhè　显著 xiǎnzhù
显露 xiǎnlù　显微镜 xiǎnwēijìng

xiǎn 险
险恶 xiǎn'è　险峻 xiǎnjùn　险象环生 xiǎnxiànghuánshēng

xiǎn 鲜
鲜见 xiǎnjiàn（另见 xiān）

xiǎn [铣]
铣铁 xiǎntiě（另见 xǐ）

Xiǎn 冼
（姓。）（另见 xǐ）

xiàn 现
现款 xiànkuǎn　现象 xiànxiàng　现行 xiànxíng
现形 xiàn · xíng　现役 xiànyì　现身说法 xiànshēnshuōfǎ

xiàn 献
献身 xiànshēn　献策 xiàncè

xiàn 县
县城 xiànchéng

xiàn 馅
馅儿饼 xiànrbǐng

xiàn 羡
羡慕 xiànmù

xiàn 宪
宪法 xiànfǎ　宪章 xiànzhāng

xiàn 陷
陷阱 xiànjǐng　陷落 xiànluò

xiàn 限
限额 xiàn'é　限制 xiànzhì

xiàn 线
线圈 xiànquān　线索 xiànsuǒ　线轴儿 xiànzhóur

xiàn [腺]
腺细胞 xiànxìbāo

xiàn ·霰
（空中降落的白色不透明的小冰粒，常呈球形或圆锥形。）

xiāng 相
相称 xiāngchèn　相逢 xiāngféng　相处 xiāngchǔ
相符 xiāngfú　相干 xiānggān　相隔 xiānggé
相间 xiāngjiàn　相宜 xiāngyí　相得益彰 xiāngdéyìzhāng
相辅相成 xiāngfǔxiāngchéng　相敬如宾 xiāngjìngrúbīn　相濡以沫 xiāngrúyǐmò
相提并论 xiāngtíbìnglùn　相形见绌 xiāngxíngjiànchù（另见 xiàng）

xiāng 香
香蕉 xiāngjiāo　香肠儿 xiāngchángr

xiāng 箱
箱子 xiāng・zi

xiāng 乡
乡村 xiāngcūn　乡下 xiāng・xia　乡镇 xiāngzhèn

xiāng [湘]
湘绣 xiāngxiù　湘竹 xiāngzhú

xiāng [厢]
厢房 xiāngfáng

xiāng [镶]
镶嵌 xiāngqiàn

xiáng 详
详尽 xiángjìn　详细 xiángxì

xiáng 降
降伏 xiángfú　降服 xiángfú（另见 jiàng）

xiáng 祥
吉祥 jíxiáng

xiáng [翔]
翔实 xiángshí

xiǎng 想
想法 xiǎng・fǎ　想象力 xiǎngxiànglì　想方设法 xiǎngfāngshèfǎ
想入非非 xiǎngrùfēifēi

xiǎng 响
响应 xiǎngyìng　响遏行云 xiǎng'èxíngyún

xiǎng 享
享福 xiǎngfú　享乐 xiǎnglè　享年 xiǎngnián

xiǎng ·饷
饷银 xiǎngyín

xiàng 项 项链 xiàngliàn　项目 xiàngmù　项庄舞剑 xiàngzhuāngwǔjiàn

xiàng 巷 巷战 xiàngzhàn（另见 hàng）

xiàng 相 相貌 xiàngmào　相声 xiàng · sheng　相片 xiàngpiàn（另见 xiāng）

xiàng 橡 橡胶 xiàngjiāo　橡皮 xiàngpí

xiàng 像 像样 xiàngyàng

xiàng 向 向导 xiàngdǎo　向来 xiànglái　向往 xiàngwǎng
向日葵 xiàngrìkuí　向隅而泣 xiàngyú'érqì

xiàng 象 象棋 xiàngqí　象形 xiàngxíng　象征 xiàngzhēng

xiāo 削 削皮 xiāopí（另见 xuē）

xiāo 销 销毁 xiāohuǐ　销路 xiāolù　销售 xiāoshòu

xiāo 消 消防 xiāofáng　消耗 xiāohào　消极 xiāojí
消磨 xiāomó　消遣 xiāoqiǎn　消融 xiāoróng
消逝 xiāoshì　消瘦 xiāoshòu　消息 xiāo · xi
消长 xiāozhǎng　消费品 xiāofèipǐn

xiāo 宵 宵禁 xiāojìn　宵衣旰食 xiāoyīgànshí

xiāo [嚣] 嚣张 xiāozhāng

xiāo [萧] 萧条 xiāotiáo　萧规曹随 xiāoguīcáosuí

xiāo [箫] 排箫 páixiāo

xiāo [硝] 硝酸 xiāosuān　硝烟 xiāoyān

xiāo ·潇 潇洒 xiāosǎ

Xiāo ·肖 （姓。）（另见 xiào）

xiāo ·逍 逍遥 xiāoyáo

xiáo [淆] 淆乱 xiáoluàn

xiǎo 晓 晓得 xiǎo · dé

xiǎo 小 小丑 xiǎochǒu　小调 xiǎodiào　小贩 xiǎofàn
小姐 xiǎojiě　小心 xiǎoxīn　小气 xiǎo · qi

X

小子 xiǎo · zi　小型 xiǎoxíng　小伙子 xiǎohuǒ · zi
小朋友 xiǎopéngyǒu　小夜曲 xiǎoyèqǔ　小辫儿 xiǎobiànr
小丑儿 xiǎochǒur　小葱儿 xiǎocōngr　小孩儿 xiǎoháir
小曲儿 xiǎoqǔr　小人儿书 xiǎorénrshū　小说儿 xiǎoshuōr
小偷儿 xiǎotōur　小瓮儿 xiǎowèngr　小鞋儿 xiǎoxiér
小熊儿 xiǎoxióngr　小肚鸡肠 xiǎodùjīcháng　小恩小惠 xiǎo'ēnxiǎohuì
小巧玲珑 xiǎoqiǎolínglóng　小试锋芒 xiǎoshìfēngmáng
小题大做 xiǎotídàzuò　小心翼翼 xiǎoxīnyìyì

xiào 校
校舍 xiàoshè（另见 jiào）

xiào 笑
笑话 xiào · hua　笑容 xiàoróng　笑语 xiàoyǔ
笑话儿 xiào · huar　笑里藏刀 xiàolǐcángdāo　笑逐颜开 xiàozhúyánkāi

xiào 效
效率 xiàolǜ　效益 xiàoyì　效应 xiàoyìng

xiào 孝
孝顺 xiàoshùn　孝敬 xiàojìng　孝子贤孙 xiàozǐxiánsūn

xiào [肖]
肖像 xiàoxiàng（另见 xiāo）

xiào [哮]
哮喘 xiàochuǎn

xiào [啸]
啸傲 xiào'ào

xiē 些
些微 xiēwēi

xiē 歇
歇脚 xiējiǎo　歇后语 xiēhòuyǔ

xiē [楔]
楔子 xiē · zi

xiē [蝎]
蝎子 xiē · zi

xié 鞋
鞋匠 xié · jiàng　鞋带儿 xiédàir

xié 协
协商 xiéshāng　协调 xiétiáo　协奏曲 xiézòuqǔ

xié 胁
胁迫 xiépò　胁肩谄笑 xiéjiānchǎnxiào

xié 邪
邪恶 xié'è　邪路 xiélù　邪气 xiéqì
邪门歪道 xiéménwāidào（另见 yé）

xié 携
携带 xiédài　携手 xiéshǒu

xié 斜
斜面 xiémiàn　斜坡 xiépō

xié 叶　叶韵 xiéyùn（另见 yè）

xié 挟　挟嫌报复 xiéxiánbàofù

xié [谐]　谐音 xiéyīn

xié ·偕　偕同 xiétóng

xiě 写　写意 xiěyì　写照 xiězhào

xiě 血　血晕 xiěyùn　血淋淋 xiělínlín（另见 xuè）

xiè 卸　卸任 xièrèn　卸妆 xièzhuāng

xiè 泻　泻药 xièyào

xiè 械　械斗 xièdòu

xiè 泄　泄漏 xièlòu　泄露 xièlòu　泄气 xièqì

xiè 谢　谢绝 xièjué　谢谢 xiè · xie

xiè 屑　纸屑 zhǐxiè

xiè 解　解数 xièshù（另见 jiě，jiè）

xiè [懈]　懈怠 xièdài

xiè [蟹]　蟹黄 xièhuáng

xiè ·亵　亵渎 xièdú

xīn 欣　欣赏 xīnshǎng　欣慰 xīnwèi　欣欣向荣 xīnxīnxiàngróng

xīn 辛　辛勤 xīnqín　辛辣 xīnlà

xīn 新　新鲜 xīn · xiān　新兴 xīnxīng　新型 xīnxíng　新颖 xīnyǐng　新陈代谢 xīnchéndàixiè

xīn 心　心里 xīn · lǐ　心理 xīnlǐ　心扉 xīnfēi　心悸 xīnjì　心境 xīnjìng　心坎 xīnkǎn　心思 xīn · si　心酸 xīnsuān　心弦 xīnxián　心绪 xīnxù　心血 xīnxuè　心愿 xīnyuàn　心脏 xīnzàng　心眼儿 xīnyǎnr　心不在焉 xīnbùzàiyān　心驰神往 xīnchíshénwǎng　心腹之患 xīnfùzhīhuàn　心甘情愿 xīngānqíngyuàn　心狠手辣 xīnhěnshǒulà　心怀叵测 xīnhuáipǒcè　心灰意懒 xīnhuīyìlǎn　心急火燎 xīnjíhuǒliǎo　心惊胆战 xīnjīngdǎnzhàn　心旷神怡 xīnkuàngshényí　心有灵犀 xīnyǒulíngxī　心有余悸 xīnyǒuyújì　心猿意马 xīnyuányìmǎ　心悦诚服 xīnyuèchéngfú

xīn 薪

薪金 xīnjīn　　薪水 xīn·shui

xīn [芯]

灯芯 dēngxīn（另见 xìn）

xīn [锌]

锌版 xīnbǎn

xìn 信

信奉 xìnfèng　　信贷 xìndài　　信赖 xìnlài
信徒 xìntú　　信托 xìntuō　　信息 xìnxī
信仰 xìnyǎn　　信誉 xìnyù　　信而有征 xìn'éryǒuzhēng
信口雌黄 xìnkǒucíhuáng　　信口开河 xìnkǒukāihé　　信马由缰 xìnmǎyóujiāng
信誓旦旦 xìnshìdàndàn　　信手拈来 xìnshǒuniānlái

xìn [芯]

芯子 xìn·zi（另见 xīn）

xìn [衅]

衅端 xìnduān

xīng 星

星辰 xīngchén　　星系 xīngxì　　星星 xīngxing
星宿 xīngxiù　　星座 xīngzuò　　星火燎原 xīnghuǒliáoyuán
星罗棋布 xīngluóqíbù

xīng 腥

腥臊 xīngsāo

xīng 兴

兴奋 xīngfèn　　兴建 xīngjiàn　　兴盛 xīngshèng
兴衰 xīngshuāi　　兴修 xīngxiū　　兴风作浪 xīngfēngzuòlàng
兴师动众 xīngshīdòngzhòng（另见 xìng）

xīng [猩]

猩红 xīnghóng　　猩猩 xīng·xing

xíng 刑

刑场 xíngchǎng　　刑期 xíngqī　　刑事 xíngshì

xíng 型

型号 xínghào

xíng 形

形势 xíngshì　　形态 xíngtài　　形象 xíngxiàng
形状 xíngzhuàng　　形单影只 xíngdānyǐngzhī　　形影不离 xíngyǐngbùlí

xíng 行

行径 xíngjìng　　行礼 xínglǐ　　行李 xíng·li
行使 xíngshǐ　　行驶 xíngshǐ　　行星 xíngxīng
行政 xíngzhèng　　行医 xíngyī　　行装 xíngzhuāng
行将就木 xíngjiāngjiùmù　　行若无事 xíngruòwúshì　　行尸走肉 xíngshīzǒuròu
行云流水 xíngyúnliúshuǐ（另见 háng）

Xíng [邢]

（姓。）

xǐng 醒

醒目 xǐngmù　　醒悟 xǐngwù

xǐng 省
省亲 xǐngqīn　省悟 xǐngwù（另见 shěng）

xìng 兴
兴趣 xìngqù　兴致 xìngzhì　兴高采烈 xìnggāocǎiliè
（另见 xīng）

xìng 幸
幸福 xìngfú　幸免 xìngmiǎn　幸灾乐祸 xìngzāilèhuò

xìng 性
性格 xìnggé　性急 xìngjí　性状 xìngzhuàng
性子 xìng · zi　性命交关 xìngmìngjiāoguān

xìng 杏
杏仁 xìngrén　杏仁儿 xìngrénr

xìng 姓
姓名 xìngmíng　姓氏 xìngshì

xiōng 兄
兄弟 xiōngdì　兄弟 xiōng · di

xiōng 凶
凶残 xiōngcán　凶恶 xiōng'è　凶犯 xiōngfàn
凶狠 xiōnghěn　凶猛 xiōngměng

xiōng 胸
胸骨 xiōnggǔ　胸襟 xiōngjīn　胸脯 xiōngpú
胸腔 xiōngqiāng　胸膛 xiōngtáng　胸怀坦荡 xiōnghuáitǎndàng
胸襟开阔 xiōngjīnkāikuò　胸无点墨 xiōngwúdiǎnmò　胸有成竹 xiōngyǒuchéngzhú

xiōng [匈]
匈奴 xiōngnú

xiōng [汹]
汹涌 xiōngyǒng

xióng 雄
雄辩 xióngbiàn　雄厚 xiónghòu　雄浑 xiónghún
雄蕊 xióngruǐ　雄姿 xióngzī　雄才大略 xióngcáidàlüè

xióng 熊
熊猫 xióngmāo

xiū 休
休假 xiūjià　休眠 xiūmián　休整 xiūzhěng
休息 xiū · xi　休养生息 xiūyǎngshēngxī

xiū 修
修补 xiūbǔ　修长 xiūcháng　修辞 xiūcí
修复 xiūfù　修剪 xiūjiǎn　修建 xiūjiàn
修配 xiūpèi　修缮 xiūshàn　修饰 xiūshì
修养 xiūyǎng　修筑 xiūzhù　修行 xiū · xíng
修整 xiūzhěng　修身养性 xiūshēnyǎngxìng

xiū 羞

羞耻 xiūchǐ　羞愧 xiūkuì　羞怯 xiūqiè
羞辱 xiūrǔ　羞涩 xiūsè　羞与为伍 xiūyǔwéiwǔ

xiǔ 宿

整宿 zhěngxiǔ（另见 sù，xiù）

xiǔ 朽

朽木 xiǔmù

xiù 袖

袖口 xiùkǒu　袖珍 xiùzhēn　袖子 xiù · zi
袖手旁观 xiùshǒupángguān

xiù 秀

秀才 xiù · cai　秀丽 xiùlì　秀气 xiùqi
秀美 xiùměi　秀外慧中 xiùwàihuìzhōng

xiù 锈

锈迹 xiùjì

xiù 绣

绣花 xiùhuā

xiù 宿

星宿 xīngxiù（另见 sù，xiǔ）

xiù 臭

乳臭 rǔxiù（另见 chòu）

xiù [嗅]

嗅觉 xiùjué

xū 需

需求 xūqiú　需要 xūyào

xū 虚

虚构 xūgòu　虚幻 xūhuàn　虚假 xūjiǎ
虚弱 xūruò　虚妄 xūwàng　虚夸 xūkuā
虚拟 xūnǐ　虚位以待 xūwèiyǐdài　虚无缥缈 xūwúpiāomiǎo
虚与委蛇 xūyǔwēiyí　虚张声势 xūzhāngshēngshì

xū 须

须要 xūyào　须臾 xūyú　须知 xūzhī

xū [吁]

长吁短叹 chángxūduǎntàn（另见 yù）

xū ·戌

戌时 xūshí

xū ·嘘

嘘寒问暖 xūhánwènnuǎn

xú 徐

徐图良策 xútúliángcè

xǔ 许

许久 xǔjiǔ　许可 xǔkě　许诺 xǔnuò
许愿 xǔyuàn

xù 蓄

蓄积 xùjī　蓄意 xùyì　蓄电池 xùdiànchí

xù 叙

叙事 xùshì　叙述 xùshù　叙说 xùshuō

xù 序

序列 xùliè　序幕 xùmù　序曲 xùqǔ
序数 xùshù

xù 畜：畜牧 xùmù（另见 chù）

xù 絮：絮叨 xù · dao

xù 绪：绪论 xùlùn

xù 续：续航 xùháng

xù [酗]：酗酒 xùjiǔ

xù [恤]：恤金 xùjīn

xù [婿]：女婿 nǚxù

xù [旭]：旭日 xùrì

xuān 宣：宣称 xuānchēng　宣誓 xuānshì　宣泄 xuānxiè

xuān [喧]：喧哗 xuānhuá　喧闹 xuānnào　喧嚷 xuānrǎng　喧嚣 xuānxiāo　喧宾夺主 xuānbīnduózhǔ

xuān [轩]：轩然大波 xuānrándàbō

xuán 悬：悬浮 xuánfú　悬挂 xuánguà　悬念 xuánniàn　悬殊 xuánshū　悬壶济世 xuánhújìshì　悬崖勒马 xuányálèmǎ

xuán 旋：旋即 xuánjí　旋律 xuánlǜ　旋涡 xuánwō　旋转 xuánzhuǎn　旋踵即逝 xuánzhǒngjíshì（另见 xuàn）

xuán [玄]：玄虚 xuánxū

xuán [漩]：漩涡 xuánwō

xuǎn 选：选拔 xuǎnbá　选集 xuǎnjí　选举 xuǎnjǔ　选择 xuǎnzé　选取 xuǎnqǔ

xuǎn [癣]：脚癣 jiǎoxuǎn

xuàn 旋：旋风 xuànfēng（另见 xuán）

xuàn 券：拱券 gǒngxuàn（另见 quàn）

xuàn [炫]：炫耀 xuànyào

xuàn ·眩：眩晕 xuànyùn

xuàn ·绚：绚丽 xuànlì

xuàn ·渲：渲染 xuànrǎn

xuē 削：削减 xuējiǎn　削弱 xuēruò　削足适履 xuēzúshìlǚ（另见 xiāo）

xuē [靴]：靴子 xuē · zi

Xuē [薛]：（姓。）

学 xué

学报 xuébào　学制 xuézhì　学府 xuéfǔ
学界 xuéjiè　学龄 xuélíng　学生 xué · sheng
学堂 xuétáng　学徒 xuétú　学问 xué · wen
学富五车 xuéfùwǔchē

穴 xué

穴位 xuéwèi　穴居野处 xuéjūyěchǔ

雪 xuě

雪茄 xuějiā　雪橇 xuěqiāo　雪原 xuěyuán
雪泥鸿爪 xuěníhóngzhǎo　雪上加霜 xuěshàngjiāshuāng　雪中送炭 xuězhōngsòngtàn

血 xuè

血管 xuèguǎn　血迹 xuèjì　血浆 xuèjiāng
血脉 xuèmài　血泊 xuèpō　血清 xuèqīng
血糖 xuètáng　血统 xuètǒng　血腥 xuèxīng
血型 xuèxíng　血液 xuèyè　血缘 xuèyuán
血海深仇 xuèhǎishēnchóu　血口喷人 xuèkǒupēnrén　血气方刚 xuèqìfānggāng
（另见 xiě）

[勋] xūn

勋章 xūnzhāng

[熏] xūn

熏陶 xūntáo（另见 xùn）

循 xún

循环 xúnhuán　循规蹈矩 xúnguīdǎojǔ　循序渐进 xúnxùjiànjìn
循循善诱 xúnxúnshànyòu

旬 xún

旬刊 xúnkān

询 xún

询问 xúnwèn

巡 xún

巡回 xúnhuí　巡逻 xúnluó　巡视 xúnshì

寻 xún

寻常 xúncháng　寻觅 xúnmì　寻求 xúnqiú
寻找 xúnzhǎo　寻根究底 xúngēnjiūdǐ　寻死觅活 xúnsǐmìhuó
寻章摘句 xúnzhāngzhāijù

训 xùn

训练 xùnliàn　训斥 xùnchì　训话 xùnhuà

讯 xùn

讯号 xùnhào

迅 xùn

迅猛 xùnměng　迅速 xùnsù

[汛] xùn

汛期 xùnqī

[殉] xùn

殉难 xùnnàn　殉职 xùnzhí

[驯] xùn

驯服 xùnfú　驯化 xùnhuà　驯养 xùnyǎng

[逊] xùn

逊色 xùnsè

[熏] xùn

例：炉子上安上烟筒，就不会熏着了。（另见 xūn）

Y

yā 压

压低 yādī　压强 yāqiáng　压缩 yāsuō
压抑 yāyì　压榨 yāzhà（另见 yà）

yā 押

押解 yājiè　押韵 yāyùn

yā 鸦

鸦片 yāpiàn

yā 鸭

鸭子 yā・zi

yā 呀

例：呀，下雪了！（另见 ya）

yā ·丫

丫头 yā・tou

yā 哑

哑哑 yāyā（另见 yǎ）

yá 芽

芽眼 yáyǎn

yá 牙

牙齿 yáchǐ　牙膏 yágāo　牙龈 yáyín
牙签儿 yáqiānr　牙刷儿 yáshuār

yá 崖

崖刻 yákè

yá [涯]

涯际 yájì

yá [衙]

衙门 yá・men

yá [蚜]

蚜虫 yáchóng

yǎ 哑

哑剧 yǎjù　哑巴 yǎ・ba（另见 yā）

yǎ 雅

雅致 yǎ・zhi

yà 轧

轧道机 yàdàojī（另见gá，zhá）

yà 亚

亚军 yàjūn　亚麻 yàmá（另见 yā）

yà 压

压板 yàbǎn

yà [讶]

惊讶 jīngyà

ya 呀

例：大家快去呀！（另见 yā）

yān 烟

烟尘 yānchén　烟囱 yāncōng　烟袋 yāndài
烟幕 yānmù　烟筒 yān・tong　烟雾 yānwù
烟卷儿 yānjuǎnr　烟嘴儿 yānzuǐr

yān 咽

咽喉 yānhóu（另见 yàn，yè）

yān ·胭

胭脂 yān・zhi

yān 淹

淹没 yānmò

Yān 燕

燕山 Yānshān（另见 yàn）

yān [腌] 腌渍 yānzì（另见ā）

yān [殷] 殷红 yānhóng（另见yīn）

yān ·湮 湮没 yānmò

yān ·焉 心不在焉 xīnbùzàiyān

yán 盐 盐场 yánchǎng　盐酸 yánsuān　盐分 yánfèn

yán 严 严惩 yánchéng　严谨 yánjǐn　严峻 yánjùn　严酷 yánkù　严厉 yánlì

yán 言 言辞 yáncí　言语 yányǔ　言简意赅 yánjiǎnyìgāi　言近旨远 yánjìnzhǐyuǎn

yán 岩 岩洞 yándòng　岩浆 yánjiāng

yán 延 延缓 yánhuǎn　延续 yánxù

yán 颜 颜料 yánliào　颜面 yánmiàn

yán 炎 炎凉 yánliáng　炎症 yánzhèng

yán 沿 沿袭 yánxí　沿线 yánxiàn

Yán 铅 铅山 Yánshān（另见qiān）

yán 研 研制 yánzhì　研究员 yánjiūyuán

yán [阎] 阎罗 Yánluó

yán [檐] 檐沟 yángōu

yán [蜒] 蜒蚰 yányóu

yán 铅 铅山 Yánshān（另见qiān）

yǎn 掩 掩蔽 yǎnbì　掩饰 yǎnshì　掩耳盗铃 yǎn'ěrdàolíng

yǎn 眼 眼睑 yǎnjiǎn　眼睛 yǎn · jing　眼镜 yǎnjìng　眼帘 yǎnlián　眼圈 yǎnquān　眼窝 yǎnwō　眼镜儿 yǎnjìngr　眼高手低 yǎngāoshǒudī　眼花缭乱 yǎnhuāliáoluàn　眼疾手快 yǎnjíshǒukuài

yǎn 演 演说 yǎnshuō　演算 yǎnsuàn　演义 yǎnyì　演绎 yǎnyì　演奏 yǎnzòu

yǎn [衍] 衍变 yǎnbiàn

yǎn [奄] 奄然 yǎnrán

yàn 艳 艳丽 yànlì

yàn 燕 燕麦 yànmài　燕子 yàn · zi（另见 yān）

yàn 厌 厌烦 yànfán　厌倦 yànjuàn　厌恶 yànwù

yàn 雁 雁阵 yànzhèn

yàn 咽 咽气 yànqì（另见 yān，yè）

yàn 焰 焰火 yànhuǒ　焰心 yànxīn

yàn 宴 宴会 yànhuì　宴席 yànxí

yàn 验 验收 yànshōu　验证 yànzhèng

yàn [堰] 堤堰 dīyàn

yàn [砚] 砚台 yàn · tai

yàn [谚] 谚语 yànyǔ

yàn [唁] 唁电 yàndiàn

yāng 秧 秧歌 yāng · ge　秧田 yāngtián

yāng 央 央求 yāngqiú

yāng 殃 殃及池鱼 yāngjíchíyú

yāng [鸯] 鸳鸯 yuānyāng

yáng 杨 杨梅 yángméi

yáng 扬 扬场 yángcháng　扬弃 yángqì　扬长避短 yángchángbìduǎn
扬眉吐气 yángméitǔqì

yáng 羊 羊肠小道 yángchángxiǎodào

yáng 洋 洋葱 yángcōng　洋流 yángliú　洋溢 yángyì

yáng 阳 阳历 yánglì　阳性 yángxìng

yáng ·佯 佯攻 yánggōng

yǎng 氧 氧化 yǎnghuà

yǎng 仰 仰慕 yǎngmù　仰人鼻息 yǎngrénbíxī

yǎng 痒 痒痒 yǎng · yang

yǎng 养　养分 yǎngfèn　养活 yǎng · huo　养殖 yǎngzhí
养精蓄锐 yǎngjīngxùruì　养尊处优 yǎngzūnchǔyōu

yàng 样　样式 yàngshì　样子 yàng · zi

yàng [漾]　漾奶 yàngnǎi

yāo 要　要挟 yāoxié（另见 yào）

yāo 邀　邀请 yāoqǐng

yāo 腰　腰身 yāoshēn　腰板儿 yāobǎnr

yāo 妖　妖精 yāo · jing　妖怪 yāoguài

yāo 约　例：约一斤肉。（另见 yuē）

Yāo 幺　（姓。）（另见 me）

yāo [吆]　吆喝 yāo · he

yāo [夭]　夭折 yāozhé

yáo 摇　摇晃 yáo · huàng　摇篮 yáolán　摇曳 yáoyè

yáo 遥　遥控 yáokòng　遥望 yáowàng

yáo 窑　窑洞 yáodòng

yáo 谣　谣言 yáoyán

yáo [侥]　僬侥 jiāoyáo（另见 jiǎo）

yáo [肴]　肴馔 yáozhuàn

Yáo [姚]　（姓。）

Yáo ·瑶　瑶族 Yáozú

yáo ·尧　尧天舜日 yáotiānshùnrì

yǎo 咬　咬字儿 yǎozìr

yǎo [舀]　舀子 yǎo · zi

yǎo ·窈　窈窕 yǎotiǎo

yào 药　药剂 yàojì　药物 yàowù　药方儿 yàofāngr

yào 要　要地 yàodì　要件 yàojiàn　要领 yàolǐng
要素 yàosù（另见 yāo）

yào 钥　钥匙 yào · shi

yào 耀　耀眼 yàoyǎn

yào [疟] 疟子 yào · zi（另见 nüè）

yē [椰] 椰子 yē · zi

yē [掖] 例：把书掖在怀里。（另见 yè）

Yē ·耶 耶稣 Yēsū

yē ·噎 因噎废食 yīnyēfèishí

yé 爷 爷爷 yé · ye

yé 邪 莫邪 mòyé（另见 xié）

yě 野 野蛮 yěmán 野兽 yěshòu

yě 冶 冶金 yějīn 冶炼 yěliàn

yě 也 也许 yěxǔ

yè 页 页码 yèmǎ

yè 业 业绩 yèjì 业已 yèyǐ

yè 叶 叶柄 yèbǐng 叶脉 yèmài 叶绿素 yèlǜsù 叶子 yè · zi（另见 xié）

yè 夜 夜里 yè · lǐ 夜幕 yèmù

yè 液 液体 yètǐ 液晶 yèjīng

yè 咽 哽咽 gěngyè（另见 yān，yàn）

yè [腋] 腋窝 yèwō

yè [谒] 谒见 yèjiàn

yè [掖] 扶掖 fúyè（另见 yē）

yè ·曳 摇曳 yáoyè

yī 一 一端 yīduān 一概 yīgài 一瞥 yīpiē 一瞬 yīshùn 一点儿 yīdiǎnr 一会儿 yīhuìr 一块儿 yīkuàir 一下儿 yīxiàr 一阵儿 yīzhènr 一辈子 yībèi · zi 一筹莫展 yīchóumòzhǎn 一帆风顺 yīfānfēngshùn 一目了然 yīmùliǎorán 一丝不苟 yīsībùgǒu 一丘之貉 yīqiūzhīhé

yī 医 医务 yīwù 医治 yīzhì

yī 依 依赖 yīlài 依恋 yīliàn 依托 yītuō 依偎 yīwēi 依仗 yīzhàng 依稀 yīxī

y

yī 衣	衣服 yīfu	衣襟 yījīn	衣料 yīliào
	衣衫 yīshān	衣裳 yī · shang	衣着 yīzhuó
	衣兜儿 yīdōur		

yī 椅 （又叫“山桐子”，落叶乔木）（另见 yǐ）

yī [伊] 伊人 yīrén

yī [壹] （“一”的大写）

yī [揖] 揖让 yīràng

yí 宜 宜人 yírén

yí ·贻 贻误 yíwù

yí 遗	遗风 yífēng	遗憾 yíhàn	遗迹 yíjì
	遗漏 yílòu	遗弃 yíqì	遗像 yíxiàng
	遗址 yízhǐ	遗嘱 yízhǔ	

yí 移 移交 yíjiāo　移植 yízhí

yí 仪 仪表 yíbiǎo　仪式 yíshì

yí 疑 疑惑 yíhuò　疑虑 yílǜ　疑难 yínán

yí 姨 姨妈 yímā

yí [胰] 胰岛素 yídǎosù

yí [夷] 夷为平地 yíwéipíngdì

yǐ 椅 椅子 yǐ · zi（另见 yī）

yǐ 倚 倚靠 yǐkào

yǐ 已 已经 yǐjīng　已然 yǐrán

yǐ 乙 乙酸 yǐsuān

yǐ 以	以免 yǐmiǎn	以至 yǐzhì	以致 yǐzhì
	以暴易暴 yǐbàoyìbào	以德报怨 yǐdébàoyuàn	以毒攻毒 yǐdúgōngdú
	以儆效尤 yǐjǐngxiàoyóu	以貌取人 yǐmàoqǔrén	以逸待劳 yǐyìdàiláo

yǐ 蚁 蚁巢 yǐcháo

yǐ 尾 马尾罗 mǎyǐluó（另见 wěi）

yǐ ·矣 悔之晚矣 huǐzhīwǎnyǐ

yì 艺 艺术家 yìshùjiā

yì 易 易于 yìyú

yì 亿 亿万 yìwàn

亦 yì
亦庄亦谐 yìzhuāngyìxié

意 yì
意会 yìhuì　意境 yìjìng　意念 yìniàn
意见 yì·jiàn　意思 yì·si　意识 yì·shí
意想 yìxiǎng　意向 yìxiàng　意象 yìxiàng
意蕴 yìyùn　意旨 yìzhǐ

益 yì
益处 yìchù　益虫 yìchóng

毅 yì
毅力 yìlì

忆 yì
忆想 yìxiǎng

义 yì
义气 yì·qi　义务 yìwù

议 yì
议案 yì'àn　议决 yìjué　议题 yìtí

疫 yì
疫病 yìbìng　疫情 yìqíng

役 yì
役使 yìshǐ

译 yì
译本 yìběn

异 yì
异彩 yìcǎi　异端 yìduān　异化 yìhuà
异体 yìtǐ　异物 yìwù

翼 yì
翼翅 yìchì

谊 yì
友谊 yǒuyì

[艾] yì
自怨自艾 zìyuànzìyì（另见ài）

[邑] yì
城邑 chéngyì

[抑] yì
抑制 yìzhì　抑扬顿挫 yìyángdùncuò

[奕] yì
神采奕奕 shéncǎiyìyì

[绎] yì
络绎不绝 luòyìbùjué

[屹] yì
屹立 yìlì

[肄] yì
肄业 yìyè

[逸] yì
逸事 yìshì　逸闻 yìwén

[溢] yì
溢于言表 yìyúyánbiǎo

·熠 yì
熠熠 yìyì

·翌 yì
翌日 yìrì

·臆 yì
臆断 yìduàn

y

yì ·诣	造诣 zàoyì	苦心孤诣 kǔxīngūyì	
yīn 因	因袭 yīnxí	因为 yīn · wèi	因地制宜 yīndìzhìyí
yīn 音	音程 yīnchéng	音律 yīnlǜ	音译 yīnyì
	音韵 yīnyùn		
yīn 阴	阴沉 yīnchén	阴极 yīnjí	阴霾 yīnmái
	阴郁 yīnyù		
yīn 姻	姻缘 yīnyuán		
yīn [殷]	殷切 yīnqiè	殷勤 yīnqín（另见 yān）	
yīn [茵]	绿草如茵 lǜcǎorúyīn		
yín 银	银幕 yínmù	银杏 yínxìng	银子 yín · zi
yín [淫]	淫秽 yínhuì	yín [吟] 吟咏 yínyǒng	
yín ·寅	寅时 yínshí	yǐn 饮 饮食 yǐnshí（另见 yìn）	
yǐn 引	引擎 yǐnqíng	引诱 yǐnyòu	
yǐn 隐	隐蔽 yǐnbì	隐患 yǐnhuàn	隐瞒 yǐnmán
	隐秘 yǐnmì	隐没 yǐnmò	隐姓埋名 yǐnxìngmáimíng
yǐn [瘾]	瘾头 yǐntóu	yǐn ·尹 府尹 fǔyǐn	
yìn 印	印染 yìnrǎn	印行 yìnxíng	印证 yìnzhèng
yìn 饮	饮场 yìnchǎng（另见 yǐn）	yìn ·荫 荫庇 yìnbì	
yīng 英	英镑 yīngbàng	英俊 yīngjùn	
yīng 鹰	鹰犬 yīngquǎn		
yīng 应	应允 yīngyǔn	应名儿 yīngmíngr（另见 yìng）	

yīng 婴：婴儿 yīng'ér　婴孩 yīnghái

yīng 缨：缨子 yīng · zi

yīng 鹦：鹦鹉 yīngwǔ

yīng 莺：莺歌燕舞 yīnggēyànwǔ

yīng 膺：膺选 yīngxuǎn　义愤填膺 yìfèntiányīng

yīng 樱：樱桃 yīng · tao

yíng 营：营垒 yínglěi　营养 yíngyǎng

yíng 蝇：蝇子 yíng · zi

yíng 迎：迎合 yínghé　迎亲 yíngqīn　迎战 yíngzhàn

yíng 赢：赢得 yíngdé　赢利 yínglì

yíng 盈：盈利 yínglì　盈余 yíngyú

yíng 萤：萤火虫 yínghuǒchóng

yíng 荧：荧光屏 yíngguāngpíng

yíng 莹：晶莹 jīngyíng

yíng 萦：萦绕 yíngrào

yǐng 影：影片 yǐngpiàn　影像 yǐngxiàng　影院 yǐngyuàn　影子 yǐng · zi

yǐng 颖：颖慧 yǐnghuì

yìng 应：应变 yìngbiàn　应酬 yìng · chou　应付 yìng · fu　应用 yìngyòng　应邀 yìngyāo（另见 yīng）

yìng 硬：硬度 yìngdù　硬件 yìngjiàn　硬性 yìngxìng

yìng 映：映照 yìngzhào

yō 哟：例：哟，你踩我脚了。（另见 yo）

yo 哟：例：大家一起用力哟！（另见 yō）

yōng 拥：拥戴 yōngdài　拥挤 yōngjǐ

yōng 庸：庸俗 yōngsú

yōng 佣：佣工 yōnggōng（另见 yòng）

yōng 痈：痈疽 yōngjū

yōng 雍：雍容 yōngróng

y

yōng 臃（·臃）臃肿 yōngzhǒng

yǒng 涌 涌现 yǒngxiàn

yǒng 永 永恒 yǒnghéng

yǒng 咏 咏叹 yǒngtàn　咏赞 yǒngzàn

yǒng 勇 勇猛 yǒngměng　勇往直前 yǒngwǎngzhíqián

yǒng 泳 泳道 yǒngdào

yǒng 踊［踊］踊跃 yǒngyuè

yǒng 蛹［蛹］蚕蛹 cányǒng

yǒng 甬（·甬）甬道 yǒngdào

yòng 用 用处 yòngchù　用劲 yòngjìn　用意 yòngyì

yòng 佣 佣金 yòngjīn（另见 yōng）

yōu 优 优惠 yōuhuì　优雅 yōuyǎ　优异 yōuyì

yōu 忧 忧愁 yōuchóu　忧虑 yōulǜ　忧伤 yōushāng　忧郁 yōuyù　忧心如焚 yōuxīnrúfén

yōu 悠 悠久 yōujiǔ　悠然 yōurán　悠闲 yōuxián　悠扬 yōuyáng

yōu 幽（·幽）幽暗 yōu'àn　幽默 yōumò　幽雅 yōuyǎ

yóu 尤 尤其 yóuqí　尤为 yóuwéi

yóu 由 由于 yóuyú　由衷 yóuzhōng

yóu 邮 邮寄 yóujì　邮票 yóupiào　邮政 yóuzhèng　邮戳儿 yóuchuōr

yóu 犹 犹如 yóurú　犹疑 yóuyí　犹豫 yóuyù

yóu 油 油茶 yóuchá　油墨 yóumò　油腻 yóunì　油漆 yóuqī　油脂 yóuzhī

yóu 游 游荡 yóudàng　游历 yóulì　游牧 yóumù　游泳 yóuyǒng　游子 yóuzǐ　游击队 yóujīduì

铀 yóu

铀元素 yóuyuánsù

有 yǒu

有偿 yǒucháng　有待 yǒudài　有趣 yǒuqù
有效 yǒuxiào　有幸 yǒuxìng　有余 yǒuyú
有劲儿 yǒujìnr　有数儿 yǒushùr　有的放矢 yǒudìfàngshǐ
（另见 yòu）

友 yǒu

友邦 yǒubāng　友谊 yǒuyì

酉 yǒu

酉时 yǒushí

黝 yǒu

黝黑 yǒuhēi

右 yòu

右边 yòu · bian　右面 yòumiàn　右倾 yòuqīng
右翼 yòuyì

诱 yòu

诱导 yòudǎo　诱发 yòufā　诱惑 yòuhuò
诱因 yòuyīn

又 yòu

又及 yòují

幼 yòu

幼稚 yòuzhì　幼儿园 yòu'éryuán

有 yòu

（同"又"）（另见 yǒu）

[佑] yòu

保佑 bǎoyòu

釉 yòu

釉子 yòu · zi

柚 yòu

柚子 yòu · zi

[淤] yū

淤积 yūjī　淤泥 yūní

[迂] yū

迂腐 yūfǔ　迂回 yūhuí

于 yú

于是 yúshì

愚 yú

愚蠢 yúchǔn　愚昧 yúmèi　愚氓 yúméng
愚弄 yúnòng

余 yú

余额 yú'é　余粮 yúliáng

鱼 yú

鱼鳞 yúlín　鱼漂儿 yúpiāor

渔 yú

渔场 yúchǎng　渔船 yúchuán

榆 yú

榆树 yúshù　榆钱 yúqián

yú 娱 娱乐 yúlè

yú 愉 愉快 yúkuài 愉悦 yúyuè

yú 予 予取予求 yúqǔyúqiú（另见 yǔ）

yú [逾] 逾期 yúqī 逾越 yúyuè

yú [隅] 墙隅 qiángyú

yú [舆] 舆论 yúlùn

yú ·俞 俞允 yúyǔn

yú ·虞 虞美人 yúměirén

yǔ 予 予以 yǔyǐ 予人口实 yǔrénkǒushí（另见 yú）

yǔ 雨 雨量 yǔliàng 雨点儿 yǔdiǎnr

yǔ 与 与日俱增 yǔrìjùzēng（另见 yù）

yǔ 宇 宇宙 yǔzhòu

yǔ 语 语调 yǔdiào 语汇 yǔhuì 语录 yǔlù 语无伦次 yǔwúlúncì 语重心长 yǔzhòngxīncháng（另见 yù）

yǔ 羽 羽绒 yǔróng 羽毛球 yǔmáoqiú

yǔ 屿 岛屿 dǎoyǔ

yǔ ·禹 大禹治水 dàyǔzhìshuǐ

yù 育 育苗 yùmiáo

yù 与 与会 yùhuì（另见 yǔ）

yù 玉 玉帛 yùbó 玉成 yùchéng 玉玺 yùxǐ 玉石俱焚 yùshíjùfén

yù 浴 浴场 yùchǎng 浴池 yùchí 浴室 yùshì

yù 遇 遇见 yùjiàn 遇难 yùnàn

yù 愈 愈合 yùhé 愈加 yùjiā 愈益 yùyì

yù 御 御用 yùyòng

yù 狱 狱吏 yùlì 狱卒 yùzú

yù 欲 欲望 yùwàng

yù 域 域外 yùwài

yù 预 预见 yùjiàn

yù 裕 裕如 yùrú

yù 誉 荣誉 róngyù

yù 语 不以语人 bùyǐyùrén（另见 yǔ）

yù [喻] 喻义 yùyì

yù [郁] 郁闷 yùmèn

yù [豫] 豫剧 yùjù

yù [寓] 寓所 yùsuǒ　寓言 yùyán　寓意 yùyì　寓于 yùyú

yù [尉] 尉迟 Yùchí（另见 wèi）

yù [吁] 吁请 yùqǐng（另见 xū）

Yù [蔚]（蔚县，地名。）（另见 wèi）

yù [芋] 芋头 yù · tou

yù ·谕 谕旨 yùzhǐ

yuān 冤 冤案 yuān'àn　冤枉 yuān · wang

yuān [鸳] 鸳鸯 yuān · yāng

yuān [渊] 渊博 yuānbó　渊源 yuānyuán

yuán 元 元件 yuánjiàn　元素 yuánsù　元宵 yuánxiāo

yuán 员 员工 yuángōng（另见 yún，Yùn）

yuán 原 原稿 yuángǎo　原籍 yuánjí　原谅 yuánliàng　原煤 yuánméi　原型 yuánxíng　原野 yuányě　原意 yuányì　原状 yuánzhuàng　原作 yuánzuò　原子核 yuánzǐhé

yuán 援 援兵 yuánbīng　援助 yuánzhù

yuán 园 园艺 yuányì

yuán 圆 圆场 yuánchǎng　圆圈 yuánquān　圆润 yuánrùn　圆锥 yuánzhuī　圆舞曲 yuánwǔqǔ

yuán 源 源流 yuánliú　源泉 yuánquán

yuán 缘 缘故 yuángù　缘由 yuányóu

Yuán [袁]（姓。）

yuán [猿] 猿猴 yuánhóu

y

yuán [辕] 辕子 yuán·zi

yuán ·垣 墙垣 qiángyuán

yuǎn 远 远程 yuǎnchéng　远航 yuǎnháng　远洋 yuǎnyáng

yuàn 愿 愿望 yuànwàng　愿意 yuànyì

yuàn 怨 怨气 yuànqì　怨不得 yuànbude

yuàn 院 院落 yuànluò　院士 yuànshì　院子 yuàn·zi

yuàn ·苑 文苑 wényuàn

yuē 约 约法 yuēfǎ　约束 yuēshù　约法三章 yuēfǎsānzhāng
（另见 yāo）

yuē ·曰 例：有山曰凤凰岭。

yuè 悦 悦耳 yuè'ěr

yuè 越 越轨 yuèguǐ

yuè 跃 跃然 yuèrán

yuè 月 月饼 yuè·bing　月初 yuèchū　月季 yuèjì
月亮 yuè·liang　月食 yuèshí

yuè 乐 乐谱 yuèpǔ　乐器 yuèqì　乐师 yuèshī
乐音 yuèyīn（另见 lè）

yuè 说 （同“悦”）（另见 shuō，shuì）

yuè 阅 阅历 yuèlì

yuè 钥 锁钥 suǒyuè（另见 yào）

yuè [岳] 岳父 yuèfù

yuè [粤] 粤剧 yuèjù

yūn 晕 晕厥 yūnjué（另见 yùn）

yún 云 云彩 yún·cai　云端 yúnduān　云集 yúnjí
云雾 yúnwù　云游 yúnyóu

yún 匀 匀称 yún·chèn　匀溜 yún·liu　匀实 yún·shi
匀整 yún·zhěng

yún 员 （用于人名。）（另见 yuán，Yùn）

yún [耘] 耘锄 yúnchú

yǔn 允

允许 yǔnxǔ　允诺 yǔnnuò

yǔn [陨]

陨落 yǔnluò　陨灭 yǔnmiè　陨石 yǔnshí

yùn 韵

韵律 yùnlǜ　韵味 yùnwèi

Yùn 员

（姓。）（另见 yuán，yún）

yùn 晕

晕车 yùnchē（另见 yūn）　晕船 yùnchuán

yùn 孕

孕育 yùnyù　孕妇 yùnfù

yùn 运

运筹 yùnchóu　运气 yùn · qi　运输 yùnshū
运销 yùnxiāo　运载 yùnzài　运转 yùnzhuǎn

yùn [蕴]

蕴藏 yùncáng　蕴含 yùnhán　蕴涵 yùnhán

yùn [酝]

酝酿 yùnniàng

Z

zā 扎

包扎 bāozā（另见 zhā，zhá）

zā ·咂

咂嘴 zāzuǐ

zá 杂

杂费 záfèi　杂剧 zájù　杂粮 záliáng
杂事 záshì　杂音 záyīn　杂志 zázhì
杂质 zázhì　杂院儿 záyuànr　杂乱无章 záluànwúzhāng

zá [砸]

砸锅卖铁 záguōmàitiě

zāi 栽

栽培 zāipéi　栽植 zāizhí　栽种 zāizhòng

zāi 灾

灾害 zāihài　灾荒 zāihuāng　灾祸 zāihuò
灾难 zāinàn

zāi ·哉

（语气词。例：如此而已，岂有他哉。）

zǎi 宰

宰割 zǎigē　宰相 zǎixiàng

载 zǎi　登载 dēngzǎi（另见 zài）

崽 zǎi　崽子 zǎi·zi

载 zài　载重 zàizhòng　载体 zàitǐ　载歌载舞 zàigēzàiwǔ（另见 zǎi）

再 zài　再度 zàidù　再会 zàihuì　再现 zàixiàn　再造 zàizào　再生产 zàishēngchǎn　再接再厉 zàijiēzàilì　再衰三竭 zàishuāisānjié

在 zài　在场 zàichǎng　在行 zàiháng　在乎 zài·hu　在世 zàishì　在座 zàizuò　在哪儿 zàinǎr　在这儿 zàizhèr　在劫难逃 zàijiénántáo　在天之灵 zàitiānzhīlíng

咱 zán　咱们 zán·men

[攒] zǎn　积攒 jīzǎn

暂 zàn　暂且 zànqiě　暂时 zànshí　暂行 zànxíng

赞 zàn　赞赏 zànshǎng　赞颂 zànsòng　赞叹 zàntàn　赞许 zànxǔ　赞誉 zànyù

脏 zāng　脏土 zāngtǔ（另见 zàng）

[赃] zāng　赃官 zāngguān　赃款 zāngkuǎn　赃物 zāngwù

葬 zàng　葬礼 zànglǐ　葬送 zàngsòng

藏 Zàng　藏族 Zàngzú（另见 cáng）

脏 zàng　脏腑 zàngfǔ（另见 zāng）

遭 zāo　遭受 zāoshòu　遭殃 zāoyāng　遭遇 zāoyù

糟 zāo　糟糕 zāogāo　糟粕 zāopò　糟蹋 zāo·tà

[凿] záo　凿子 záo·zi

枣 zǎo　枣红 zǎohóng

早 zǎo　早稻 zǎodào　早晨 zǎo·chen　早上 zǎo·shang　早熟 zǎoshú　早晚 zǎowǎn　早已 zǎoyǐ

澡 zǎo　澡堂 zǎotáng

[蚤] zǎo　跳蚤 tiào·zao

[藻] zǎo
藻饰 zǎoshì

造 zào
造福 zàofú　造就 zàojiù　造谣 zàoyáo
造诣 zàoyì

皂 zào
皂白 zàobái

灶 zào
灶火 zào・huo

躁 zào
躁动 zàodòng

燥 zào
燥热 zàorè

[噪] zào
噪音 zàoyīn

责 zé
责备 zébèi　责成 zéchéng　责怪 zéguài
责令 zélìng　责任感 zérèngǎn　责无旁贷 zéwúpángdài
责有攸归 zéyǒuyōuguī

择 zé
择交 zéjiāo（另见 zhái）

则 zé
则声 zéshēng

泽 zé
泽国 zéguó

仄 zè
平仄 píngzè

贼 zéi
贼心 zéixīn　贼喊捉贼 zéihǎnzhuōzéi　贼眉鼠眼 zéiméishǔyǎn
贼头贼脑 zéitóuzéinǎo

怎 zěn
怎么 zěn・me　怎样 zěnyàng

曾 zēng
曾孙 zēngsūn　曾祖 zēngzǔ（另见 céng）

[憎] zēng
憎恨 zēnghèn　憎恶 zēngwù

增 zēng
增补 zēngbǔ　增添 zēngtiān　增援 zēngyuán
增长 zēngzhǎng

赠 zèng
赠送 zèngsòng

扎 zhā
扎根 zhāgēn　扎实 zhāshi（另见 zā，zhá）

渣 zhā
渣滓 zhā・zǐ

查 zhā
（姓。）（另见 chá）

[喳] zhā
例：喜鹊喳喳地叫。（另见 chā）

闸 zhá
闸门 zhámén

zhá 轧 轧钢 zhágāng（另见gá，yà）

zhá 扎 扎挣 zhá・zheng（另见 zā，zhā）

zhá 炸 炸油条 zháyóutiáo（另见 zhà）

zhá [铡] 铡刀 zhádāo

zhǎ 眨 眨巴 zhǎ・ba　眨眼 zhǎyǎn

zhà 炸 炸弹 zhàdàn　炸药 zhàyào（另见 zhá）

zhà 榨 榨取 zhàqǔ

zhà [乍] 初来乍到 chūláizhàdào

zhà [诈] 诈骗 zhàpiàn

zhà [栅] 栅栏 zhà・lan　栅栏儿 zhà・lanr（另见 shān）

zhà ·蚱 蚱蜢 zhàměng

zhāi 摘 摘除 zhāichú

zhāi [斋] 斋饭 zhāifàn　斋戒 zhāijiè　斋月 zhāiyuè

zhái 宅 宅院 zháiyuàn　宅子 zhái・zi

zhái 择 择菜 zháicài（另见 zé）

zhǎi 窄 窄小 zhǎixiǎo

zhài 寨 寨子 zhài・zi

zhài 债 债权 zhàiquán　债券 zhàiquàn　债务 zhàiwù　债台高筑 zhàitáigāozhù

zhān 占 占卜 zhānbǔ（另见 zhàn）

zhān 沾 沾染 zhānrǎn　沾亲带故 zhānqīndàigù　沾沾自喜 zhānzhānzìxǐ

zhān 粘 粘连 zhānlián　粘贴 zhāntiē（另见 nián）

zhān [毡] 毡子 zhān・zi

zhān [瞻] 瞻仰 zhānyǎng　瞻前顾后 zhānqiángùhòu

zhǎn 盏 一盏灯 yīzhǎndēng

zhǎn 斩

斩首 zhǎnshǒu　斩草除根 zhǎncǎochúgēn　斩钉截铁 zhǎndīngjiétiě

zhǎn 崭

崭新 zhǎnxīn　崭露头角 zhǎnlùtóujiǎo

zhǎn 展

展览 zhǎnlǎn　展示 zhǎnshì　展望 zhǎnwàng
展销 zhǎnxiāo　展翅 zhǎnchì

zhàn 占

占据 zhànjù　占领 zhànlǐng　占有 zhànyǒu（另见 zhān）

zhàn 战

战略 zhànlüè　战役 zhànyì　战犯 zhànfàn
战俘 zhànfú　战歌 zhàngē　战壕 zhànháo
战绩 zhànjì　战局 zhànjú　战况 zhànkuàng
战栗 zhànlì　战战兢兢 zhànzhànjīngjīng

zhàn 颤

颤栗 zhànlì（另见 chàn）

zhàn 站

站岗 zhàngǎng　站台 zhàntái

zhàn [绽]

绽放 zhànfàng

zhàn [蘸]

蘸酱 zhànjiàng

zhàn [栈]

栈道 zhàndào

zhāng 章

章程 zhāngchéng　章法 zhāngfǎ　章节 zhāngjié

zhāng 张

张罗 zhāng • luo　张望 zhāngwàng　张贴 zhāngtiē
张冠李戴 zhāngguānlǐdài　张牙舞爪 zhāngyáwǔzhǎo

zhāng [樟]

樟脑 zhāngnǎo

zhāng [彰]

彰明较著 zhāngmíngjiàozhù　彰善瘅恶 zhāngshàndàn’è

zhǎng 长

长辈 zhǎngbèi　长官 zhǎngguān　长老 zhǎnglǎo
长相 zhǎngxiàng　长者 zhǎngzhě（另见 cháng）

zhǎng 掌

掌握 zhǎngwò　掌管 zhǎngguǎn　掌舵 zhǎngduò
掌权 zhǎngquán　掌上明珠 zhǎngshàngmíngzhū

zhǎng 涨

涨潮 zhǎngcháo（另见 zhàng）

zhàng 仗

仗势 zhàngshì　仗义疏财 zhàngyìshūcái　仗义执言 zhàngyìzhíyán

Z

丈 zhàng
丈夫 zhàng · fu　丈量 zhàngliáng　丈人 zhàng · ren

帐 zhàng
帐篷 zhàng · peng　帐子 zhàng · zi

胀 zhàng
热胀冷缩 rèzhànglěngsuō

障 zhàng
障碍 zhàng'ài

涨 zhàng
（例：豆子泡涨了。）（另见 zhǎng）

[杖] zhàng
拐杖 guǎizhàng

[账] zhàng
账本 zhàngběn　账目 zhàngmù

招 zhāo
招待 zhāodài　招呼 zhāo · hu　招牌 zhāo · pai
招聘 zhāopìn　招标 zhāobiāo　招考 zhāokǎo
招徕 zhāolái　招募 zhāomù　招致 zhāozhì
招兵买马 zhāobīngmǎimǎ　招降纳叛 zhāoxiángnàpàn

朝 zhāo
朝气 zhāoqì　朝夕 zhāoxī　朝霞 zhāoxiá
朝阳 zhāoyáng　朝不保夕 zhāobùbǎoxī　朝发夕至 zhāofāxīzhì
朝令夕改 zhāolìngxīgǎi　朝秦暮楚 zhāoqínmùchǔ　朝三暮四 zhāosānmùsì
（另见 cháo）

着 zhāo
着数 zhāoshù（另见 zháo，zhe，zhuó）

[昭] zhāo
昭然若揭 zhāoránruòjiē

着 zháo
着急 zháojí　着火 zháohuǒ　着迷 zháomí
（另见 zhāo，zhe，zhuó）

找 zhǎo
找寻 zhǎoxún　找茬儿 zhǎochár

爪 zhǎo
爪牙 zhǎoyá

[沼] zhǎo
沼泽 zhǎozé　沼气 zhǎoqì

兆 zhào
兆头 zhào · tou

照 zhào
照常 zhàocháng　照顾 zhàogù　照片 zhàopiàn
照相 zhàoxiàng　照例 zhàolì　照耀 zhàoyào
照管 zhàoguǎn　照应 zhào · yìng　照相机 zhàoxiàngjī
照片儿 zhàopiānr　照本宣科 zhàoběnxuānkē　照猫画虎 zhàomāohuàhǔ

zhào 罩
罩衣 zhàoyī

zhào 召
召开 zhàokāi　召集 zhàojí　召唤 zhàohuàn
召见 zhàojiàn

Zhào 赵
（姓。）

zhào ·诏
诏书 zhàoshū

zhào ·肇
肇事 zhàoshì

zhē 遮
遮蔽 zhēbì　遮挡 zhēdǎng　遮盖 zhēgài
遮掩 zhēyǎn

zhē 折
折腾 zhē·teng（另见 shé，zhé）

zhé 折
折合 zhéhé　折磨 zhé·mó　折叠 zhédié
折算 zhésuàn　折中 zhézhōng　折冲樽俎 zhéchōngzūnzǔ
（另见 shé, zhē）

zhé 哲
哲学 zhéxué

zhé [辙]
南辕北辙 nányuánběizhé

zhě 者

zhě ·褶
褶皱 zhězhòu

zhè 这
这个 zhè·ge　这里 zhè·lǐ　这么 zhè·me
这些 zhèxiē　这样 zhèyàng

Zhè 浙
浙江 Zhèjiāng

zhè [蔗]
蔗糖 zhètáng

zhe 着
（例：茶几上放着一瓶花。）（另见 zhāo，zháo，zhuó）

zhēn 珍
珍贵 zhēnguì　珍惜 zhēnxī　珍稀 zhēnxī
珍珠 zhēnzhū　珍宝 zhēnbǎo　珍藏 zhēncáng
珍视 zhēnshì　珍闻 zhēnwén　珍重 zhēnzhòng

zhēn 真
真诚 zhēnchéng　真相 zhēnxiàng　真迹 zhēnjì
真菌 zhēnjūn　真切 zhēnqiè　真情 zhēnqíng
真挚 zhēnzhì　真心实意 zhēnxīnshíyì

zhēn 贞
贞操 zhēncāo

zhēn 针
针灸 zhēnjiǔ　针鼻儿 zhēnbír　针锋相对 zhēnfēngxiāngduì

zhēn 侦
侦察 zhēnchá　侦探 zhēntàn　侦查 zhēnchá

zhēn [榛]
榛子 zhēn・zi

zhēn [斟]
斟酌 zhēnzhuó

zhēn ・砧
砧板 zhēnbǎn

zhēn ・臻
渐臻佳境 jiànzhēnjiājìng

zhěn 枕
枕头 zhěn・tou　枕戈待旦 zhěngēdàidàn

zhěn 诊
诊断 zhěnduàn　诊所 zhěnsuǒ　诊治 zhěnzhì

zhěn [疹]
疹子 zhěn・zi

zhèn 震
震颤 zhènchàn　震荡 zhèndàng　震动 zhèndòng
震惊 zhènjīng　震撼 zhènhàn　震耳欲聋 zhèn'ěryùlóng
震古烁今 zhèngǔshuòjīn

zhèn 振
振动 zhèndòng　振奋 zhènfèn　振兴 zhènxīng
振荡 zhèndàng　振作 zhènzuò　振聋发聩 zhènlóngfākuì
振振有词 zhènzhènyǒucí

zhèn 镇
镇定 zhèndìng　镇静 zhènjìng　镇压 zhènyā
镇守 zhènshǒu　镇子 zhèn・zi

zhèn 阵
阵地 zhèndì　阵容 zhènróng　阵势 zhèn・shì
阵线 zhènxiàn　阵营 zhènyíng　阵亡 zhènwáng

zhèn ・朕
朕兆 zhènzhào

zhēng 症
症结 zhēngjié（另见 zhèng）

zhēng 正
正月 zhēngyuè（另见 zhèng）

zhēng 蒸
蒸发 zhēngfā　蒸汽 zhēngqì　蒸气 zhēngqì
蒸腾 zhēngténg　蒸馏水 zhēngliúshuǐ　蒸蒸日上 zhēngzhēngrìshàng

zhēng 挣
挣扎 zhēngzhá（另见 zhèng）

zhēng 征
征购 zhēnggòu　征集 zhēngjí　征途 zhēngtú
征询 zhēngxún　征兆 zhēngzhào

zhēng 睁
睁眼 zhēngyǎn

zhēng 争
争端 zhēngduān　争辩 zhēngbiàn　争持 zhēngchí
争鸣 zhēngmíng　争执 zhēngzhí　争强好胜 zhēngqiánghàoshèng
争权夺利 zhēngquánduólì　争先恐后 zhēngxiānkǒnghòu

zhēng 筝
风筝 fēngzhēng

zhēng [狰]
狰狞 zhēngníng

zhēng [怔]
怔忡 zhēngchōng（另见 zhèng）

zhěng 整
整顿 zhěngdùn　整洁 zhěngjié　整编 zhěngbiān
整治 zhěngzhì　整装待发 zhěngzhuāngdàifā

zhěng [拯]
拯救 zhěngjiù

zhèng 正
正当 zhèngdāng　正当 zhèngdàng　正视 zhèngshì
正轨 zhèngguǐ　正本清源 zhèngběnqīngyuán　正襟危坐 zhèngjīnwēizuò
正中下怀 zhèngzhòngxiàhuái（另见 zhēng）

zhèng 政
政治 zhèngzhì　政通人和 zhèngtōngrénhé

zhèng 症
症状 zhèngzhuàng（另见 zhēng）

zhèng 挣
挣命 zhèngmìng（另见 zhēng）

zhèng 郑
郑重其事 zhèngzhòngqíshì

zhèng 证
证据 zhèngjù　证券 zhèngquàn　证人 zhèng · rén

zhī 只
只身 zhīshēn　只言片语 zhīyánpiànyǔ（另见 zhǐ）

zhī 枝
枝条 zhītiáo　枝叶 zhīyè

zhī 肢
肢体 zhītǐ

zhī 芝
芝麻 zhī · ma

zhī 支
支撑 zhīchēng　支援 zhīyuán　支付 zhīfù
支配 zhīpèi　支离破碎 zhīlípòsuì

zhī 知
知道 zhī · dào　知觉 zhījué　知了 zhīliǎo
知识 zhī · shi　知晓 zhīxiǎo　知根知底 zhīgēnzhīdǐ
知己知彼 zhījǐzhībǐ　知书达理 zhīshūdálǐ

蜘 zhī　蜘蛛 zhīzhū

脂 zhī　脂肪 zhīfáng

汁 zhī　汁液 zhīyè

之 zhī　之前 zhīqián　之乎者也 zhīhūzhěyě

织 zhī　织物 zhīwù

[吱] zhī　（象声词。）（另见 zī）

职 zhí　职称 zhíchēng　职责 zhízé

直 zhí
直播 zhíbō　直肠 zhícháng　直觉 zhíjué
直属 zhíshǔ　直率 zhíshuài　直爽 zhíshuǎng
直辖市 zhíxiáshì　直截了当 zhíjiéliǎodàng　直眉瞪眼 zhíméidèngyǎn

植 zhí　植物 zhíwù　植被 zhíbèi　植株 zhízhū

殖 zhí　殖民地 zhímíndì（另见 shi）

执 zhí
执勤 zhíqín　执照 zhízhào　执意 zhíyì
执着 zhízhuó　执迷不悟 zhímíbùwù

值 zhí　值得 zhí · dé　值勤 zhíqín

侄 zhí　侄子 zhí · zi　侄女 zhí · nǚ

指 zhǐ
指甲 zhǐ · jia（zhī · jia）　指望 zhǐwàng　指控 zhǐkòng
指派 zhǐpài　指使 zhǐshǐ　指头 zhǐ · tou（zhí · tou）
指纹 zhǐwén　指责 zhǐzé　指南针 zhǐnánzhēn
指鹿为马 zhǐlùwéimǎ　指日可待 zhǐrìkědài　指桑骂槐 zhǐsāngmàhuái

止 zhǐ　止步 zhǐbù

[趾] zhǐ　趾高气扬 zhǐgāoqìyáng

只 zhǐ
只好 zhǐhǎo　只得 zhǐdé　只顾 zhǐgù
只管 zhǐguǎn　只消 zhǐxiāo（另见 zhī）

纸 zhǐ
纸版 zhǐbǎn　纸币 zhǐbì　纸浆 zhǐjiāng
纸老虎 zhǐlǎohǔ　纸上谈兵 zhǐshàngtánbīng　纸醉金迷 zhǐzuìjīnmí

旨 zhǐ　旨意 zhǐyì

址 zhǐ　地址 dìzhǐ

zhì 志

志气 zhì·qì　志趣 zhìqù　志愿军 zhìyuànjūn
志大才疏 zhìdàcáishū　志同道合 zhìtóngdàohé

zhì 至

至于 zhìyú　至此 zhìcǐ　至高无上 zhìgāowúshàng
至理名言 zhìlǐmíngyán

zhì 致

致使 zhìshǐ　致意 zhìyì

zhì 置

置换 zhìhuàn　置身 zhìshēn　置若罔闻 zhìruòwǎngwén
置身事外 zhìshēnshìwài　置之不理 zhìzhībùlǐ　置之度外 zhìzhīdùwài

zhì 制

制定 zhìdìng　制订 zhìdìng　制裁 zhìcái
制约 zhìyuē　制作 zhìzuò　制剂 zhìjì

zhì 智

智慧 zhìhuì

zhì 秩

秩序 zhìxù

zhì 质

质量 zhìliàng　质变 zhìbiàn　质朴 zhìpǔ
质地 zhìdì　质疑问难 zhìyíwènnàn

zhì 治

治疗 zhìliáo　治病救人 zhìbìngjiùrén　治国安民 zhìguó'ānmín
治丝益棼 zhìsīyìfén

zhì 识

标识 biāozhì　博闻强识 bówénqiángzhì（另见 shí）

zhì 帜

独树一帜 dúshùyīzhì

zhì [掷]

掷地有声 zhìdìyǒushēng

zhì [稚]

稚气 zhìqì

zhì [滞]

滞留 zhìliú　滞销 zhìxiāo

zhì [挚]

挚友 zhìyǒu

zhì [窒]

窒息 zhìxī

zhì 炙

炙热 zhìrè　炙手可热 zhìshǒukěrè

zhōng 中

中间 zhōngjiān　中枢 zhōngshū　中庸 zhōngyōng
中用 zhōngyòng　中间人 zhōngjiānrén　中饱私囊 zhōngbǎosīnáng
（另见 zhòng）

zhōng 忠

忠诚 zhōngchéng　忠贞 zhōngzhēn　忠言逆耳 zhōngyánnìěr

zhōng 钟

钟表 zhōngbiǎo　钟灵毓秀 zhōnglíngyùxiù　钟鸣鼎食 zhōngmíngdǐngshí

zhōng 终
终点 zhōngdiǎn　终了 zhōngliǎo　终南捷径 zhōngnánjiéjìng

zhōng [衷]
衷心 zhōngxīn

zhōng [盅]
盅子 zhōng · zi

zhǒng 种
种类 zhǒnglèi　种子 zhǒng · zi（另见 chóng，zhòng）

zhǒng 肿
肿瘤 zhǒngliú　肿胀 zhǒngzhàng

zhǒng · 冢
荒冢 huāngzhǒng

zhòng 中
中毒 zhòngdú　中风 zhòngfēng　中肯 zhòngkěn
中意 zhòngyì（另见 zhōng）

zhòng 种
种植 zhòngzhí（另见 chóng，zhǒng）

zhòng 重
重担 zhòngdàn　重点 zhòngdiǎn　重工业 zhònggōngyè
（另见 chóng）

zhòng 众
众多 zhòngduō　众口难调 zhòngkǒunántiáo　众口铄金 zhòngkǒushuòjīn
众目睽睽 zhòngmùkuíkuí　众目昭彰 zhòngmùzhāozhāng　众叛亲离 zhòngpànqīnlí
众擎易举 zhòngqíngyìjǔ　众矢之的 zhòngshǐzhīdì　众所周知 zhòngsuǒzhōuzhī
众望所归 zhòngwàngsuǒguī　众志成城 zhòngzhìchéngchéng

zhòng [仲]
仲裁 zhòngcái

zhōu 舟
舟车 zhōuchē

zhōu 周
周到 zhōudào　周末 zhōumò　周转 zhōuzhuǎn
周旋 zhōuxuán　周而复始 zhōu'érfùshǐ

zhōu 州
苏州 Sūzhōu

zhōu 洲
洲际 zhōujì

zhōu 粥
米粥 mǐzhōu

zhóu [轴]
轴线 zhóuxiàn（另见 zhòu）

zhǒu [肘]
肘窝 zhǒuwō　肘腋之患 zhǒuyèzhīhuàn

zhǒu [帚]
扫帚 sào · zhou

zhòu 骤
骤然 zhòurán

zhòu 皱
皱纹 zhòuwén

zhòu 昼
昼夜 zhòuyè

zhòu 宙
宇宙 yǔzhòu

zhòu [轴] 压轴儿 yāzhòur（另见 zhóu）

zhòu [咒] 咒骂 zhòumà

zhū 珠 珠宝 zhūbǎo　珠子 zhū·zi　珠光宝气 zhūguāngbǎoqì
珠联璧合 zhūliánbìhé　珠圆玉润 zhūyuányùrùn

zhū 株 株连 zhūlián

zhū 蛛 蛛网 zhūwǎng　蛛丝马迹 zhūsīmǎjì

zhū 猪 猪排 zhūpái

zhū 朱 朱砂 zhūshā

zhū 诸 诸位 zhūwèi　诸侯 zhūhóu　诸如 zhūrú
诸如此类 zhūrúcǐlèi

zhū ·诛 诛戮 zhūlù

zhú 烛 烛光 zhúguāng

zhú 逐 逐步 zhúbù　逐渐 zhújiàn　逐年 zhúnián
逐字逐句 zhúzìzhújù

zhú 竹 竹竿 zhúgān　竹笋 zhúsǔn　竹子 zhú·zi

zhú 术 白术 báizhú（另见 shù）

zhǔ 煮 煮豆燃萁 zhǔdòuránqí　煮鹤焚琴 zhǔhèfénqín

zhǔ 属 属垣有耳 zhǔyuányǒuěr（另见 shǔ）

zhǔ 嘱 嘱咐 zhǔ·fù　嘱托 zhǔtuō

zhǔ 主 主意 zhǔ·yi（zhú·yi）　主编 zhǔbiān　主持 zhǔchí
主导 zhǔdǎo　主管 zhǔguǎn　主体 zhǔtǐ
主峰 zhǔfēng　主干 zhǔgàn　主顾 zhǔgù
主角 zhǔjué　主考 zhǔkǎo　主人 zhǔ·rén
主演 zhǔyǎn　主语 zhǔyǔ　主宰 zhǔzǎi
主旨 zhǔzhǐ　主子 zhǔ·zi　主人翁 zhǔrénwēng
主角儿 zhǔjuér

zhǔ [拄] 例：拄着拐棍。

zhǔ ·瞩 瞩目 zhǔmù

zhù 著 著名 zhùmíng　著作 zhùzuò　著称 zhùchēng
著述 zhùshù　著者 zhùzhě（另见 zhuó）

zhù 柱 柱子 zhù·zi　柱石 zhùshí

zhù
助

助理 zhùlǐ　助教 zhùjiào　助长 zhùzhǎng
助纣为虐 zhùzhòuwéinüè

zhù
铸

铸造 zhùzào

zhù
筑

筑室道谋 zhùshìdàomóu

zhù
住

住处 zhù · chù　住宅 zhùzhái　住持 zhùchí
住家 zhùjiā　住手 zhùshǒu　住宿 zhùsù
住址 zhùzhǐ

zhù
注

注册 zhùcè　注解 zhùjiě　注目 zhùmù
注释 zhùshì　注视 zhùshì　注重 zhùzhòng
注定 zhùdìng　注音 zhùyīn　注射器 zhùshèqì

zhù
祝

祝贺 zhùhè　祝福 zhùfú　祝愿 zhùyuàn

zhù
驻

驻扎 zhùzhā　驻地 zhùdì　驻防 zhùfáng
驻军 zhùjūn　驻守 zhùshǒu

zhù
[贮]

贮藏 zhùcáng　贮存 zhùcún

zhù
[蛀]

蛀齿 zhùchǐ　蛀虫 zhùchóng

zhuā
抓

抓获 zhuāhuò　抓紧 zhuājǐn　抓阄儿 zhuājiūr
抓耳挠腮 zhuā'ěrnáosāi

zhuǎ
爪

爪子 zhuǎ · zi（另见 zhǎo）

zhuǎi
转

转文 zhuǎiwén（另见 zhuǎn，zhuàn）

zhuài
·拽

生拉硬拽 shēnglāyìngzhuài

zhuān
专

专政 zhuānzhèng　专制 zhuānzhì　专断 zhuānduàn
专横 zhuānhèng　专款 zhuānkuǎn　专职 zhuānzhí
专注 zhuānzhù　专著 zhuānzhù　专横跋扈 zhuānhèngbáhù

zhuān
砖

砖头 zhuāntóu

zhuǎn
转

转播 zhuǎnbō　转动 zhuǎndòng　转弯 zhuǎnwān
转向 zhuǎnxiàng　转嫁 zhuǎnjià　转脸 zhuǎnliǎn
转念 zhuǎnniàn　转瞬 zhuǎnshùn　转载 zhuǎnzǎi
转弯抹角 zhuǎnwānmòjiǎo（另见 zhuǎi，zhuàn）

zhuàn 传 传记 zhuànjì（另见 chuán）

zhuàn 赚 赚头 zhuàn·tou

zhuàn 转 转动 zhuàndòng　转悠 zhuàn·you　转轴 zhuànzhóu
转向 zhuànxiàng（另见 zhuǎi，zhuǎn）

zhuàn [撰] 撰写 zhuànxiě

zhuàn ·篆 篆刻 zhuànkè

zhuāng 庄 庄稼 zhuāng·jia　庄严 zhuāngyán　庄重 zhuāngzhòng
庄园 zhuāngyuán　庄子 zhuāng·zi

zhuāng 装 装潢 zhuānghuáng　装饰 zhuāngshì　装卸 zhuāngxiè
装置 zhuāngzhì　装束 zhuāngshù　装载 zhuāngzài
装帧 zhuāngzhēn　装疯卖傻 zhuāngfēngmàishǎ　装模作样 zhuāngmúzuòyàng
装腔作势 zhuāngqiāngzuòshì

zhuāng [妆] 妆饰 zhuāngshì

zhuāng [桩] 桩子 zhuāng·zi

zhuàng 撞 撞击 zhuàngjī

zhuàng 壮 壮观 zhuàngguān　壮举 zhuàngjǔ　壮实 zhuàng·shi

zhuàng 状 状况 zhuàngkuàng　状态 zhuàngtài　状语 zhuàngyǔ
状元 zhuàng·yuan

zhuàng [幢] 一幢楼房 yīzhuànglóufáng

Zhuī 追 追悼 zhuīdào　追溯 zhuīsù　追随 zhuīsuí
追逐 zhuīzhú　追踪 zhuīzōng　追亡逐北 zhuīwángzhúběi

zhuī [椎] 椎骨 zhuīgǔ

zhuī [锥] 锥子 zhuī·zi　锥处囊中 zhuīchǔnángzhōng

zhuì [赘] 赘述 zhuìshù

zhuì [坠] 坠落 zhuìluò

zhuì [缀] 缀合 zhuìhé

zhūn [谆] 谆谆 zhūnzhūn

zhǔn 准 准确 zhǔnquè　准则 zhǔnzé　准绳 zhǔnshéng

zhuō 捉 捉拿 zhuōná　捉襟见肘 zhuōjīnjiànzhǒu

zhuō 桌 桌面 zhuōmiàn　桌子 zhuō・zi

zhuō [拙] 拙劣 zhuōliè

zhuó 浊 浊音 zhuóyīn

zhuó 啄 啄木鸟 zhuómùniǎo

zhuó 着 着手 zhuóshǒu　着想 zhuóxiǎng　着重 zhuózhòng
着力 zhuólì　着陆 zhuólù　着落 zhuóluò
着眼 zhuóyǎn（另见 zhāo，zháo，zhe）

zhuó 著 同"着"（zhuó）（另见 zhù）

zhuó [卓] 卓越 zhuóyuè　卓著 zhuózhù　卓有成效 zhuóyǒuchéngxiào

zhuó [酌] 酌量 zhuó・liang　酌情 zhuóqíng

zhuó [灼] 灼热 zhuórè

zhuó [琢] 琢磨 zhuómó（另见 zuó）

zhuó [茁] 茁壮 zhuózhuàng

zī 资 资格 zīgé　资料 zīliào　资源 zīyuán
资助 zīzhù　资产 zīchǎn　资历 zīlì

zī 姿 姿势 zīshì　姿态 zītài

zī 滋 滋味 zīwèi　滋补 zībǔ　滋润 zīrùn
滋生 zīshēng　滋养 zīyǎng

zī ·兹 例：兹定于九月一日举行开学典礼。

zī [咨] 咨询 zīxún

zī [吱] 吱声 zīshēng（另见 zhī）

zǐ 紫 紫菜 zǐcài　紫外线 zǐwàixiàn

zǐ 子 子弹 zǐdàn　子弟 zǐdì

zǐ 仔 仔细 zǐxì

zǐ [姊] 姊妹 zǐmèi

zǐ [籽] 菜籽 càizǐ

zǐ [滓] 渣滓 zhā · zǐ

zì 自

自卑 zìbēi　自豪 zìháo　自满 zìmǎn
自愿 zìyuàn　自给 zìjǐ　自尽 zìjìn
自在 zì · zai　自制 zìzhì　自重 zìzhòng
自转 zìzhuàn　自传 zìzhuàn　自行车 zìxíngchē
自暴自弃 zìbàozìqì　自惭形秽 zìcánxínghuì　自吹自擂 zìchuīzìléi
自顾不暇 zìgùbùxiá　自力更生 zìlìgēngshēng　自鸣得意 zìmíngdéyì
自强不息 zìqiángbùxī　自始至终 zìshǐzhìzhōng　自怨自艾 zìyuànzìyì
自以为是 zìyǐwéishì

zì 字

字号 zì · hao　字画 zìhuà　字帖 zìtiè
字里行间 zìlǐhángjiān　字斟句酌 zìzhēnjùzhuó

zì ·渍 污渍 wūzì

zōng 踪 踪迹 zōngjì　踪影 zōngyǐng

zōng 宗 宗教 zōngjiào　宗旨 zōngzhǐ

zōng 棕 棕榈 zōnglǘ

zōng [综] 综合 zōnghé

zōng ·鬃 鬃毛 zōngmáo

zǒng 总

总得 zǒngděi　总额 zǒng'é　总归 zǒngguī
总合 zǒnghé

zòng 纵

纵横 zònghéng　纵容 zòngróng　纵横捭阖 zònghéngbǎihé
纵虎归山 zònghǔguīshān

zòng ·粽 粽子 zòng · zi

zǒu 走

走访 zǒufǎng　走廊 zǒuláng　走神儿 zǒushénr
走味儿 zǒuwèir　走马观花 zǒumǎguānhuā　走南闯北 zǒunánchuǎngběi
走投无路 zǒutóuwúlù

zòu 奏

奏效 zòuxiào　奏章 zòuzhāng　奏鸣曲 zòumíngqǔ

zòu [揍] 挨揍 áizòu

Z

zū 租

租界 zūjiè　租借 zūjiè　租赁 zūlìn

zú 足

足够 zúgòu　足迹 zújì　足见 zújiàn
足智多谋 zúzhìduōmóu

zú 族

族权 zúquán　族长 zúzhǎng

zú [卒]

卒岁 zúsuì

zǔ 祖

祖传 zǔchuán　祖国 zǔguó　祖宗 zǔ·zong

zǔ 阻

阻碍 zǔ'ài　阻挡 zǔdǎng　阻隔 zǔgé
阻拦 zǔlán　阻挠 zǔnáo　阻塞 zǔsè

zǔ 组

组建 zǔjiàn　组装 zǔzhuāng

zǔ [诅]

诅咒 zǔzhòu

zuān 钻

钻研 zuānyán　钻探 zuāntàn（另见 zuàn）

zuàn 钻

钻石 zuànshí　钻头 zuàntóu（另见 zuān）

zuàn ·攥

攥紧拳头 zuànjǐnquántou

zuǐ 嘴

嘴巴 zuǐ·ba　嘴唇 zuǐchún　嘴脸 zuǐliǎn

zuì 醉

醉人 zuìrén　醉心 zuìxīn　醉生梦死 zuìshēngmèngsǐ

zuì 最

最初 zuìchū　最近 zuìjìn

zuì 罪

罪恶 zuì'è　罪状 zuìzhuàng　罪孽 zuìniè
罪不容诛 zuìbùróngzhū　罪大恶极 zuìdà'èjí　罪有应得 zuìyǒuyīngdé

zūn 尊

尊严 zūnyán　尊重 zūnzhòng　尊称 zūnchēng
尊崇 zūnchóng　尊贵 zūnguì　尊长 zūnzhǎng

zūn 遵

遵循 zūnxún　遵命 zūnmìng　遵行 zūnxíng

zuō 作 作坊 zuō·fang（另见 zuò）

zuó 昨 昨天 zuótiān

zuó [琢] 琢磨 zuó·mo（另见 zhuó）

zuǒ 左 左边 zuǒ·bian　左面 zuǒmiàn　左倾 zuǒqīng　左翼 zuǒyì　左右逢源 zuǒyòuféngyuán　左支右绌 zuǒzhīyòuchù

zuǒ [撮] 一撮儿 yīzuǒr（另见 cuō）

zuǒ ·佐 佐证 zuǒzhèng

zuò 做 做声 zuòshēng　做法 zuòfǎ　做活儿 zuòhuór

zuò 作 作为 zuòwéi　作案 zuò'àn　作祟 zuòsuì　作恶 zuò'è　作价 zuòjià　作客 zuòkè　作息 zuòxī　作壁上观 zuòbìshàngguān　作法自毙 zuòfǎzìbì　作茧自缚 zuòjiǎnzìfù　作威作福 zuòwēizuòfú（另见 zuō）

zuò 坐 坐标 zuòbiāo　坐落 zuòluò　坐镇 zuòzhèn　坐而论道 zuò'érlùndào　坐观成败 zuòguānchéngbài　坐井观天 zuòjǐngguāntiān　坐以待毙 zuòyǐdàibì

zuò 座 座舱 zuòcāng　座谈 zuòtán　座位 zuò·wèi　座无虚席 zuòwúxūxí

练习四

一、看拼音写汉字

sànluò（　　）	wūmiè（　　）	shàshí（　　）	xiūsè（　　）
sǒngyǒng（　　）	zhìxiāo（　　）	zuìniè（　　）	yōngzhǒng（　　）
wǎnjiù（　　）	yùnniàng（　　）	tuísàng（　　）	sāorǎo（　　）
yùmèn（　　）	xiāoyáo（　　）	yángyì（　　）	
shàn（　）养	shē（　）账	shì（　）好	思 cǔn（　）
tái（　）藓	tián（　）静	闲 xiá（　）	xiá（　）想
xiáo（　）乱	xùn（　）养	yáng（　）攻	摇 yè（　）
zhào（　）事	zhù（　）藏	zhuàn（　）写	挑 xìn（　）
xuàn（　）耀	wēi（　）峨	深 wù（　）痛绝	shǐ（　）志不渝
世外桃 yuán（　）	shì（　）目以待	shǒu（　）屈一指	
shùn（　）息万变	文过 shì（　）非	shuò（　）见不鲜	

二、给下列加点字注音

掺手（ ）	膳食（ ）	赡养（ ）	禅让（ ）	商榷（ ）
捎色（ ）	深邃（ ）	参商（ ）	包扎（ ）	骨殖（ ）
狩猎（ ）	倏然（ ）	骨髓（ ）	棠棣（ ）	绦虫（ ）
叨扰（ ）	湍急（ ）	造诣（ ）	择菜（ ）	颓丧（ ）
吞噬（ ）	瓦刀（ ）	紊乱（ ）	芜杂（ ）	花坞（ ）
吸吮（ ）	相称（ ）	褶皱（ ）	诛戮（ ）	镶嵌（ ）
肖像（ ）	叶韵（ ）	亵渎（ ）	酗酒（ ）	漩涡（ ）
眩晕（ ）	穴位（ ）	腌渍（ ）	莫邪（ ）	扶掖（ ）
翌日（ ）	痈疽（ ）	尉迟（ ）	墙垣（ ）	撰写（ ）
萦绕（ ）	淆乱（ ）	炭疽（ ）	腮腺（ ）	星宿（ ）

千乘之国（ ）	恃才傲物（ ）	恬不知耻（ ）	下车伊始（ ）
纤尘不染（ ）	旋踵即逝（ ）	自怨自艾（ ）	有的放矢（ ）
载歌载舞（ ）	博闻强识（ ）		

三、给下列多音字注音并组词

撒{	吐{	禅{
捎{	散{	踏{
拓{	扇{	纤{
厦{	苔{	褪{
脏{	术{	炸{
择{	降{	巷{
削{	血{	芯{
兴{	旋{	瓦{
蔓{	压{	腌{

燕{

稍{

臊{

四、成语填空

散兵游（　）	（　）有介事	少安（　）躁	甚（　）尘上
生杀（　）夺	始作（　）者	（　）志不渝	（　）屈一指
（　）财仗义	（　）息万变	半身不（　）	危言（　）听
文过（　）非	（　）皮笑脸	心不在（　）	自顾不（　）
向（　）而泣	言近（　）远	以儆效（　）	义愤填（　）

模拟水平测试

一、读单音节字词（100个音节）

讼	粟	攥	妆	赘	缫
誉	骤	砷	滋	涮	携
拽	赚	锥	鬃	炙	爪
皱	允	渍	嗣	髓	佟
翁	皖	蜕	悉	佯	霰
垣	蕴	斋	缀	脂	蘸
钛	耸	绥	唾	韦	篆
玄	燥	灼	邑	戌	涡
吮	蚀	弦	债	宰	漾
曳	塑	捅	瘟	苇	饷
浊	焉	盅	轴	咒	趾
撰	脂	斟	肘	蔗	宅
崽	掖	捂	匣	洗	卸
癣	啼	俞	祀	酥	汰
舀	嚣	仨	豫	撮	徒
衍	拙	屑	楔	翌	惟
俟	剃	摄	虾		

二、读多音节词语（100个音节）

散失	租赁	扇贝	须臾	商榷
碎步儿	赦免	深邃	神龛	蚱蜢
嗜好	狩猎	悠然	思忖	怂恿
坍塌	湍流	颓废	照片儿	琢磨
转弯	罪孽	邮戳儿	膳食	赘述
装载	主旨	脂肪	招徕	阻挠

肇事	山坳	震颤	糟粕	奢侈
牲畜	抓阄儿	棕榈	指使	贻误
眩晕	妥当	嚣张	幸免	渣滓
蒸馏水	圆舞曲	肆无忌惮		

总练习

一、给下列加点的字注音

遨游（ ）	斑鸠（ ）	蟾蜍（ ）	打岔（ ）	讹传（ ）
果脯（ ）	沽名（ ）	憨厚（ ）	饥饿（ ）	坎坷（ ）
勒索（ ）	抹布（ ）	气馁（ ）	纽扣（ ）	盘缠（ ）
栖身（ ）	饶恕（ ）	撒娇（ ）	袒护（ ）	袜子（ ）
掀动（ ）	逸事（ ）	盎然（ ）	芭蕉（ ）	餐具（ ）
怠慢（ ）	扼要（ ）	氛围（ ）	灌溉（ ）	烘托（ ）
羁绊（ ）	铿锵（ ）	潦草（ ）	脉络（ ）	挠头（ ）
谱曲（ ）	剖析（ ）	荸荠（ ）	扰乱（ ）	洒脱（ ）
叨扰（ ）	顽强（ ）	膝盖（ ）	摇曳（ ）	熬煎（ ）
跋涉（ ）	糙米（ ）	掸子（ ）	饵料（ ）	阀门（ ）
柑橘（ ）	行当（ ）	监督（ ）	窟窿（ ）	咧嘴（ ）
蛮横（ ）	按捺（ ）	浦口（ ）	魄力（ ）	谦恭（ ）
韧带（ ）	害臊（ ）	誊写（ ）	偎依（ ）	嫌弃（ ）
钥匙（ ）	拗口（ ）	版图（ ）	搀扶（ ）	耽搁（ ）
贰臣（ ）	樊篱（ ）	橄榄（ ）	荷重（ ）	缄默（ ）
胯骨（ ）	租赁（ ）	昧心（ ）	酿造（ ）	菩萨（ ）

二、根据拼音组词

ā（ ）臜	bāng（ ）交	chēn（ ）面	dàng（ ）漾
è（ ）梦	fù（ ）予	guī（ ）依	há（ ）蟆
垃 jī（ ）	kē（ ）头	lèi（ ）骨	miù（ ）误
nèn（ ）绿	ōu（ ）打	pìn（ ）请	qī（ ）茶
rǔ（ ）骂	shān（ ）改	táo（ ）汰	wān（ ）豆
xián（ ）接	yá（ ）门	zhí（ ）意	yāo（ ）请
ài（ ）事	bǔ（ ）育	chāng（ ）獗	dài（ ）捕
è（ ）运	fěi（ ）薄	gěng（ ）概	huàn（ ）散
jīn（ ）怀	kuài（ ）子	liàng（ ）晒	mǐn（ ）惜

nì（ ）爱	ōu（ ）歌	pēng（ ）击	qià（ ）谈
rùn（ ）年	shàn（ ）养	téng（ ）萝	wǎn（ ）救

三、给下列多音字注音并组词

凹{ 炮{ 参{

得{ 恶{ 否{

龟{ 和{ 据{

卡{ 拉{ 蒙{

拧{ 迫{ 漂{

强{ 嚷{ 禅{

拓{ 为{ 削{

饮{ 载{ 粘{

艾{ 薄{ 单{

倒{ 阿{ 缝{

咯{ 哄{ 禁{

看{ 累{ 模{

哪{ 区{ 膀{

壳{ 任{ 塞{

帖{ 万{ 校{

应{　　　　扎{　　　　择{

四、成语填空

（　）首阔步	（　）帚自珍	（　）强人意	（　）罪立功
（　）虞我诈	（　）琴煮鹤	（　）目成诵	（　）然一新
（　）谏饰非	（　）捐杂税	（　）试不爽	（　）猴而冠
（　）高德劭	（　）荜增辉	（　）比为奸	（　）人心脾
（　）俊不禁	（　）安毋躁	（　）本溯源	（　）中捉鳖
（　）寒问暖	（　）噎废食	（　）书达理	（　）然若揭
（　）部就班	（　）闻强识	（　）一警百	（　）扑不破
（　）虎扑食	（　）声鹤唳	（　）延残喘	（　）如隔世
（　）躬尽瘁	（　）己奉公	（　）肌浃髓	（　）守成规
（　）虚作假	（　）心沥血	（　）水相逢	（　）巢鸠占
（　）以继夜	（　）生取义	（　）手可得	（　）薪尝胆
（　）序渐进	（　）于言表	（　）聋发聩	（　）身养性
（　）兵必胜	（　）目塞听	（　）之以鼻	（　）开茅塞
（　）断义绝	（　）皮潦草	（　）亏一篑	（　）水摸鱼
（　）谢不敏	（　）日持久	（　）次栉比	（　）逆之交
（　）不可遏	（　）断丝连	（　）分秋色	（　）随事迁
（　）会贯通	（　）志不渝	（　）胎换骨	（　）庸置疑

五、辨字组词

{奥 澳 懊}　{傍 谤 磅}　{池 驰 弛}　{蹬 澄 瞪}　{腭 鄂 萼}

{妨 肪 仿}　{荧 营 萤}　{悔 诲 晦}　{俭 捡 检}　{魁 傀 愧}

{咧 裂 烈}　{墓 暮 幕}　{懦 糯 濡}　{帐 胀 账}　{偏 翩 骗}

{驱 岖 躯}　{榕 溶 蓉}　{试 拭 恃}　{蜓 挺 艇}　{蔚 慰 尉}

模拟水平测试

一、读单音节字词（100 个音节）

耳	持	痒	坯	广	迈
拴	瘸	朽	厘	吹	破
怎	篇	蒜	丢	如	洼
瘤	耍	类	我	壁	罕
困	庞	攫	盆	掳	桌
责	纺	消	缕	凝	辈
犊	嫩	扯	渠	日	江
袄	仓	卵	雕	浑	般
野	团	举	踪	男	润
拿	粗	腺	驴	棵	猛
黑	噙	张	内	北	顾
枕	陋	筛	裂	舱	整
踹	允	夺	返	尊	谎
侵	底	摸	疗	薛	妾
此	纳	嘴	乍	爹	南
吃	桶	瞄	舞	溶	灭
抠	陇	鳃	摧		

二、读多音节词语（100 个音节）

教训	窘迫	思维	权力	接洽
妇女	黑暗	拥有	棉花	因而
谬论	饭盒儿	拳头	傍晚	撇开
效率	戏法儿	红色	濒临	小巧
英雄	抓阄儿	逃窜	和平	脚跟
茧子	偶尔	颓丧	亏损	衰落
折磨	佛寺	眼前	月亮	划分
旷工	没谱儿	表演	夏天	精神
赛场	胸脯	看待	美好	傲然
避雷针	基本功	风起云涌		

第二部分 朗读部分

1. 什么是朗读

朗读是一种有声语言艺术，指把视觉符号的书面语言转化为听觉符号的有声语言的再创造活动。朗读也可以叫作诵读，它不是机械地单纯念字、照字读音，也不是没有重音、没有情感变化地读，而是在语音规范的基础上达到更丰富、更完美的表情达意、言志传神地读，也就是通过读，使作品中的文字符号立起来、活起来，如同一个个灵活的生命，给人以深切的感受。

朗读是一个有着复杂心理、生理变化的驾驭语言的过程。朗读者必须掌握一定的技巧，深入地理解、体悟作品，必须以文字作品为依据，在原作的基础上，将自己的深切感受融入其中，在停连、重音、节奏、语势等方面进行艺术加工，通过有声语言准确、鲜明、生动地体现原作的特有风格。这样的朗读凝结了朗读者再创造的心血，弥补了文字表达的不足，是对文字作品的“再创作”，因而比文字作品本身具有更强烈、更感人的艺术魅力。

2. 朗读的要求

（1）理解作品，领会内容。这是朗读的先决条件和基础。要读好一篇文章，首先要充分理解这篇文章，领会文章的基本内容。朗读的正确途径应该是从理解到表达，在理解的基础上进一步表达。要理解作品，必须反复揣摩、正确把握作品的主题思想和情感基调，深入了解作品的时代背景及作者的思想状况，掌握作品的结构，分清主次，仔细推敲词句之间的微妙含义，真正进入到作品的境界中。

（2）读准字音，语句流畅。掌握普通话的标准发音，是朗读者必备的条件。汉字结构复杂，一字多音，轻声、儿化、变调等，朗读时一定要注意分辨，不能读错字音。例如，“提供”（tígōng）就不能读作（tígòng）；塑料（sùliào）不能读作（suòliào）。

（3）语调自然，熟练运用语音技巧。语调准确、自然，是朗读表情达意的重要条件。朗读的艺术性主要是通过语调加以体现的。朗读语言同生活语言的主要区别就在语调。朗读语言的语调有明显的起伏变化，能将语义表达得更加顺畅、明晰、突出。另外，朗读还需要掌握一定的语音表达技巧，如恰当的语调的运用、停顿、重音、快慢等。

（4）不要回读。同学们在上语文课朗读时，有时读错了，就将出错的这句话重新读一遍，而在普通话水平测试时，这种重新读叫回读，按照测试规则，回读是要扣分的。因而同学们在普通话水平测试时，要将文章语句看准确了，朗读时不要回读。

3. 散文朗读

文字作品的体裁多种多样，不同的文体各有特点，因而针对不同的文体，朗读的处理方式也不相同，各有侧重。普通话测试中的文体大多是散文，因此，这里介绍一下散文朗读。

散文是一种主体性很强的文体，它重在作家主体意识的坦诚流泻，书写作家对人生、对生活、对自然、对社会的感情，言我之志，抒我之情，从而去表现自己，也表现、批判世界的各面，解释创作主体的个性与人格，传达对人生、自然、社会的真知灼见。散文语言不受韵律的约束，可叙事、抒情、议论。朗读时应抓住散文“形散神聚”的特点，做到在散珠中穿缀，把握作品总的基调。散文取材广泛，如果找不准作品的一个统一的基调，就很难把这些貌似离散的人和事统一起来。

散文中有一类抒情性很强的作品，虽然不讲究整齐的韵律，也不分行排列，但同样能创造出水乳交融、诗情画意的优美意境，让人领略到语言的音乐性。在朗读散文时应注意把握艺术感觉。例如，朱自清的名作《春》，主体的基调是表现春天的自然活泼、亲切柔和。

作品 1 号

那是力争上游的一种树，笔直的干，笔直的枝。它的干呢，通常是丈把高，像是加以人工似的[1]，一丈以内，绝无旁枝；它所有的丫枝[2]呢，一律向上，而且紧紧靠拢，也像是加以人工似的，成为一束[3]，绝无横斜逸[4]出；它的宽大的叶子也是片片向上，几乎[5]没有斜生的，更不用说倒垂了；它的皮，光滑而有银色的晕圈[6]，微微泛出淡青色。这是虽[7]在北方的风雪的压迫下却保持着倔强[8]挺立的一种树！哪怕只有碗来粗细罢，它却努力向上发展，高到丈许，两丈，参天耸立，不折不挠[9]，对抗着西北风。

这就是白杨树，西北极普通的一种树，然而决不是平凡的树！

它没有婆娑[10]的姿态，没有屈曲盘旋[11]的虬枝[12]，也许你要说它不美丽，——如果美是专指“婆娑”或“横斜逸出”之类而言，那么，白杨树算不得树中的好女子；但是它却伟岸，正直，朴质[13]，严肃，也不缺乏温和，更不用提它的坚强不屈与挺拔，它是树中的伟丈夫！当你在积雪初融的高原上走过，看见平坦的大地上傲然[14]挺立这么一株或一排白杨树，难道你就只觉得它只是树，难道你就不想到它的朴质，严肃，坚强不屈，至少也象征了北方的农民；难道你竟一点儿也不联想到，在敌后的广大土地上，到处有坚强不屈，就像这白杨树一样傲然挺立的守卫他们家乡的哨兵！难道你又不更远一点想到这样枝枝叶叶靠紧团结，力求上进的白杨树，宛然象征了今天在华北平原纵横决荡，用血写出新中国历史的那种精神和意志。

节选自茅盾《白杨礼赞》

注　释

[1] 似的 shì · de
[2] 丫枝 yāzhī 形容树枝分出
[3] 一束 yīshù
[4] 逸 yì
[5] 几乎 jīhū
[6] 晕圈 yùnquān
[7] 虽 suī
[8] 倔强 juéjiàng（性情）刚强不屈
[9] 不折不挠 bùzhébùnáo
[10] 婆娑 pósuō 盘旋（多指舞蹈）
[11] 屈曲盘旋 qūqūpánxuán
[12] 虬枝 qiúzhī 拳曲的枝条
[13] 朴质 pǔzhì 纯真而没经过修饰的
[14] 傲然 àorán 坚强不屈的样子

作品 2 号

两个同龄的年轻人同时受雇于一家店铺，并且拿同样的薪水[1]。

可是一段时间后，叫阿诺德的那个小伙子青云直上，而那个叫布鲁诺的小伙子却仍[2]在原地踏步。布鲁诺很不满意老板的不公正待遇。终于有一天他到老板那儿[3]发牢骚了。老板一边耐心地听着他的抱怨[4]，一边在心里盘算着怎样向他解释清楚他和阿诺德之间的差别[5]。

“布鲁诺先生，”老板开口说话了，“您现在到集市上去一下，看看[6]今天早上[7]有什么[8]卖的。”

布鲁诺从集市上回来向老板汇报说，今早集市上只有一个农民拉了一车土豆在卖。

“有多少？”老板问。

布鲁诺赶快戴上帽子又跑到集上，然后回来告诉老板一共四十袋土豆。

“价格是多少？”

布鲁诺又第三次跑到集上问来了价格。

“好吧，”老板对他说，“现在请您坐到这把椅子上一句话也不要说，看看阿诺德怎么[9]说。”

阿诺德很快就从集市上回来了。向老板汇报说到现在为止只有一个农民在卖土豆，一共四十口袋[10]，价格是多少多少；土豆质量[11]很不错，他带回来一个让老板看看。这个农民一个钟头以后还会弄[12]来几箱西红柿，据他看价格非常公道。昨天他们铺子的西红柿卖得很快，库存已经不多了。他想这么便宜的西红柿，老板肯定会要进一些的，所以他不仅带回了一个西红柿做样品，而且把那个农民也带来了，他现在正在外面等回话呢。

此时老板转向了布鲁诺，说：“现在您肯定知道为什么阿诺德的薪水比您高了吧！”

节选自张健鹏、胡足青主编《故事时代》中《差别》

注　释

[1]　薪水 xīn · shui 工资

[2]　仍 réng

[3]　那儿 nàr

[4]　抱怨 bàoyuàn 心中不满，数说别人不对

[5]　差别 chābié

[6]　看看 kàn · kan

[7]　早上 zǎo · shang

[8]　什么 shén · me

[9]　怎么 zěn · me

[10]　口袋 kǒu · dai

[11]　质量 zhìliàng

[12]　弄 nòng

作品 3 号

我常常遗憾我家门前那块丑石：它黑黝黝[1]地卧在那里，牛似的[2]模样[3]；谁也不知道是什么[4]时候[5]留在这里的，谁也不去理会它。只是麦收时节，门前摊了麦子，奶奶[6]总是说：这块丑石，多占地面呀，抽空[7]把它搬走吧。

它不像汉白玉那样的细腻，可以刻字雕花，也不像大青石那样的光滑，可以供[8]来浣纱[9]捶[10]布。它静静地卧在那里，院边的槐阴没有庇覆[11]它，花儿[12]也不再在它身边生长。荒草便繁衍[13]出来，枝蔓[14]上下，慢慢地，它竟锈上了绿苔[15]、黑斑。我们这些做孩子的，也讨厌起它来，曾合伙要搬走它，但力气[16]又不足；虽[17]时时咒骂它，嫌弃它，也无可奈何，只好任它留在那里了。

终有一日，村子里来了一个天文学家。他在我家门前路过，突然发现了这块石头[18]，眼光立即[19]就拉直了。他再没有离开，就住了下来；以后又来了好些人，都说这是一块陨石[20]，从天上落下来已经有二三百年了，是一件了不起的东西[21]。不久便来了车，小心翼翼地将它运走了。

这使我们都很惊奇，这又怪又丑的石头，原来是天上的啊！它补过[22]天，在天上发过[23]热、闪过[24]光，我们的先祖或许仰望过[25]它，它给了他们光明、向往、憧憬[26]；而它落下来了，在污土里，荒草里，一躺就是几百年了！

我感到自己的无知，也感到了丑石的伟大，我甚至怨恨它这么[27]多年竟会默默地忍受着这一切！而

我又立即深深地感到它那种不屈于误解、寂寞的生存的伟大。

节选自贾平凹《丑石》

注 释

[1] 黑黝黝 hēiyǒuyǒu（口语一般读 hēiyōuyōu）
[2] 似的 shì · de
[3] 模样 múyàng
[4] 什么 shén · me
[5] 时候 shí · hou
[6] 奶奶 nǎi · nai
[7] 抽空 chōukòng挤出时间（做别的事情）
[8] 供gōng
[9] 浣纱 huànshā清洗细丝
[10] 捶 chuí
[11] 庇覆 bìfù（树木）遮住阳光
[12] 花儿 huā'ér
[13] 繁衍 fányǎn 逐渐增多或增广
[14] 枝蔓 zhīmàn
[15] 绿苔 lǜtái
[16] 力气 lì · qi
[17] 虽 suī
[18] 石头 shí · tou
[19] 立即 lìjí
[20] 陨石 yǔnshí 含石质较多或全部为石质的陨星
[21] 东西 dōng · xi
[22] 补过 bǔ · guo
[23] 发过 fā · guo
[24] 闪过 shǎn · guo
[25] 仰望过 yǎngwàng · guo
[26] 憧憬 chōngjǐng向往
[27] 这么 zhè · me

作品 4 号

在达瑞八岁的时候[1]，有一天他想去看电影。因为[2]没有钱，他想是向爸妈要钱，还是自己挣钱。最后他选择了后者。他自己调制[3]了一种汽水[4]，向过路的行人出售。可那时正是寒冷的冬天，没有人买，只有两个人例外——他的爸爸[5]和妈妈[6]。

他偶然有一个和非常成功的商人谈话的机会。当他对商人讲述了自己的“破产史”后，商人给了他两个重要的建议：一是尝试为别人解决一个难题；二是把精力集中在你知道的、你会的和你拥有的东西[7]上。

这两个建议很关键。因为对于一个八岁的孩子而言，他不会做的事情[8]很多。于是他穿过[9]大街小巷，不停地思考：人们[10]会有什么[11]难题，他又如何利用这个机会？

一天，吃早饭时父亲让达瑞去取报纸。美国的送报员总是把报纸从花园篱笆[12]的一个特制的管子里塞[13]进来。假如你想穿着睡衣舒舒服服[14]地吃早饭和看报纸，就必须离开温暖的房间，冒着寒风，到花园去取。虽然[15]路短，但十分麻烦[16]。

当达瑞为父亲取报纸的时候，一个主意[17]诞生了。当天[18]他就按响邻居的门铃，对他们说，每个月只需付给他一美元，他就每天早上[19]把报纸塞到他们的房门底下。大多数人都同意了，很快他有了七十多个顾客。一个月后，当他拿到自己赚的钱时，觉得自己简直是飞上了天。

很快他又有了新的机会，他让他的顾客每天把垃圾袋放在门前，然后由他早上运到垃圾桶里，每个月加一美元。之后他还想出了许多孩子赚钱的办法，并把它集结成书，书名为《儿童挣钱的二百五十个主意》。为此[20]，达瑞十二岁时就成了畅销书作家，十五岁有了自己的谈话节目，十七岁就拥有了几百万美元。

节选自［德］博多·舍费尔《达瑞的故事》，刘志明译

注　释

[1]　时候 shí · hou
[2]　因为 yīn · wèi
[3]　调制 tiáozhì
[4]　汽水 qìshuǐr
[5]　爸爸 bà · ba
[6]　妈妈 mā · ma
[7]　东西 dōng · xi
[8]　事情 shì · qing
[9]　穿过 chuān · guo
[10]　人们 rén · men
[11]　什么 shén · me
[12]　篱笆 lí · ba
[13]　塞 sāi
[14]　舒舒服服 shūshūfúfú（口语一般读 shū · shufūfū）
[15]　虽然 suīrán
[16]　麻烦 má · fan
[17]　主意 zhǔ · yi
[18]　当天 dàngtiān
[19]　早上 zǎo · shang
[20]　为此 wèicǐ

作品 5 号

这是入冬以来，胶东半岛上第一场[1]雪。

雪纷纷扬扬，下得很大。开始还伴着一阵儿[2]小雨，不久就只见大片大片的雪花，从彤云密布[3]的天空中飘落下来。地面上一会儿[4]就白了。冬天的山村，到了夜里就万籁俱寂[5]，只听得雪花簌簌地[6]不断往下落，树木的枯枝被雪压断了，偶尔咯吱[7]一声响。

大雪整整下了一夜。今天早晨，天放晴了，太阳出来了。推开门一看，嗬！好大的雪啊！山川、河流、树木、房屋，全都罩上了一层厚厚的雪，万里江山，变成了粉妆玉砌[8]的世界。落光了叶子的柳树上挂满了毛茸茸[9]、亮晶晶的银条儿[10]；而那些冬夏常青的松树和柏树[11]上，则挂满了蓬松松沉甸甸[12]的雪球儿[13]。一阵风吹来，树枝轻轻地摇晃，美丽的银条儿和雪球簌簌地落下来，玉屑[14]似的[15]雪末儿[16]随风飘扬，映着清晨的阳光，显出一道道五光十色的彩虹。

大街上的积雪足有一尺多深，人踩上去，脚底下发出咯吱咯吱的响声。一群群孩子在雪地里堆雪人，

掷[17]雪球儿。那欢乐的叫喊声，把树枝上的雪都震落下来了。

俗话说，“瑞雪兆丰年”。这个话有充分的科学根据，并不是一句迷信的成语。寒冬大雪，可以冻死一部分越冬的害虫；融化了的水渗[18]进土层深处，又能供应[19]庄稼[20]生长的需要。我相信这一场十分及时的大雪，一定会促进明年春季作物，尤其是小麦的丰收。有经验的老农把雪比做是“麦子的棉被”。冬天（“棉被”盖得越厚，明春麦子就长得越好，所以又有这样一句谚语：“冬天麦盖三层被，来年枕着馒头[21]睡。”）

我想，这就是人们为什么[22]把及时的大雪称为“瑞雪”的道理吧。

节选自峻青《第一场雪》

注　释

[1]　场 cháng
[2]　一阵儿 yīzhènr
[3]　彤云密布 tóngyúnmìbù
[4]　一会儿 yīhuìr
[5]　万籁俱寂 wànlàijùjì 各种声响都静止下来，形容周围环境非常寂静
[6]　簌簌地 sùsù · de
[7]　咯吱gēzhī
[8]　粉妆玉砌 fěnzhuāngyùqì
[9]　毛茸茸 máoróngróng（口语一般读 máorōngrōng）
[10]　银条儿 yíntiáor
[11]　柏树 bǎishù
[12]　沉甸甸 chéndiàndiàn（口语一般读 chéndiāndiān）
[13]　雪球儿 xuěqiúr
[14]　玉屑 yùxiè
[15]　似的 shì · de
[16]　雪末儿 xuěmòr
[17]　掷 zhì
[18]　渗 shèn
[19]　供应gōngyìng
[20]　庄稼 zhuāng · jia
[21]　馒头 mán · tou
[22]　为什么 wèishén · me

作品 6 号

我常想读书人是世间幸福人，因为[1]他除了拥有现实的世界之外，还拥有另一个更为浩瀚[2]也更为[3]丰富的世界。现实的世界是人人都有的，而后一个世界却为读书人所独有。由此我想，那些失去或不能阅读的人是多么[4]的不幸，他们的丧失是不可补偿[5]的。世间有诸多的不平等，财富的不平等，权力的不平等，而阅读能力的拥有或丧失却体现为[6]精神的不平等。

一个人的一生，只能经历自己拥有的那一份[7]欣悦，那一份苦难，也许再加上他亲自闻知的那一些关于自身以外的经历和经验。然而，人们通过阅读，却能进入不同时空的诸多他人的世界。这样，具有阅读能力的人，无形间获得了超越有限生命的无限可能性。阅读不仅使他多识了草木虫鱼之名，而且可以上溯[8]远古下及未来，饱览存在的与非存在的奇风异俗。

更为重要的是，读书加惠于人们的不仅是知识的增广，而且还在于精神的感化与陶冶[9]。人们从读书学做人，从那些往哲先贤以及当代才俊[10]的著述中学得他们的人格。人们从《论语》[11]中学得智慧的思考，从《史记》中学得严肃的历史精神，从《正气歌》中学得人格的刚烈，从马克思学得人世的激情，从鲁迅学得批判精神，从托尔斯泰学得道德的执著[12]。歌德的诗句刻写着睿智[13]的人生，拜伦的诗句呼唤着奋斗的热情。一个读书人，一个有机会拥有超乎个人生命体验的幸运人。

节选自谢冕《读书人是幸福人》

注　释

[1]　因为 yīn · wèi
[2]　浩瀚 hàohàn 广大；繁多
[3]　为 wéi
[4]　多么 duō · me
[5]　补偿 bǔcháng抵消（损失、消耗）；补足（缺欠、差额）
[6]　为 wéi
[7]　份 fèn
[8]　上溯 shàngsù 从现在往上推（过去的年代）
[9]　陶冶 táoyě 比喻给人的思想、性格以有益的影响
[10]　才俊 cáijùn 优秀的人才
[11]　《论语》Lúnyǔ
[12]　执著 zhízhuó 泛指固执或拘泥
[13]　睿智 ruìzhì 英明有远见

作品 7 号

一天，爸爸[1]下班回到家已经很晚了，他很累也有点儿[2]烦，他发现五岁的儿子靠在门旁正等着他。

“爸，我可以问您一个问题吗？”

“什么[3]问题？”“爸，您一小时可以赚多少钱？”“这与你无关，你为什么问这个[4]问题？”父亲生气地说。

“我只是想知道，请告诉[5]我，您一个小时赚多少钱？”小孩儿[6]哀求道。“假如你一定要知道的话，我一小时赚二十美金。”

“哦，”小孩儿低下了头，接着又说，“爸，可以借我十美金吗？”父亲发怒了：“如果你只是要借钱去买毫无意义的玩具的话，给我回到你的房间睡觉去。好好想想[7]为什么你会那么[8]自私。我每天辛苦工作，没时间和你玩儿[9]小孩子的游戏。”

小孩儿默默地回到自己的房间关上门。

父亲坐下来还在生气。后来，他平静下来了。心想他可能对孩子太凶了——或许孩子真的很想买什么东西[10]，再说他平时很少要过[11]钱。

父亲走进孩子的房间：“你睡了吗？”“爸，还没有，我还醒着。”孩子回答。

“我刚才可能对你太凶了，”父亲说，“我不应该发那么大的火儿[12]——这是你要的十美金。”“爸，谢谢[13]您。”孩子高兴地从枕头[14]下拿出一些被弄皱[15]的钞票，慢慢地数着。

“为什么你已经有钱了还要？”父亲不解地问。

“因为[16]原来不够，但现在凑够了。”孩子回答：“爸，我现在有二十美金了，我可以向您买一个小时的时间吗？明天请早一点儿回家——我想和您一起吃晚餐。”

节选自唐继柳编译《二十美金的价值》

注 释

[1] 爸爸 bà · ba
[2] 点儿 diǎnr
[3] 什么 shén · me
[4] 这个 zhè · ge
[5] 告诉gào · su
[6] 小孩儿 xiǎoháir
[7] 想想 xiǎng · xiang
[8] 那么 nà · me
[9] 玩儿 wánr
[10] 东西 dōng · xi
[11] 要过 yào · guo
[12] 火儿 huǒr
[13] 谢谢 xiè · xie
[14] 枕头 zhěn · tou
[15] 弄皱 nòngzhòu
[16] 因为 yīn · wèi

作品 8 号

我爱月夜，但我也爱星天。从前在家乡，七八月的夜晚，在庭院里纳凉的时候[1]，我最爱看天上的密密麻麻的繁星。望着星天，我就会忘记一切，仿佛[2]回到了母亲的怀里似的[3]。

三年前在南京，我住的地方[4]有一道后门，每晚我打开后门，便看见一个静寂的夜。下面是一片菜园，上面是星群密布的蓝天。星光在我们的肉眼里虽然[5]微小，然而它们使我们觉得光明无处不在。那时候我正在读一些天文学的书，也认得[6]一些星星[7]，好像它们就是我的朋友[8]，它们常常在和我谈话一样。

如今在海上，每晚和繁星相对，我把它们认得很熟[9]了。我躺在舱面上，仰望天空。深蓝色的天空里悬着无数半明半昧[10]的星。船在动，星也在动，它们是这样低，真是摇摇欲坠呢！渐渐地我的眼睛[11]模糊[12]了，我好像看见无数萤火虫在我的周围飞舞。海上的夜是柔和的，是静寂的，是梦幻的。我望着许多认识[13]的星，我仿佛看见它们在对我眨眼，我仿佛听见它们在小声说话。这时我忘记了一切。在星的怀抱中我微笑着，我沉睡着。我觉得自己是一个小孩子，现在睡在母亲的怀里了。

有一夜，那个在哥伦波上船的英国人指给我看天上的巨人。他用手指着：那四颗明亮的星是头，下面的几颗是身子，这几颗是手，那几颗是腿和脚，还有三颗星算是腰带。经他这一番指点，我果然看清楚[14]了那个天上的巨人。看，那个巨人还在跑呢！

节选自巴金《繁星》

注 释

[1] 时候 shí · hou
[2] 仿佛 fǎngfú
[3] 似的 shì · de
[4] 地方 dì · fang
[5] 虽然 suīrán
[6] 认得 rèn · de
[7] 星星 xīng · xing

[8] 朋友 péng · you
[9] 熟 shú
[10] 半明半昧 bànmíngbànmèi 半明亮半昏暗
[11] 眼睛 yǎn · jing
[12] 模糊 mó · hu
[13] 认识 rèn · shi
[14] 清楚 qīng · chu

作品 9 号

假日到河滩上转转[1]，看见许多孩子在放风筝[2]。一根根长长的线，一头[3]系[4]在天上，一头系在地上，孩子同风筝都在天与地之间悠荡，连心也被悠荡得恍恍惚惚了，好像又回到了童年。

儿时放的风筝，大多是自己的长辈或家人编扎[5]的，几根削[6]得很薄[7]的篾[8]，用细纱扎成各种鸟兽的造型，糊上雪白的纸片，再用彩笔勾勒[9]出面孔与翅膀的图案。通常扎得最多的是"老雕""美人儿[10]""花蝴蝶"等。

我们家前院就有位叔叔[11]，擅扎风筝，远近闻名。他扎的风筝不只体型好看，色彩艳丽，放飞得高远，还在风筝上绷一叶用蒲苇[12]削成的膜片，经风一吹，发出"嗡嗡"的声响，仿佛是风筝的歌唱，在蓝天下播扬，给开阔的天地增添了无尽的韵味，给驰荡的童心带来几分疯狂。

我们那条胡同[13]的左邻右舍[14]的孩子们放的风筝几乎[15]都是叔叔编扎的。他的风筝不卖钱，谁上门去要，就给谁，他乐意自己贴钱买材料。

后来，这位叔叔去了海外，放风筝也渐与孩子们远离了。不过年年叔叔给家乡写信，总不忘提起儿时的放风筝。香港回归之后，他在家信中说到，他这只被故乡放到海外的风筝，尽管[16]飘荡游弋[17]，经沐风雨，可那线头儿[18]一直在故乡和亲人手中牵着，如今飘得太累了，也该要回归到家乡和亲人身边来了。

是的。我想，不光是叔叔，我们每个人都是风筝，在妈妈手中牵着，从小放到大，再从家乡放到祖国最需要的地方[19]去啊！

节选自李恒瑞《风筝畅想曲》

注　释

[1] 转转 zhuàn · zhuan
[2] 风筝 fēng · zheng
[3] 一头 yītóu
[4] 系 jì
[5] 编扎 biānzā
[6] 削 xiāo
[7] 薄 báo
[8] 篾 miè
[9] 勾勒gōulè
[10] 美人儿 měirénr
[11] 叔叔 shū · shu
[12] 蒲苇 púwěi
[13] 胡同 hútòng
[14] 舍 shè
[15] 几乎 jīhū

[16] 尽管 jǐnguǎn
[17] 游弋 yóuyì 泛指在水中游动
[18] 线头儿 xiàntóur
[19] 地方 dì・fang

作品 10 号

爸不懂得怎样表达爱，使我们一家人融洽[1]相处[2]的是我妈。他只是每天上班下班，而妈则把我们做过[3]的错事开列清单，然后由他来责骂我们。

有一次我偷了一块糖果，他要我把它送回去，告诉[4]卖糖的说是我偷来的，说我愿意替他拆箱卸[5]货作为赔偿[6]。但妈妈[7]却明白[8]我只是个孩子。

我在运动场打秋千跌断了腿，在前往医院途中一直抱着我的，是我妈。爸把汽车停在急诊室[9]门口，他们叫他驶开，说那空位[10]是留给紧急车辆停放的。爸听了便叫嚷道："你以为这是什么[11]车？旅游车？"

在我生日会上，爸总是显得有些不大相称[12]。他只是忙于吹气球，布置餐桌，做杂务。把插着蜡烛的蛋糕推过来让我吹的，是我妈。

我翻阅照相册时，人们总是问："你爸爸[13]是什么样子的？"天晓得！他老是忙着替别人拍照。妈和我笑容可掬[14]地一起拍的照片，多得不可胜数[15]。

我记得妈有一次叫他教[16]我骑自行车。我叫他别放手，但他却说是应该放手的时候[17]了。我摔倒之后，妈跑过来扶我，爸却挥手要她走开。我当时生气极了，决心要给他点儿[18]颜色看。于是我马上爬上自行车，而且自己骑给他看。他只是微笑。

我念大学时，所有的家信都是妈写的。他除了寄支票外，还寄过一封短柬[19]给我，说因为[20]我不在草坪上踢足球了，所以他的草坪长得很美。

每次我打电话回家，他似乎[21]都想跟我说话，但结果[22]总是说："我叫你妈来接。"

我结婚时，掉眼泪的是我妈。他只是大声擤[23]了一下鼻子，便走出房间。

我从小到大都听他说："你到哪里去？什么时候回家？汽车有没有汽油？不，不准去。"爸完全不知道怎样表达爱。除非……

会不会是他已经表达了，而我却未能察觉？

节选自［美］艾尔玛・邦贝克《父亲的爱》

注　释

[1] 融洽 róngqià彼此感情好，没有抵触
[2] 相处 xiāngchǔ
[3] 做过 zuò・guo
[4] 告诉gào・su
[5] 卸 xiè
[6] 赔偿 péicháng
[7] 妈妈 mā・ma
[8] 明白 míng・bai
[9] 急诊室 jízhěnshì
[10] 空位 kòngwèi
[11] 什么 shén・me
[12] 相称 xiāngchèn

[13] 爸爸 bà · ba
[14] 笑容可掬 xiàoróngkějū 形容笑得明显
[15] 不可胜数 bùkěshèngshǔ 多得数不过来
[16] 教 jiāo
[17] 时候 shí · hou
[18] 点儿 diǎnr
[19] 柬 jiǎn
[20] 因为 yīn · wèi
[21] 似乎 sìhū
[22] 结果 jiéguǒ
[23] 擤 xǐng按住鼻孔用力出气，使鼻涕排出

作品 11 号

一个大问题一直盘踞[1]在我脑袋[2]里：

世界杯怎么[3]会有如此巨大的吸引力？除去足球本身的魅力[4]之外，还有什么[5]超乎其上而更伟大的东西[6]？

近来观看世界杯，忽然从中得到了答案：是由于一种无上崇高的精神情感——国家荣誉感！

地球上的人都会有国家的概念，但未必时时都有国家的感情。往往人到异国，思念家乡，心怀故国，这国家概念就变得有血[7]有肉，爱国之情来得非常具体。而现代社会，科技昌达，信息快捷，事事上网，世界真是太小太小，国家的界限似乎[8]也不那么[9]清晰[10]了。再说足球正在快速世界化，平日里各国球员频繁转会，往来随意，致使越来越多的国家联赛都具有国际的因素。球员们不论国籍，只效力于自己的俱乐部，他们比赛时的激情中完全没有爱国主义的因子[11]。

然而，到了世界杯大赛，天下大变。各国球员都回国效力，穿上与光荣的国旗同样色彩的服装。在每一场比赛前，还高唱国歌以宣誓对自己祖国的挚爱与忠诚。一种血缘[12]情感开始在全身的血管[13]里燃烧起来，而且立刻热血[14]沸腾[15]。

在历史时代，国家间经常发生对抗，好男儿[16]戎装[17]卫国。国家的荣誉往往需要以自己的生命去换取。但在和平时代，唯有这种国家之间大规模对抗性的大赛，才可以唤起那种遥远而神圣的情感，那就是：为祖国而战！

节选自冯骥才《国家荣誉感》

注 释

[1] 盘踞 pánjù 非法占据，霸占
[2] 脑袋 nǎo · dai
[3] 怎么 zěn · me
[4] 魅力 mèilì 很能吸引人的力量
[5] 什么 shén · me
[6] 东西 dōng · xi
[7] 血 xuè
[8] 似乎 sìhū
[9] 那么 nà · me
[10] 清晰 qīngxī
[11] 因子 yīnzǐ 元素、因素、成分

[12] 血缘 xuèyuán 血统
[13] 血管 xuèguǎn
[14] 热血 rèxuè
[15] 沸腾 fèiténg
[16] 男儿 nán'er
[17] 戎装 róngzhuāng军装

作品 12 号

夕阳落山不久，西方的天空，还燃烧着一片橘红色的晚霞。大海，也被这霞光染成了红色，而且比天空的景色更要壮观。因为[1]它是活动的，每当一排排波浪[2]涌起[3]的时候[4]，那映照在浪峰上的霞光，又红又亮，简直就像一片片霍霍燃烧着的火焰[5]，闪烁[6]着，消失了。而后面的一排，又闪烁着，滚动着，涌了过来。

天空的霞光渐渐地淡下去了，深红的颜色变成了绯红[7]，绯红又变为浅红。最后，当这一切红光都消失了的时候，那突然显得高而远了的天空，则呈现出一片肃穆的神色。最早出现的启明星，在这蓝色的天幕上闪烁起来了。它是那么[8]大，那么亮，整个广漠的天幕上只有它在那里放射着令人注目的光辉，活像一盏悬挂在高空的明灯。

夜色加浓，苍空中的“明灯”越来越多了。而城市各处的真的灯火也次第亮了起来，尤其是围绕[9]在海港周围山坡上的那一片灯光，从半空倒映在乌蓝的海面上，随着波浪，晃动[10]着，闪烁着，像一串流动着的珍珠，和那一片片密布在苍穹[11]里的星斗互相辉映，煞[12]是好看。

在这幽美的夜色中，我踏着软绵绵的沙滩，沿着海边，慢慢地向前走去。海水，轻轻地抚摸着细软的沙滩，发出温柔的刷刷声。晚来的海风，清新而又凉爽。我的心里，有着说不出的兴奋[13]和愉快。

夜风轻飘飘地吹拂[14]着，空气中飘荡着一种大海和田禾相混合[15]的香味儿[16]，柔软的沙滩上还残留着白天太阳炙晒[17]的余温。那些在各个工作岗位上劳动了一天的人们，三三两两地来到这软绵绵的沙滩上，他们浴着凉爽的海风，望着那缀满了星星的夜空，尽情地说笑，尽情地休憩[18]。

节选自峻青《海滨仲夏夜》

注 释

[1] 因为 yīn · wèi
[2] 波浪 bōlàng
[3] 涌起 yǒngqǐ
[4] 时候 shí · hou
[5] 火焰 huǒyàn
[6] 闪烁 shǎnshuò
[7] 绯红 fēihóng鲜红
[8] 那么 nà · me
[9] 围绕 wéirào
[10] 晃动 huàngdòng
[11] 苍穹 cāngqióng天空
[12] 煞 shà
[13] 兴奋 xīngfèn
[14] 吹拂 chuīfú
[15] 混合 hùnhé

[16] 香味儿 xiāngwèir
[17] 炙晒 zhìshài 像火烤一样的热
[18] 休憩 xiūqì 休息。

作品 13 号

生命在海洋里诞生绝不是偶然的，海洋的物理和化学性质[1]，使它成为孕育原始生命的摇篮。

我们知道，水是生物的重要组成部分[2]，许多动物组织的含水量在百分之八十以上，而一些海洋生物的含水量高达百分之九十五。水是新陈代谢的重要媒介，没有它，体内的一系列生理和生物化学反应[3]就无法进行，生命也就停止。因此，在短时期内动物缺水要比缺少食物更加危险。水对今天的生命是如此重要，它对脆弱的原始生命，更是举足轻重了。生命在海洋里诞生，就不会有缺水之忧。

水是一种良好的溶剂。海洋中含有许多生命所必需的无机盐，如氯化钠、氯化钾、碳酸盐，还有溶解氧，原始生命可以毫不费力地从中吸取它所需要的元素。

水具有很高的热容量，加之海洋浩大，任凭夏季烈日曝晒[4]，冬季寒风扫荡，它的温度变化却比较[5]小。因此，巨大的海洋就像是天然的“温箱”，是孕育原始生命的温床。

阳光虽然[6]为[7]生命所必需，但是阳光中的紫外线却有扼杀[8]原始生命的危险。水能有效地吸收紫外线，因而又为原始生命提供[9]了天然的“屏障”。

这一切都是原始生命得以产生和发展的必要条件。

节选自童裳亮《海洋与生命》

注 释

[1] 性质 xìngzhì
[2] 部分 bù·fen
[3] 反应 fǎnyìng
[4] 曝晒 pùshài
[5] 比较 bǐjiào
[6] 虽然 suīrán
[7] 为 wéi
[8] 扼杀 èshā掐住脖子，使窒息而死
[9] 提供 tígōng

作品 14 号

读小学的时候[1]，我的外祖母去世了。外祖母生前最疼爱我，我无法排除自己的忧伤，每天在学校的操场上一圈儿[2]又一圈地跑着，跑得累倒在地上，扑在草坪上痛哭。

那哀痛的日子[3]，断断续续地持续了很久，爸爸[4]妈妈[5]也不知道如何安慰我。他们知道与其骗我说外祖母睡着了[6]，还不如对我说实话：外祖母永远不会回来了。

“什么[7]是永远不会回来呢？”我问着。

“所有时间里的事物，都永远不会回来。你的昨天过去，它就永远变成昨天，你不能再回到昨天。爸爸以前也和你一样小，现在也不能回到你这么[8]小的童年了；有一天你会长大，你会像外祖母一样老；有一天你度过了[9]你的时间，就永远不会回来了。”爸爸说。

爸爸等于给我一个谜语，这谜语比课本上的“日历挂在墙壁，一天撕去一页，使我心里着急[10]”和“一寸光阴一寸金，寸金难买寸光阴”还让我感到可怕；也比作文本上的“光阴似箭，日月如梭”更让

我觉得有一种说不出的滋味。

时间过得那么[11]飞快，使我的小心眼儿[12]里不只是着急，还有悲伤。有一天我放学回家，看到太阳快落山了，就下决心说："我要比太阳更快地回家。"我狂奔回去，站在庭院前喘气的时候，看到太阳还露着半边脸，我高兴地跳跃[13]起来，那一天我跑赢了太阳。以后我就时常做那样的游戏，有时和太阳赛跑，有时和西北风比快，有时一个暑假才能做完的作业，我十天就做完了；那时我三年级，常常把哥哥[14]五年级的作业拿来做。每一次比赛胜过时间，我就快乐得不知道怎么[15]形容。

如果将来我有什么要教给我的孩子，我会告诉[16]他：假若你一直和时间比赛，你就可以成功！

节选自（台湾）林清玄《和时间赛跑》

注 释

[1] 时候 shí · hou
[2] 圈儿 quānr
[3] 日子 rì · zi
[4] 爸爸 bà · ba
[5] 妈妈 mā · ma
[6] 睡着了 shuìzháole
[7] 什么 shén · me
[8] 这么 zhè · me
[9] 度过了 dù · guo · le
[10] 着急 zháojí
[11] 那么 nà · me
[12] 心眼儿 xīnyǎnr
[13] 跳跃 tiàoyuè
[14] 哥哥gē · ge
[15] 怎么 zěn · me
[16] 告诉gào · su

作品 15 号

三十年代初，胡适在北京大学任教授。讲课时他常常对白话文大加称赞，引起一些只喜欢[1]文言文而不喜欢白话文的学生[2]的不满。

一次，胡适正讲得得意的时候，一位姓魏的学生突然站了起来，生气地问："胡先生[3]，难道说白话文就毫无缺点吗？"胡适微笑着回答说："没有。"那位学生更加激动了："肯定有！白话文废话太多，打电报用字多，花钱多。"胡适的目光顿时变亮了。轻声地解释说："不一定吧！前几天有位朋友[4]给我打来电报，请我去政府部门工作，我决定不去，就回电拒绝了。复电是用白话写的，看来也很省字。请同学们根据我这个[5]意思[6]，用文言文写一个回电，看看[7]究竟是白话文省字，还是文言文省字？"胡教授刚说完，同学们立刻认真地写了起来。

十五分钟过去了，胡适让同学举手，报告用字的数目，然后挑了一份用字最少的文言电报稿，电文是这样写的：

"才疏学浅，恐难胜任，不堪从命。"白话文的意思是：学问[8]不深，恐怕很难担任这个工作，不能服从安排。

胡适说，这份写得确实不错，仅用了十二个字。但我的白话电报却只用了五个字：

"干不了[9]，谢谢[10]！"

胡适又解释说:“干不了”就有才疏学浅、恐难胜任的意思;“谢谢”既对朋友的介绍表示感谢,又有拒绝的意思。所以,废话多不多,并不看它是文言文还是白话文,只要注意选用字词,白话文是可以比文言文更省字的。

节选自陈灼主编《实用汉语中级教程》(上)中《胡适的白话电报》

注 释

[1] 喜欢 xǐ · huan
[2] 学生 xué · sheng
[3] 先生 xiān · sheng
[4] 朋友 péng · you
[5] 这个 zhè · ge
[6] 意思 yì · si
[7] 看看 kàn · kan
[8] 学问 xué · wen
[9] 干不了 gàn · bùliǎo
[10] 谢谢 xiè · xie

作品 16 号

很久以前,在一个漆黑的秋天的夜晚,我泛舟在西伯利亚一条阴森森的河上。船到一个转弯处,只见前面黑黢黢[1]的山峰下面一星火光蓦地[2]一闪。

火光又明又亮,好像就在眼前……

“好啦,谢天谢地!”我高兴地说,“马上就到过夜的地方[3]啦!”

船夫扭头朝身后的火光望了一眼,又不以为然地划[4]起桨来。

“远着呢!”

我不相信他的话,因为[5]火光冲破朦胧的夜色,明明在那儿[6]闪烁[7],不过船夫是对的,事实上,火光的确[8]还远着呢。

这些黑夜的火光的特点是:驱散黑暗,闪闪发亮,近在眼前,令人神往。乍一看,再划几下就到了……其实却还远着呢!……

我们在漆黑如墨的河上又划了很久。一个个峡谷和悬崖,迎面驶来,又向后移去,仿佛[9]消失在茫茫的远方,而火光却依然停在前头[10],闪闪发亮,令人神往——依然是这么近,又依然是那么远……

现在,无论是这条被悬崖峭壁的阴影笼罩的漆黑的河流,还是那一星明亮的火光,都经常浮现在我的脑际,在这以前和在这以后,曾有许多火光,似乎[11]近在咫尺[12],不止使我一人心驰神往。可是生活之河却仍然[13]在那阴森森的两岸之间流着,而火光也依旧非常遥远。因此,必须加劲划桨……

然而,火光啊……毕竟……毕竟就在前头!……

节选自[俄]柯罗连科《火光》,张铁夫译

注 释

[1] 黑黢黢 hēiqūqū 形容很黑
[2] 蓦地 mòdì 出乎意料地,突然
[3] 地方 dì · fang
[4] 划 huá
[5] 因为 yīn · wèi
[6] 那儿 nàr

[7] 闪烁 shǎnshuò 光亮动摇不定，忽明忽暗
[8] 的确 díquè
[9] 仿佛 fǎngfú
[10] 前头 qián · tou
[11] 似乎 sìhū
[12] 咫尺 zhǐchǐ 比喻很近的距离
[13] 仍然 réngrán

作品 17 号

对于一个在北平住惯的人，像我，冬天要是不刮风，便觉得是奇迹；济南[1]的冬天是没有风声的。对于一个刚由伦敦回来的人，像我，冬天要能看得见日光，便觉得是怪事；济南的冬天是响晴的。自然，在热带的地方[2]，日光永远是那么[3]毒，响亮的天气，反有点儿[4]叫人害怕。可是，在北方的冬天，而能有温晴的天气，济南真得[5]算个宝地。

设若单单是有阳光，那也算不了出奇。请闭上眼睛[6]想：一个老城，有山有水，全在天底下晒着阳光，暖和[7]安适地睡着，只等春风来把它们唤醒，这是不是理想的境界？小山把济南围了个圈儿[8]，只有北边缺着点口儿[9]。这一圈小山在冬天特别可爱，好像是把济南放在一个小摇篮里，它们安静不动地低声地说："你们放心吧，这儿[10]准保暖和。"真的，济南的人们在冬天是面上含笑的。他们一看那些小山，心中便觉得有了着落[11]，有了依靠。他们由天上看到山上，便不知不觉地想起：明天也许就是春天了吧？这样的温暖，今天夜里山草也许就绿起来了吧？就是这点儿幻想不能一时实现，他们也并不着急[12]，因为[13]这样慈善的冬天，干什么还希望别的呢！

最妙的是下点儿小雪呀。看吧，山上的矮松越发的青黑，树尖儿[14]上顶着一髻儿[15]白花，好像日本看护[16]妇。山尖儿全白了，给蓝天镶上一道银边[17]。山坡上，有的地方雪厚点儿，有的地方草色还露[18]着；这样，一道儿[19]白，一道儿暗黄，给山们穿上一件带水纹儿[20]的花衣；看着看着，这件花衣好像被风儿[21]吹动，叫你希望看见一点儿更美的山的肌肤[22]。等到快日落的时候[23]，微黄的阳光斜射在山腰上，那点儿薄[24]雪好像忽然害羞，微微露出点儿粉色。就是下小雪吧，济南是受不住大雪的，那些小山太秀气[25]。

节选自老舍《济南的冬天》

注　释

[1] 济南 Jǐnán
[2] 地方 dì · fang
[3] 那么 nà · me
[4] 有点儿 yǒudiǎnr
[5] 得 děi
[6] 眼睛 yǎn · jing
[7] 暖和 nuǎn · huo
[8] 圈儿 quānr
[9] 口儿 kǒur
[10] 这儿 zhèr
[11] 着落 zhuóluò
[12] 着急 zháojí
[13] 因为 yīn · wèi

[14] 树尖儿 shùjiānr
[15] 髻儿 jìr 在头顶或脑后盘成各种形状的头发
[16] 看护 kānhù
[17] 银边 yínbiānr
[18] 露 lòu
[19] 一道儿 yīdàor
[20] 水纹儿 shuǐwénr
[21] 风儿 fēng'er
[22] 肌肤 jīfū
[23] 时候 shí · hou
[24] 薄 báo
[25] 秀气 xiù · qi

作品 18 号

纯朴的家乡村边有一条河，曲曲弯弯，河中架一弯石桥，弓样的小桥横跨两岸。

每天，不管是鸡鸣晓月，日丽中天，还是月华泻地，小桥都印下串串足迹，洒落串串汗珠。那是乡亲为了追求多棱[1]的希望，兑现[2]美好的遐想[3]。弯弯的小桥，不时荡过[4]轻吟[5]低唱，不时露出[6]舒心的笑容。

因而，我稚小的心灵，曾将心声献给小桥：你是一弯银色的新月，给人间普照光辉；你是一把闪亮的镰刀，割刈[7]着欢笑的花果；你是一根晃悠悠[8]的扁担[9]，挑起[10]了彩色的明天！哦，小桥走进我的梦中。

我在飘泊[11]他乡的岁月，心中总涌动[12]着故乡的河水，梦中总看到弓样的小桥。当我访南疆探北国，眼帘闯进座座雄伟的长桥时，我的梦变得丰满了，增添了赤橙黄绿青蓝紫。

三十多年过去，我带着满头霜花回到故乡，第一紧要的便是去看望小桥。

啊！小桥呢？它躲起来了？河中一道长虹，浴着朝霞[13]熠熠[14]闪光。哦，雄浑的大桥敞开胸怀，汽车的呼啸、摩托的笛音、自行车的叮铃，合奏着进行交响乐；南来的钢筋、花布，北往的柑橙、家禽，绘出交流欢悦图……

啊！蜕变[15]的桥，传递了家乡进步的消息[16]，透露[17]了家乡富裕的声音。时代的春风，美好的追求，我蓦地[18]记起儿时唱给小桥的歌，哦，明艳艳的太阳照耀了，芳香甜蜜的花果捧来了，五彩斑斓[19]的岁月拉开了！

我心中涌动的河水，激荡起甜美的浪花。我仰望一碧蓝天，心底轻声呼喊：家乡的桥啊，我梦中的桥！

节选自郑莹《家乡的桥》

注　释

[1] 多棱 duōléng
[2] 兑现 duìxiàn
[3] 遐想 xiáxiǎng悠远的思索或想象
[4] 荡过 dàng · guo
[5] 轻吟 qīngyín
[6] 露出 lùchū
[7] 割刈gēyì 割

[8] 晃悠悠 huàngyōuyōu
[9] 扁担 biǎn · dan
[10] 挑起 tiāoqǐ
[11] 飘泊 piāobó
[12] 涌动 yǒngdòng
[13] 朝霞 zhāoxiá
[14] 熠熠 yìyì 形容闪光发亮
[15] 蜕变 tuìbiàn 人或事物发生质变
[16] 消息 xiāo · xi
[17] 透露 tòulù
[18] 蓦地 mòdì 出乎意料地，突然
[19] 斑斓 bānlán 灿烂多彩

作品 19 号

三百多年前，建筑设计师莱伊恩受命设计了英国温泽市政府大厅，他运用工程力学的知识[1]，依据自己多年的实践，巧妙地设计了只用一根柱子支撑[2]的大厅天花板。一年以后，市政府权威人士进行工程验收时，却说只用一根柱子支撑天花板太危险，要求莱伊恩再多加几根柱子。

莱伊恩自信只要一根坚固的柱子足以保证大厅安全，他的“固执”[3]惹恼了市政府官员，险些被送上法庭。他非常苦恼，坚持自己原先的主张吧，市政府官员肯定会另找人修改设计；不坚持吧，又有悖[4]自己为人[5]的准则。矛盾了很长一段时间，莱伊恩终于想出了一条妙计，他在大厅里增加了四根柱子，不过这些柱子并未与天花板接触[6]，只不过是装装[7]样子。

三百多年过去了，这个秘密始终没有被人发现。直到前两年，市政府准备修缮[8]大厅的天花板，才发现莱伊恩当年的“弄虚作假[9]”。消息[10]传出后，世界各国的建筑专家和游客云集，当地[11]政府对此也不加掩饰，在新世纪到来之际，特意将大厅作为一个旅游景点对外开放，旨在引导人们崇尚和相信科学。

作为一名建筑师，莱伊恩并不是最出色的。但作为一个人，他无疑非常伟大，这种伟大表现在他始终恪守[12]着自己的原则，给高贵的心灵一个美丽的住所：哪怕是遭遇到最大的阻力，也要想办法抵达胜利。

节选自游宇明《坚守你的高贵》

注　释

[1] 知识 zhī · shi
[2] 支撑 zhīchēng
[3] 固执gùzhí
[4] 悖 bèi 相反，违反
[5] 为人 wéirén
[6] 接触 jiēchù
[7] 装装 zhuāng · zhuang
[8] 修缮 xīushàn 修理
[9] 弄虚作假 nòngxūzuòjiǎ
[10] 消息 xiāo · xi
[11] 当地 dāngdì
[12] 恪守 kèshǒu 严格遵守

作品 20 号

自从传言有人在萨文河畔[1]散步时无意发现了金子后，这里便常有来自四面八方的淘金者。他们都想成为富翁，于是寻遍了整个河床，还在河床上挖出很多大坑，希望借助它们找到更多的金子。的确[2]，有一些人找到了，但另外一些人因为[3]一无所得而只好扫兴归去。

也有不甘心落空的，便驻扎[4]在这里，继续寻找。彼得·弗[5]雷特就是其中一员。他在河床附近买了一块没人要的土地，一个人默默地工作。他为了找金子，已把所有的钱都押在这块土地上。他埋头苦干了几个月，直到土地全变成了坑坑洼洼，他失望了—— 他翻遍了整块土地，但连一丁点儿[6]金子都没看见。

六个月后，他连买面包的钱都没有了。于是他准备离开这儿[7]到别处去谋生。

就在他即将[8]离去的前一个晚上，天下起了倾盆[9]大雨，并且一下就是三天三夜。雨终于停了，彼得走出小木屋，发现眼前的土地看上去好像和以前不一样：坑坑洼洼[10]已被大水冲刷平整，松软的土地上长出一层绿茸茸[11]的小草。

“这里没找到金子，”彼得忽有所悟地说，“但这土地很肥沃，我可以用来种花，并且拿到镇上去卖给那些富人，他们一定会买些花装扮他们华丽的客厅。如果真是这样的话，那么[12]我一定会赚许多钱，有朝一日会成为富人……”

于是他留了下来。彼得花了不少精力培育花苗，不久田地里长满了美丽娇艳的各色鲜花。

五年以后，彼得终于实现了他的梦想——成了一个富翁。“我是唯一的一个找到真金的人！”他时常不无骄傲地告诉别人，“别人在这儿找不到金子后便远远地离开，而我的‘金子’是在这块土地里，只有诚实的人用勤劳才能采集到。”

节选自陶猛译《金子》

注　释

[1] 河畔 hépàn
[2] 的确 díquè
[3] 因为 yīn · wèi
[4] 驻扎 zhùzhā
[5] 弗 fú
[6] 一丁点儿 yīdīngdiǎnr
[7] 这儿 zhèr
[8] 即将 jíjiāng
[9] 倾盆 qīngpén
[10] 坑坑洼洼 kēng · kengwāwā
[11] 绿茸茸 lùróngróng（口语一般读 lùrōngrōng）形容碧绿而稠密
[12] 那么 nà · me

作品 21 号

我在加拿大学习期间遇到过[1]两次募捐，那情景至今使我难以忘怀。

一天，我在渥太华[2]的街上被两个男孩子拦住去路。他们十来岁，穿得整整齐齐，每人头上戴着个做工精巧、色彩鲜艳的纸帽，上面写着“为帮助患小儿麻痹[3]的伙伴募捐。”其中的一个，不由分说就坐在小凳上给我擦起皮鞋来，另一个则彬彬[4]有礼地发问：“小姐，您是哪国人？喜欢[5]渥太华吗？”“小姐，在你们国家有没有小孩儿[6]患小儿麻痹？谁给他们医疗费？”一连串的问题，使我这个有生以来头一次在众目睽睽[7]之下让别人擦鞋的异乡人，从近乎狼狈的窘态[8]中解脱出来。我们像朋友[9]一样聊起天儿[10]来……

几个月之后，也是在街上。一些十字路口处或车站坐着几位老人。他们满头银发，身穿各种老式军装，上面布满了大大小小形形色色的徽章、奖章，每人手捧一大束鲜花，有水仙、石竹、玫瑰[11]及叫不出名字[12]的，一色雪白。匆匆过往的行人纷纷止步，把钱投进这些老人身旁的白色木箱内，然后向他们微微鞠躬，从他们手中接过[13]一朵花。我看了一会儿[14]，有人投一两元，有人投几百元，还有人掏出支票填好后投进木箱。那些老军人毫不注意人们捐多少钱，一直不停地向人们低声道谢。同行的朋友告诉[15]我，这是为纪念二次大战中参战的勇士，募捐救济残废军人和烈士遗孀[16]，每年一次；认捐的人可谓踊跃[17]，而且秩序井然[18]，气氛[19]庄严。有些地方[20]，人们还耐心地排着队。我想，这是因为[21]他们都知道：正是这些老人们的流血[22]牺牲换来了包括他们信仰自由在内的许许多多。

我两次把那微不足道[23]的一点儿[24]钱捧给他们，只想对他们说声“谢谢”[25]。

节选自青白《捐诚》

注 释

[1] 遇到过 yùdào · guo
[2] 渥太华 wòtàihuá
[3] 麻痹 mábì
[4] 彬彬 bīnbīn 文雅的样子
[5] 喜欢 xǐ · huan
[6] 小孩儿 xiǎoháir
[7] 众目睽睽 zhòngmùkuíkuí 大家的眼睛都注视着
[8] 窘态 jiǒngtài 受窘时的神态
[9] 朋友 péng · you
[10] 天儿 tiānr
[11] 玫瑰 méi · gui
[12] 名字 míng · zi
[13] 接过 jiē · guo
[14] 一会儿 yīhuìr
[15] 告诉gào · su
[16] 遗孀 yíshuāng
[17] 踊跃 yǒngyuè 形容情绪热烈，争先恐后
[18] 秩序井然 zhìxùjǐngrán 有条理、不紊乱的样子
[19] 气氛 qìfēn
[20] 地方 dì · fang
[21] 因为 yīn · wèi
[22] 流血 liúxuè
[23] 微不足道 wēibùzúdào 非常渺小，不值一提
[24] 一点儿 yìdiǎnr
[25] 谢谢 xiè · xie

作品 22 号

没有一片绿叶，没有一缕[1]炊烟，没有一粒泥土，没有一丝花香，只有水的世界，云的海洋。

一阵台风袭过[2]，一只孤单的小鸟无家可归，落到被卷到洋里的木板上，乘[3]流而下，姗姗[4]而来，近了！……

忽然，小鸟张开翅膀[5]，在人们头顶盘旋[6]了几圈儿[7]，“噗啦[8]”一声落到了船上。许是累了？还是发现了“新大陆”？水手撵[9]它它不走，抓它，它乖乖地落在掌心。可爱的小鸟和善良的水手结成了朋友[10]。

瞧，它多美丽，娇巧的小嘴，啄[11]理着绿色的羽毛，鸭子样的扁脚，呈现出春草的鹅黄。水手们把它带到舱里，给它“搭铺”，让它在船上安家落户，每天，把分到的一塑料[12]筒淡水给它喝，把从祖国带来的鲜美的鱼肉分给它吃，天长日久，小鸟和水手的感情日趋笃厚[13]。清晨，当第一束阳光射进舷窗[14]时，它便敞开美丽的歌喉，唱啊唱，嘤嘤[15]有韵，宛如春水淙淙[16]。人类给它以生命，它毫不悭吝[17]地把自己的艺术青春献给了哺育[18]它的人。可能都是这样？艺术家们的青春只会献给尊敬他们的人。

小鸟给远航生活蒙上了一层浪漫色调。返航时，人们爱不释手[19]，恋恋不舍[20]地想把它带到异乡。可小鸟憔悴[21]了，给水，不喝！喂肉，不吃！油亮的羽毛失去了光泽。是啊，我们有自己的祖国，小鸟也有它的归宿，人和动物都是一样啊，哪儿[22]也不如故乡好!

慈爱[23]的水手们决定放开它，让它回到大海的摇篮去，回到蓝色的故乡去。离别前，这个大自然的朋友与水手们留影纪念。它站在许多人的头上，肩上，掌上，胳膊[24]上，与喂养过它的人们，一起融进那蓝色的画面……

节选自王文杰《可爱的小鸟》

注　释

[1] 一缕 yīlǚ
[2] 袭过 xíguò
[3] 乘 chéng
[4] 姗姗 shānshān 形容走路缓慢从容的样子
[5] 翅膀 chìbǎng
[6] 盘旋 pánxuán 环绕着飞
[7] 圈儿 quānr
[8] 噗啦 pūlā
[9] 撵 niǎn
[10] 朋友 péng · you
[11] 啄 zhuó
[12] 塑料 sùliào
[13] 笃厚 dǔhòu 忠实厚道
[14] 舷窗 xiánchuāng 飞机或某些船体两侧密封的窗子
[15] 嘤嘤 yīngyīng
[16] 淙淙 cóngcóng 流水的声音
[17] 悭吝 qiānlìn 吝啬
[18] 哺育 bǔyù 喂养
[19] 爱不释手 àibùshìshǒu 喜爱的舍不得放下
[20] 恋恋不舍 liànliànbùshě 形容舍不得离开
[21] 憔悴 qiáocuì 形容瘦弱，面色不好看
[22] 哪儿 nǎr
[23] 慈爱 cí'ài（年长者对年幼者）仁爱而充满怜爱之情
[24] 胳膊 gē · bo

作品 23 号

纽约[1]的冬天常有大风雪，扑面的雪花不但令人难以睁开眼睛[2]，甚至呼吸都会吸入冰冷的雪花。

有时前一天晚上[3]还是一片晴朗，第二天拉开窗帘[4]，却已经积雪盈尺，连门都推不开了。

遇到这样的情况，公司、商店常会停止上班，学校也通过广播，宣布停课。但令人不解的是，惟有公立小学，仍然[5]开放。只见黄色的校车，艰难地在路边接孩子，老师则一大早就口中喷着热气，铲去车子前后的积雪，小心翼翼[6]地开车去学校。

据统计，十年来纽约的公立小学只因为[7]超级暴风雪停过[8]七次课。这是多么令人惊讶[9]的事。犯得着[10]在大人都无须上班的时候[11]让孩子去学校吗？小学的老师也太倒霉[12]了吧？

于是，每逢大雪而小学不停课时，都有家长打电话去骂。妙的是，每个打电话的人，反应[13]全一样——先是怒气冲冲[14]地责问，然后满口道歉，最后笑容满面地挂上电话。原因是，学校告诉家长：

在纽约有许多百万富翁，但也有不少贫困的家庭。后者白天开不起暖气，供[15]不起午餐，孩子的营养全靠学校里免费的中饭，甚至可以多拿些回家当[16]晚餐。学校停课一天，穷孩子就受一天冻，挨[17]一天饿，所以老师们宁愿[18]自己苦一点儿[19]，也不能停课。

或许有家长会说：何不让富裕[20]的孩子在家里，让贫穷的孩子去学校享受暖气和营养午餐呢？

学校的答复是：我们不愿让那些穷苦的孩子感到他们是在接受救济[21]，因为施舍[22]的最高原则是保持受施者的尊严。

节选自（台湾）刘墉《课不能停》

注　释

[1]　纽约 niǔyuē 美国的首都
[2]　眼睛 yǎn · jing
[3]　晚上 wǎn · shang
[4]　窗帘 chuānglián
[5]　仍然 réngrán
[6]　小心翼翼 xiǎoxīnyìyì 形容举动十分谨慎，丝毫不敢疏忽
[7]　因为 yīn · wèi
[8]　停过 tíng · guo
[9]　惊讶 jīngyà感到很奇怪，惊异
[10]　犯得着 fàn · dezháo
[11]　时候 shí · hou
[12]　倒霉 dǎoméi
[13]　反应 fǎnyìng事情所引起的意见、态度或行为
[14]　怒气冲冲 nùqìchōngchōng情绪愤怒的样子
[15]　供 gōng
[16]　当 dàng
[17]　挨 ái
[18]　宁愿 nìngyuàn
[19]　一点儿 yīdiǎnr
[20]　富裕 fùyù
[21]　救济 jiùjì 用金钱或物质帮助灾区或生活困难的人
[22]　施舍 shīshě 把财物送给穷人或出家的人

作品 24 号

十年，在历史上不过是一瞬间[1]。只要稍加注意，人们就会发现：在这一瞬间里，各种事物都悄悄经历了自己的千变万化。

这次重新访日，我处处感到亲切和熟悉[2]，也在许多方面发觉了日本的变化。就拿奈良的一个角落[3]来说吧，我重游了为[4]之感受很深的唐招提寺，在寺内各处匆匆走了一遍，庭院依旧，但意想不到还看到了一些新的东西[5]。其中之一，就是近几年从中国移植[6]来的“友谊[7]之莲”。

在存放鉴真遗像的那个院子里，几株中国莲昂然挺立，翠绿的宽大荷叶正迎风而舞，显得十分愉快[8]。开花的季节已过，荷花朵朵已变为莲蓬累累[9]。莲子[10]的颜色正在由青转紫，看来已经成熟[11]了。

我禁不住[12]想：“因”已经转化为“果”。

中国的莲花开在日本，日本的樱花开在中国，这不是偶然[13]。我希望这样一种盛况延续不衰。可能有人不欣赏花，但决不会有人欣赏落在自己面前的炮弹[14]。

在这些日子里，我看到了不少多年不见的老朋友[15]，又结识[16]了一些新朋友。大家喜欢涉及的话题之一，就是古长安和古奈良。那还用得着[17]问吗，朋友们缅怀[18]过去，正是瞩望[19]未来。瞩目[20]于未来的人们必将获得未来。

我不例外，也希望一个美好的未来。

为了中日人民之间的友谊，我将不浪费今后生命的每一瞬间。

节选自严文井《莲花和樱花》

注　释

[1]　瞬间 shùnjiān 转眼之间
[2]　熟悉 shú·xī 知道得清楚
[3]　角落 jiǎoluò
[4]　为 wèi
[5]　东西 dōng · xi
[6]　移植 yízhí
[7]　友谊 yǒuyì
[8]　愉快 yúkuài
[9]　累累 léiléi
[10]　莲子 liánzǐ
[11]　成熟 chéngshú
[12]　禁不住 jīn·bùzhù
[13]　偶然 ǒurán
[14]　炮弹 pàodàn
[15]　老朋友 lǎopéng · you
[16]　结识 jiéshí
[17]　用得着 yòng · dezháo
[18]　缅怀 miǎnhuái 深情地怀念；追想（已往的人或事）
[19]　瞩望 zhǔwàng 期望，期待
[20]　瞩目 zhǔmù 注目

作品 25 号

梅雨潭闪闪的绿色招引着我们，我们开始[1]追捉她那离合的神光了。揪[2]着草，攀着乱石，小心探身下去，又鞠躬[3]过了一个石穹[4]门，便到了汪汪一碧的潭边了。

瀑布在襟袖[5]之间，但是我的心中已没有瀑布了。我的心随潭水的绿而摇荡。那醉人的绿呀！仿佛[6]一张极大极大的荷叶铺着，满是奇异的绿呀。我想张开两臂[7]抱住她，但这是怎样一个妄想啊。

站在水边，望到那面，居然觉着有些远呢！这平铺着、厚积着的绿，着实[8]可爱。她松松地皱缬[9]着，

像少妇拖着的裙幅[10]；她滑滑的明亮着，像涂了“明油”一般，有鸡蛋清那样软，那样嫩；她又不杂些尘滓[11]，宛然一块温润[12]的碧玉，只清清的一色——但你却看不透她！

我曾见过[13]北京什刹海[14]拂地[15]的绿杨，脱不了鹅黄的底子，似乎[16]太淡了。我又曾见过杭州虎跑寺[17]近旁高峻[18]而深密的“绿壁”，丛叠着无穷的碧草与绿叶的，那又似乎太浓了。其余呢，西湖的波太明了，秦淮河的也太暗了。可爱的，我将什么[19]来比拟呢？我怎么比拟[20]得出呢？大约潭是很深的，故能蕴蓄[21]着这样奇异的绿；仿佛[22]蔚蓝的天融了一块在里面似的[23]，这才这般的鲜润啊。

那醉人的绿呀！我若能裁你以为带，我将赠给那轻盈的舞女，她必能临风飘举了。我若能挹[24]你以为眼，我将赠给那善歌的盲妹，她必明眸善睐[25]了。我舍不得你，我怎舍得你呢？我用手拍着你，抚摩[26]着你，如同一个十二三岁的小姑娘[27]。我又掬[28]你入口，便是吻着她了。我送你一个名字[29]，我从此叫你“女儿绿”，好吗？

第二次到仙岩的时候，我不禁[30]惊诧[31]于梅雨潭的绿了。

节选自朱自清《绿》

注　释

[1]　开始 kāishǐ
[2]　揪 jiū
[3]　鞠躬 jūgōng
[4]　穹 qióng高起而成拱形的
[5]　襟袖 jīnxiù
[6]　仿佛 fǎngfú
[7]　两臂 liǎngbì
[8]　着实 zhuóshí
[9]　皱缬 zhòuxié
[10]　裙幅 qúnfú
[11]　尘滓 chénzǐ
[12]　温润 wēnrùn 细润
[13]　见过 jiàn · guo
[14]　什刹海 shíchàhǎi
[15]　拂地 fúdì
[16]　似乎 sìhū
[17]　虎跑寺 hǔpáosì
[18]　高峻gāojùn
[19]　什么 shén · me
[20]　比拟 bǐnǐ 比较
[21]　蕴蓄 yùnxù 积蓄或包含在里面而未表露出来
[22]　仿佛 fǎngfú
[23]　似的 shì · de
[24]　挹 yì 舀
[25]　明眸善睐 míngmóushànlài 眸，指眸子，泛指眼睛；睐，看
[26]　抚摩 fǔmó
[27]　姑娘gū · niang
[28]　掬 jū 两手捧（东西）
[29]　名字 míng · zi
[30]　不禁 bùjīn 抑制不住，禁不住
[31]　惊诧 jīngchà惊讶诧异

作品 26 号

我们家的后园有半亩空地[1]，母亲说："让它荒着怪可惜的，你们那么[2]爱吃花生，就开辟[3]出来种花生吧。"我们姐弟几个都很高兴，买种[4]，翻地，播种[5]，浇水，没过几个月，居然收获了。

母亲说："今晚我们过一个收获节，请你们父亲也来尝尝[6]我们的新花生，好不好？"我们都说好。母亲把花生做成了好几样食品，还吩咐[7]就在后园的茅亭里过这个节。

晚上[8]天色不好，可是父亲也来了，实在很难得。

父亲说："你们爱吃花生吗？"

我们争着答应[9]："爱！"

"谁能把花生的好处说出来？"

姐姐[10]说："花生的味[11]美。"

哥哥[12]说："花生可以榨油。"

我说："花生的价钱便宜[13]，谁都可以买来吃，都喜欢[14]吃。这就是它的好处。"

父亲说："花生的好处很多，有一样最可贵：它的果实埋在地里，不像桃子[15]、石榴[16]、苹果那样，把鲜红嫩绿的果实高高地挂在枝头上，使人一见就生爱慕之心。你们看它矮矮地长在地上，等到成熟[17]了，也不能立刻分辨出来它有没有果实，必须挖出来才知道。"

我们都说是，母亲也点点头。

父亲接下去说："所以你们要像花生，它虽然[18]不好看，可是很有用，不是外表好看而没有实用的东西[19]。"

我说："那么，人要做有用的人，不要做只讲体面，而对别人没有好处的人了。"

父亲说："对。这是我对你们的希望。"

我们谈到夜深才散，花生做的食品都吃完了，父亲的话却深深地印在我的心上。

节选自许地山《落花生》

注　释

[1]　空地 kòngdì 没有被利用的土地
[2]　那么 nà · me
[3]　开辟 kāipì
[4]　买种 mǎizhǒng
[5]　播种 bōzhǒng
[6]　尝尝 cháng · chang
[7]　吩咐 fēn · fù 口头指派或命令；嘱咐
[8]　晚上 wǎn · shang
[9]　答应 dā · ying
[10]　姐姐 jiě · jie
[11]　味 wèi
[12]　哥哥 gē · ge
[13]　便宜 pián · yi
[14]　喜欢 xǐ · huan
[15]　桃子 táo · zi
[16]　石榴 shí · liu
[17]　成熟 chéngshú
[18]　虽然 suīrán
[19]　东西 dōng · xi

作品 27 号

我打猎归来，沿着花园林荫路走着。狗跑在我前边。

突然，狗放慢脚步，蹑足[1]潜行[2]，好像嗅[3]到了前边有什么野物。

我顺着林荫路望去，看见了一只嘴边还带黄色，头上生着柔毛的小麻雀。风猛烈地吹打着林荫路上的白桦树[4]，麻雀从巢[5]里跌落[6]下来，呆呆地伏在地上，孤立无援[7]地张开两只羽毛还未丰满的小翅膀。

我的狗慢慢向它靠近。忽然，从附近[8]一棵树上飞下一只黑胸脯的老麻雀，像一颗石子似的[9]落到狗的跟前。老麻雀全身倒竖着羽毛，惊恐[10]万状，发出绝望、凄惨[11]的叫声，接着向露出[12]牙齿、大张着的狗嘴扑去。

老麻雀是猛扑下来救护幼雀的。它用身体掩护着自己的幼儿……但它整个小小的身体因恐怖[13]而战栗[14]着，它小小的声音也变得粗暴嘶哑，它在牺牲自己！

在它看来，狗该是多么[15]庞大的怪物[16]啊！然而，它还是不能站在自己高高的、安全的树枝上……一种比它的理智更强烈的力量，使它从那儿[17]扑下身来。

我的狗站住了，向后退了退……看来，它也感到了这种力量。

我赶紧唤住惊慌[18]失措的狗，然后我怀着崇敬的心情，走开了。

是啊，请不要见笑。我崇敬那只小小的、英勇的鸟儿[19]，我崇敬它那种爱的冲动和力量。

爱，我想，比死和死的恐惧[20]更强大。只有依靠它，依靠这种爱，生命才能维持下去，发展下去。

节选自［俄］屠格涅夫《麻雀》，巴金译

注　释

[1] 蹑足 nièzú 放轻脚步
[2] 潜行 qiánxíng秘密行走
[3] 嗅 xiù
[4] 白桦树 báihuàshù
[5] 巢 cháo
[6] 跌落：diēluò
[7] 孤立无援gūlìwúyuán 不能得到同情和援助
[8] 附近 fùjìn
[9] 似的 shì · de
[10] 惊恐 jīngkǒng惊慌恐惧
[11] 凄惨 qīcǎn 凄凉悲惨
[12] 露出 lùchū
[13] 恐怖 kóngbù 由于生命受到威胁而恐惧
[14] 战栗 zhànlì 颤抖
[15] 多么 duō · me
[16] 怪物guài · wu
[17] 那儿 nàr
[18] 惊慌 jīnghuāng害怕慌张
[19] 鸟儿 niǎor
[20] 恐惧 kǒngjù 惊慌害怕

作品 28 号

那年我六岁。离我家仅一箭之遥的小山坡旁，有一个早已被废弃的采石场，双亲从来不准我去那儿[1]，其实那儿风景十分迷人。

一个夏季的下午，我随着一群小伙伴[2]偷偷上那儿去了。就在我们穿越了一条孤寂的小路后，他们却把我一个人留在原地，然后奔[3]向“更危险的地带”了。

等他们走后，我惊慌失措地发现，再也找不到要回家的那条孤寂的小道了。像只无头的苍蝇[4]，我到处乱钻，衣裤上挂满了芒刺。太阳已经落山，而此时此刻，家里一定开始吃晚餐了，双亲正盼着我回家……想着想着，我不由得背靠着一棵树，伤心地呜呜大哭起来……

突然[5]，不远处传来了声声柳笛。我像找到了救星，急忙循声[6]走去。一条小道边的树桩上坐着一位吹笛人，手里还正削[7]着什么[8]。走近细看，他不就是被大家称为“乡巴佬儿[9]”的卡廷[10]吗？

“你好，小家伙儿[11]，”卡廷说，“看天气多美，你是出来散步的吧？”

我怯生生地点点头，答道：“我要回家了。”

“请耐心等上几分钟，”卡廷说，“瞧，我正在削一支柳笛，差不多就要做好了，完工后就送给你吧！”

卡廷边削边不时把尚未成形的柳笛放在嘴里试吹一下。没过多久，一支柳笛便递到我手中。我俩在一阵阵清脆悦耳的笛音中，踏上了归途……

当时，我心中只充满感激，而今天，当我自己也成了祖父时，却突然领悟到他用心之良苦！那天当他听到我的哭声时，便判定我一定迷了路，但他并不想在孩子面前扮演“救星”的角色[12]，于是吹响柳笛以便让我能发现他，并跟着他走出困境！就这样，卡廷先生以乡下人的纯朴，保护了一个小男孩儿[13]强烈的自尊。

节选自唐若水译《迷途笛音》

注　释

[1]　那儿 nàr

[2]　小伙伴 xiǎohuǒbàn

[3]　奔 bēn

[4]　苍蝇 cāng · ying

[5]　突然 tūrán

[6]　循声 xúnshēng

[7]　削 xiāo

[8]　什么 shén · me

[9]　乡巴佬儿 xiāng · balǎor

[10]　卡廷 Kǎtíng

[11]　小家伙儿 xiǎojiā · huor

[12]　角色 juésè

[13]　小男孩儿 xiǎonánháir

作品 29 号

在浩瀚[1]无垠[2]的沙漠里，有一片美丽的绿洲，绿洲里藏着一颗闪光的珍珠。这颗珍珠就是敦煌[3]莫高窟[4]。它坐落在我国甘肃敦煌市三危山和鸣沙山的怀抱中。

鸣沙山东麓[5]是平均高度为十七米的崖壁[6]。在一千六百多米长的崖壁上，凿有大小洞窟七百余个，形成了规模宏伟的石窟群。其中四百九十二个洞窟中，共有彩色塑像[7]两千一百余尊，各种壁画共四万五千多平方米。莫高窟是我国古代无数艺术匠师留给人类的珍贵文化遗产。

莫高窟的彩塑，每一尊都是一件精美的艺术品。最大的有九层楼那么高，最小的还不如一个手掌大。这些彩塑个性鲜明，神态各异。有慈眉善目的菩萨[8]，有威风凛凛[9]的大王，还有强壮勇猛的力士……

莫高窟壁画的内容丰富多彩，有的是描绘古代劳动人民打猎、捕鱼[10]、耕田、收割的情景，有的是描绘人们奏乐、舞蹈、演杂技的场面，还有的是描绘大自然的美丽风光。其中最引人注目[11]的是飞天。壁画上的飞天，有的臂[12]挎花篮，采摘鲜花；有的反弹琵琶[13]，轻拨银弦[14]；有的倒悬身子，自天而降；有的彩带飘拂[15]，漫天遨游；有的舒展着双臂，翩翩[16]起舞。看着这些精美动人的壁画，就像走进了灿烂辉煌的艺术殿堂。

莫高窟里还有一个面积不大的洞窟——藏经洞。洞里曾藏有我国古代的各种经卷[17]、文书、帛画[18]、刺绣、铜像等共六万多件。由于清朝政府腐败无能，大量珍贵的文物被外国强盗掠走[19]。仅存的部分经卷，现在陈列于北京故宫等处。

莫高窟是举世闻名[20]的艺术宝库。这里的每一尊彩塑、每一幅[21]壁画、每一件文物，都是中国古代人民智慧的结晶[22]。

节选自小学《语文》第六册中《莫高窟》

注 释

[1] 浩瀚 hàohàn 形容广大
[2] 无垠 wúyín 没有边际
[3] 敦煌 dūnhuáng
[4] 莫高窟 mògāokū
[5] 东麓 dōnglù 麓，山脚
[6] 崖壁 yábì
[7] 塑像 sùxiàng
[8] 菩萨 pú · sà
[9] 威风凛凛 wēifēnglǐnlǐn 使人敬畏的样子
[10] 捕鱼 bǔyú
[11] 引人注目 yǐnrénzhùmù
[12] 臂 bì
[13] 琵琶 pí · pa
[14] 银弦 yínxián
[15] 飘拂 piāofú
[16] 翩翩 piānpiān 形容轻快的跳舞
[17] 经卷 jīngjuàn
[18] 帛画 bóhuà
[19] 掠走 lüèzǒu
[20] 举世闻名 jǔshìwénmíng
[21] 幅 fú
[22] 结晶 jiéjīng比喻珍贵的成果

作品 30 号

其实你在很久以前并不喜欢牡丹，因为[1]它总被人作为富贵膜拜[2]。后来你目睹了一次牡丹的落花，你相信所有的人都会为[3]之感动：一阵清风徐来，娇艳鲜嫩[4]的盛期牡丹忽然整朵地坠落[5]，铺撒[6]一地绚丽[7]的花瓣。那花瓣落地时依然[8]鲜艳夺目，如同一只奉上祭坛的大鸟脱落[9]的羽毛，低吟[10]着壮烈的悲歌离去。

牡丹没有花谢花败之时，要么[11]烁[12]于枝头，要么归于泥土，它跨越萎顿[13]和衰老，由青春而死亡，由美丽而消遁[14]。它虽[15]美却不吝惜[16]生命，即使[17]告别也要展示给人最后一次的惊心动魄[18]。

所以在这阴冷的四月里，奇迹不会发生。任凭游人扫兴和诅咒[19]，牡丹依然安之若素[20]。它不苟且[21]、不俯就[22]、不妥协[23]、不媚俗[24]，甘愿自己冷落自己。它遵循自己的花期自己的规律，它有权利为自己选择每年一度的盛大节日。它为什么[25]不拒绝寒冷？

天南海北的看花人，依然络绎不绝[26]地涌入洛阳城。人们不会因牡丹的拒绝而拒绝它的美。如果它再被贬谪[27]十次，也许它就会繁衍[28]出十个洛阳牡丹城。

于是你在无言的遗憾中感悟到，富贵与高贵只是一字之差。同人一样，花儿[29]也是有灵性的，更有品位之高低。品位这东西[30]为[31]气为魂为筋骨为神韵，只可意会。你叹服牡丹卓而不群[32]之姿，方知品位是多么[33]容易被世人忽略或是漠视[34]的美。

节选自张抗抗《牡丹的拒绝》

注　释

[1]　因为 yīn · wèi
[2]　膜拜 móbài
[3]　为 wèi
[4]　鲜嫩 xiānnèn 新鲜而嫩
[5]　坠落 zhuìluò
[6]　铺撒 pūsǎ
[7]　绚丽 xuànlì
[8]　依然 yīrán
[9]　脱落 tuōluò
[10]　低吟 dīyín
[11]　要么 yào · me
[12]　烁 shuò
[13]　萎顿 wěidùn
[14]　消遁 xiāodùn 消失
[15]　虽 suī
[16]　吝惜 lìnxī
[17]　即使 jíshǐ
[18]　惊心动魄 jīngxīndòngpò
[19]　诅咒 zǔzhòu 咒骂
[20]　安之若素 ānzhīruòsù
[21]　苟且 gǒuqiě
[22]　俯就 fǔjiù 迁就，将就
[23]　妥协 tuǒxié
[24]　媚俗 mèisú 媚世，讨好世俗
[25]　为什么 wèishén · me
[26]　络绎不绝 luòyìbùjué
[27]　贬谪 biǎnzhé 封建时代指官吏降职
[28]　繁衍 fányǎn 逐渐增多或增广
[29]　花儿 huār
[30]　东西 dōng · xi
[31]　为 wéi
[32]　卓而不群 zhuó'ěrbùqún 优秀卓越，超出常人
[33]　多么 duō · me
[34]　漠视 mòshì 冷淡地对待；不注意

作品 31 号

森林涵养水源，保持水土，防止水旱灾害的作用非常大。据专家测算，一片十万亩面积的森林，相当于一个两百万立方米的水库，这正如农谚所说的：“山上多栽树，等于修水库。雨多它能吞，雨少它能吐[1]。”

说起森林的功劳，那还多得很。它除了为人类提供[2]木材及许多种生产、生活的原料之外，在维护生态环境方面也是功劳卓著[3]，它用另一种“能吞能吐”的特殊功能孕育了人类。因为[4]地球在形成之初，大气中的二氧化碳含量很高，氧气很少，气温也高，生物是难以生存的。大约在四亿年之前，陆地才产生了森林。森林慢慢将大气中的二氧化碳吸收，同时吐出新鲜氧气，调节[5]气温：这才具备了人类生存的条件，地球上最终有了人类。

森林，是地球生态系统的主体，是大自然的总调度室[6]，是地球的绿色之肺。森林维护地球生态环境的这种“能吞能吐”的特殊功能是其他任何物体都不能取代的。然而，由于地球上的燃烧物增多，二氧化碳的排放量急剧增加，使得地球生态环境急剧恶化，主要表现为[7]全球气候变暖，水分[8]蒸发加快，改变了气流的循环，使气候变化加剧，从而引发热浪、飓风[9]、暴雨、洪涝及干旱。

为了使地球的这个“能吞能吐”的绿色之肺恢复健壮，以改善生态环境，抑制[10]全球变暖，减少水旱等自然灾害，我们应该大力造林、护林，使每一座荒山都绿起来。

节选自《中考语文课外阅读试题精选》中《“能吞能吐”的森林》

注　释

[1] 吐 tǔ
[2] 提供 tígōng
[3] 卓著 zhuózhù
[4] 因为 yīn·wèi
[5] 调节 tiáojié
[6] 调度室 diàodùshì
[7] 为 wéi
[8] 水分 shuǐfèn
[9] 飓风 jùfēng
[10] 抑制 yìzhì

作品 32 号

朋友[1]即将[2]远行。

暮春时节，又邀了几位朋友在家小聚。虽然[3]都是极熟[4]的朋友，却是终年难得一见，偶尔电话里相遇，也无非是几句寻常话。一锅小米稀饭，一碟大头菜，一盘自家酿制[5]的泡菜，一只巷口买回的烤鸭，简简单单，不像请客，倒像家人团聚。

其实，友情也好，爱情也好，久而久之都会转化为亲情。

说也奇怪，和新朋友会谈文学、谈哲学、谈人生道理等等，和老朋友却只话家常，柴米油盐，细细碎碎，种种琐事[6]。很多时候[7]，心灵的契合[8]已经不需要太多的言语来表达。

朋友新烫了个头，不敢回家见母亲，恐怕惊骇[9]了老人家，却欢天喜地来见我们，老朋友颇[10]能以一种趣味[11]性的眼光欣赏这个改变。

年少[12]的时候，我们差不多都在为别人而活，为苦口婆心的父母活，为循循善诱[13]的师长活，为许多观念、许多传统的约束[14]力而活。年岁逐增，渐渐挣脱[15]外在的限制与束缚[16]，开始懂得为自己活，照自己的方式做一些自己喜欢[17]的事，不在乎[18]别人的批评意见，不在乎别人的诋毁[19]流言，只在乎那一份[20]随心所欲的舒坦[21]自然。偶尔，也能够纵容自己放浪一下，并且有一种恶作剧的窃喜。

就让生命顺其自然，水到渠成吧，犹如窗前的乌桕[22]，自生自落之间，自有一份圆融丰满的喜悦。春雨轻轻落着，没有诗，没有酒，有的只是一份相知相属[23]的自在[24]自得。

夜色在笑语中渐渐沉落，朋友起身告辞，没有挽留，没有送别，甚至也没有问归期。

已经过了大喜大悲的岁月，已经过了伤感流泪的年华，知道了聚散原来是这样的自然和顺理成章，懂得这点，便懂得珍惜每一次相聚的温馨[25]，离别便也欢喜。

节选自（台湾）杏林子《朋友和其他》

注　释

[1]　朋友 péng・you
[2]　即将 jíjiāng
[3]　虽然 suīrán
[4]　熟 shú
[5]　酿制 niàngzhì
[6]　琐事 suǒshì 细小零碎的事情
[7]　时候 shí・hou
[8]　契合 qìhé 符合；合得来
[9]　惊骇 jīnghài
[10]　颇 pō
[11]　趣味 qùwèi
[12]　年少 niánshào
[13]　循循善诱 xúnxúnshànyòu
[14]　约束 yuēshù
[15]　挣脱 zhèngtuō
[16]　束缚 shùfù
[17]　喜欢 xǐ・huan
[18]　在乎 zài・hu
[19]　诋毁 dǐhuǐ
[20]　那一份 nàyīfèn
[21]　舒坦 shū・tan
[22]　乌桕 wūjiù
[23]　相属 xiāngzhǔ
[24]　自在 zìzài
[25]　温馨 wēnxīn

作品 33 号

我们在田野散步：我的母亲，我的妻子和儿子。

母亲本不愿出来的。她老了，身体不好，走远一点儿[1]就觉得很累。我说，正因为[2]如此，才应该多走走[3]。母亲信服地点点头，便去拿外套。她现在很听我的话，就像我小时候[4]很听她的话一样。

这南方初春的田野，大块小块的新绿随意地铺着，有的浓，有的淡，树上的嫩芽也密了，田里的冬水也咕咕地起着水泡。这一切都使人想着一样东西[5]——生命。

我和母亲走在前面，我的妻子和儿子走在后面。小家伙[6]突然叫起来："前面是妈妈[7]和儿子，后面也是妈妈和儿子。"我们都笑了。

后来发生了分歧：母亲要走大路，大路平顺；我的儿子要走小路，小路有意思[8]。不过，一切都取决于我。我的母亲老了，她早已习惯听从她强壮的儿子；我的儿子还小，他还习惯听从他高大的父亲；妻子呢，在外面，她总是听我的。一霎时[9]我感到了责任的重大。我想找一个两全的办法，找不出；我想拆散一家人，分成两路，各得其所，终不愿意。我决定委屈[10]儿子，因为我伴同他的时日还长。我说："走大路。"

但是母亲摸摸[11]孙儿[12]的小脑瓜，变了主意[13]："还是走小路吧。"她的眼随小路望去：那有金色的菜花，两行整齐的桑树，尽头一口水波[14]粼粼[15]的鱼塘。"我走不过去的地方[16]，你就背着我。"母亲对我说。

这样，我们在阳光下，向着那菜花、桑树和鱼塘走去。到了一处，我蹲下来，背起母亲；妻子也蹲下来，背起了儿子。我和妻子都是慢慢地，稳稳地，走得很仔细，好像我背上的同她背上的加起来，就是整个世界。

节选自莫怀戚《散步》

注 释

[1] 一点儿 yīdiǎnr
[2] 因为 yīn · wèi
[3] 走走 zǒu · zou
[4] 时候 shí · hou
[5] 东西 dōng · xi
[6] 小家伙 xiǎojiā · huo
[7] 妈妈 mā · ma
[8] 意思 yì · si
[9] 一霎时 yīshàshí
[10] 委屈 wěi · qu
[11] 摸摸 mō · mo
[12] 孙儿 sūn'er
[13] 主意 zhǔ · yi
[14] 水波 shuǐbō
[15] 粼粼 línlín 形容水、石等明净
[16] 地方 dì · fang

作品 34 号

地球上是否真的存在"无底洞"？按说地球是圆的，由地壳[1]、地幔[2]和地核三层组成，真正的"无底洞"是不应存在的，我们所看到的各种山洞、裂口、裂缝，甚至火山口也都只是地壳浅部的一种现象。然而中国一些古籍却多次提到海外有个深奥莫测的无底洞。事实上地球上确实有这样一个"无底洞"。

它位于希腊亚各斯古城的海滨。由于濒临[3]大海，大涨潮[4]时，汹涌的海水便会排山倒海般地涌入洞中，形成一股湍湍[5]的急流。据测，每天流入洞内的海水量达三万多吨。奇怪的是，如此大量的海水灌入洞中，却从来没有把洞灌满。曾有人怀疑，这个"无底洞"，会不会就像石灰岩地区的漏斗、竖井、落水洞一类的地形。然而从二十世纪三十年代以来，人们就做了多种努力企图寻找它们的出口，却都是

枉费心机[6]。

为了揭开这个秘密，一九五八年美国地理学会派出一支考察队，他们把一种经久不变的带色染料溶解在海水中，观察染料是如何随着海水一起沉下去。接着又察看了附近海面以及岛上的各条河、湖，满怀希望地寻找这种带颜色的水，结果令人失望。难道是海水量太大把有色水稀释得太浅，以致无法发现？

至今谁也不知道为什么[7]这里的海水会没完没了[8]地“漏”下去，这个“无底洞”的出口又在哪里，每天大量的海水究竟都流到哪里去了？

节选自罗伯特·罗威尔《神秘的“无底洞”》

注　释

[1]　地壳 dìqiào
[2]　地幔 dìmàn
[3]　濒临 bīnlín 紧接，临近
[4]　涨潮 zhǎngcháo
[5]　湍湍 tuāntuān 形容水流得很急
[6]　枉费心机 wǎngfèixīnjī
[7]　为什么 wèishén · me
[8]　没完没了 méiwánméiliǎo

作品 35 号

我在俄国见到的景物再没有比托尔斯泰墓更宏伟、更感人的。

完全按照托尔斯泰的愿望，他的坟墓成了世间最美的，给人印象最深刻的坟墓。它只是树木中的一个小小的长方形土丘，上面开满鲜花——没有十字架，没有墓碑，没有墓志铭，连托尔斯泰这个名字[1]也没有。

这位比谁都感到受自己的声名所累[2]的伟人，却像偶尔被发现的流浪汉，不为[3]人知的士兵，不留名姓地被人埋葬了。谁都可以踏进他最后的安息地，围在四周稀疏的木栅栏[4]是不关闭的——保护列夫·托尔斯泰得以安息的没有任何别的东西[5]，惟有人们的敬意；而通常，人们却总是怀着好奇，去破坏伟人墓地的宁静。

这里，逼人的朴素禁锢[6]住任何一种观赏的闲情，并且不容许你大声说话，风儿[7]俯临，在这座无名者之墓的树木之间飒飒[8]响着，和暖的阳光在坟头嬉戏[9]；冬天，白雪温柔地覆盖这片幽暗的圭[10]土地。无论你在夏天或冬天经过这儿[11]，你都想象不到，这个小小的、隆起的长方体里安放着一位当代最伟大的人物。

然而，恰恰是这座不留姓名的坟墓，比所有挖空心思[12]用大理石和奢华[13]装饰建造的坟墓更扣人心弦[14]。在今天这个特殊的日子里，到他的安息地来的成百上千人中间，没有一个有勇气，哪怕仅仅从这幽暗的土丘上摘下一朵花留作纪念。人们重新[15]感到，世界上再没有比托尔斯泰最后留下的、这座纪念碑式的朴素坟墓，更打动人心的了。

节选自［奥］茨威格《世间最美的坟墓》，张厚仁译

注　释

[1]　名字 míng · zi
[2]　累 lěi
[3]　为 wéi
[4]　栅栏 zhà · lan
[5]　东西 dōng · xi

[6] 禁锢 jìngù 束缚，强力限制
[7] 风儿 fēng'ér
[8] 飒飒 sàsà
[9] 嬉戏 xīxì
[10] 圭 guī
[11] 这儿 zhèr
[12] 心思 xīn · si
[13] 奢华 shēhuá
[14] 心弦 xīnxián
[15] 重新 chóngxīn

作品 36 号

我国的建筑，从古代的宫殿到近代的一般住房，绝大部分是对称[1]的，左边怎么样[2]，右边怎么样。苏州园林可绝不讲究对称，好像故意避免似的[3]。东边有了一个亭子或者一道回廊，西边决不会来一个同样的亭子或者一道同样的回廊。这是为什么[4]？我想，用图画来比方[5]，对称的建筑是图案画，不是美术画，而园林是美术画，美术画要求自然之趣[6]，是不讲究对称的。

苏州园林里都有假山和池沼[7]。

假山的堆叠，可以说是一项艺术而不仅是技术。或者是重峦叠嶂[8]，或者是几座小山配合着竹子花木，全在乎[9]设计者和匠师们生平多阅历，胸中有丘壑[10]，才能使游览者攀登的时候忘却苏州城市，只觉得身在山间。

至于池沼，大多引用活水。有些园林池沼宽敞，就把池沼作为全园的中心，其他景物配合着布置。水面假如成河道模样[11]，往往安排桥梁。假如安排两座以上的桥梁，那就一座一个样，决不雷同。

池沼或河道的边沿很少砌齐整的石岸，总是高低屈曲[12]任其自然。还在那儿[13]布置几块玲珑的石头[14]，或者种些花草。这也是为了取得从各个角度看都成一幅[15]画的效果。池沼里养着金鱼或各色鲤鱼，夏秋季节荷花或睡莲开放，游览者看“鱼戏莲叶间”，又是入画的一景。

节选自叶圣陶《苏州园林》

注 释

[1] 对称 duìchèn
[2] 怎么样 zěn · meyàng
[3] 似的 shì · de
[4] 为什么 wèishén · me
[5] 比方 bǐ · fang
[6] 趣 qù
[7] 池沼 chízhǎo
[8] 重峦叠嶂 chóngluándiézhàng 重重叠叠的山峰
[9] 在乎 zài · hu
[10] 丘壑 qiūhè
[11] 模样 múyàng
[12] 屈曲 qūqū
[13] 那儿 nàr
[14] 石头 shí · tou
[15] 幅 fú

作品 37 号

一位访美中国女作家，在纽约遇到一位卖花的老太太[1]。老太太穿着[2]破旧，身体虚弱，但脸上的神情却是那样祥和兴奋[3]。女作家挑了一朵花说：“看起来，你很高兴。”老太太面带微笑地说：“是的，一切都这么[4]美好，我为什么[5]不高兴呢？”“对烦恼，你倒真能看得开。”女作家又说了一句。没料到，老太太的回答更令女作家大吃一惊：“耶稣在星期五被钉上[6]十字架时，是全世界最糟糕的一天，可三天后就是复活节。所以，当我遇到不幸时，就会等待三天，这样一切就恢复正常了。”

“等待三天”，多么[7]富于哲理的话语，多么乐观的生活方式。它把烦恼和痛苦抛下，全力去收获快乐。

沈从文在“文革”期间，陷入了非人的境地。可他毫不在意，他在咸宁时给他的表侄、画家黄永玉写信说：“这里的荷花真好，你若来……”身陷苦难却仍[8]为荷花的盛开欣喜赞叹不已，这是一种趋于澄明[9]的境界，一种旷达洒脱的胸襟，一种面临磨难[10]坦荡从容的气度，一种对于生活童子般的热爱和对美好事物无限向往的生命情感。

由此可见，影响一个人快乐的，有时并不是困境及磨难，而是一个人的心态。如果把自己浸泡[11]在积极、乐观、向上的心态中，快乐必然会占据你的每一天。

节选自《态度创造快乐》

注　释

[1]　老太太 lǎotài · tai
[2]　穿着 chuānzhuó
[3]　兴奋 xīngfèn
[4]　这么 zhè · me
[5]　为什么 wèishén · me
[6]　钉上 dìngshàng
[7]　多么 duō · me
[8]　仍 réng
[9]　澄明 chéngmíng
[10]　磨难 mónàn
[11]　浸泡 jìnpào

作品 38 号

泰山极顶看日出，历来被描绘成十分壮观的奇景。有人说：登泰山而看不到日出，就像一出大戏没有戏眼，味儿[1]终究有点[2]寡淡。

我去爬山那天，正赶上个难得的好天，万里长空，云彩丝儿[3]都不见。素常烟雾腾腾的山头，显得眉目分明。同伴们都欣喜地说：“明天早晨准可以看见日出了。”我也是抱着这种想头[4]，爬上山去。

一路从山脚往上爬，细看山景，我觉得挂在眼前的不是五岳独尊的泰山，却像一幅[5]规模惊人的青绿山水画，从下面倒[6]展开来。在画卷[7]中最先露出[8]的是山根儿[9]底那座明朝建筑岱宗坊[10]，慢慢地便现出王母池、斗母宫[11]、经石峪。山是一层比一层深，一叠比一叠奇，层层叠叠，不知还会有多深多奇，万山丛[12]中，时而点染着极其工细的人物。王母池旁的吕祖殿里有不少尊明塑[13]，塑着吕洞宾等一些人，姿态神情是那样有生气，你看了，不禁[14]会脱口赞叹说：“活啦。”

画卷继续展开，绿阴森森的柏洞露面[15]不太久，便来到对松山。两面奇峰对峙[16]着，满山峰都是奇形怪状的老松，年纪怕都有上千岁了，颜色竟那么[17]浓，浓得好像要流下来似的[18]。来到这儿[19]，你不妨[20]权当一次画里的写意人物，坐在路旁的对松亭里，看看[21]山色，听听[22]流水和松涛。

一时间，我又觉得自己不仅是在看画卷，却又像是在零零乱乱翻着一卷历史稿本。

节选自杨朔《泰山极顶》

注 释

[1] 味儿 wèir
[2] 有点 yǒudiǎn
[3] 云彩丝儿 yún · caisīr
[4] 想头 xiǎng · tou
[5] 幅 fú
[6] 倒 dào
[7] 画卷 huàjuàn
[8] 露出 lòuchū
[9] 山根儿 shāngēnr
[10] 岱宗坊 Dàizōngfāng
[11] 斗母宫 Dǒumǔgōng
[12] 丛 cóng
[13] 塑 sù
[14] 不禁 bùjīn
[15] 露面 lòumiàn
[16] 对峙 duìzhì 相对而立
[17] 那么 nà · me
[18] 似的 shì · de
[19] 这儿 zhèr
[20] 不妨 bùfáng
[21] 看看 kàn · kan
[22] 听听 tīng · ting

作品 39 号

育才小学校长陶行知[1]在校园看到学生[2]王友用泥块砸自己班上的同学，陶行知当即[3]喝止[4]了他，并令他放学后到校长室[5]去。无疑，陶行知是要好好教育这个“顽皮”的学生。那么[6]他是如何教育的呢？

放学后，陶行知来到校长室，王友已经等在门口准备挨训了。可一见面，陶行知却掏出一块糖果送给王友，并说：“这是奖给你的，因为[7]你按时来到这里，而我却迟到了。”王友惊疑地接过[8]糖果。

随后，陶行知又掏出一块糖果放到他手里，说：“这第二块糖果也是奖给你的，因为当我不让你再打人时，你立即[9]就住手了，这说明你很尊重我，我应该奖你。”王友更惊疑了，他眼睛[10]睁得大大的。

陶行知又掏出第三块糖果塞到王友手里，说：“我调查过[11]了，你用泥块砸那些男生，是因为他们不守游戏规则，欺负[12]女生；你砸他们，说明你很正直善良，且有批评不良行为的勇气，应该奖励你啊！”王友感动极了，他流着眼泪后悔地喊道：“陶……陶校长你打我两下吧！我砸的不是坏人，而是自己的同学啊……”

陶行知满意地笑了，他随即掏出第四块糖果递给王友，说：“为了你正确地认识[13]错误，我再奖给你一块糖果，只可惜我只有这一块糖果了。我的糖果没有了，我看我们的谈话也该结束[14]了吧！”说完，就走出了校长室。

节选自《教师博览·百期精华》中《陶行知的“四块糖果”》

注　释

[1]　陶行知 Táo Xíngzhī
[2]　学生 xué · sheng
[3]　当即 dāngjí
[4]　喝止 hèzhǐ
[5]　校长室 xiàozhǎngshì
[6]　那么 nà · me
[7]　因为 yīnwèi
[8]　接过 jiē · guo
[9]　立即 lìjí
[10]　眼睛 yǎn · jing
[11]　调查过 diàochá · guo
[12]　欺负 qī · fu
[13]　认识 rèn · shi
[14]　结束 jiéshù

作品 40 号

享受幸福是需要学习的，当它即将[1]来临的时刻需要提醒。人可以自然而然地学会感官的享乐，却无法天生地掌握幸福的韵律。灵魂的快意同器官的舒适像一对孪生[2]兄弟，时而相傍相依，时而南辕北辙。

幸福是一种心灵的震颤。它像会倾听[3]音乐的耳朵[4]一样，需要不断地训练。

简而言之，幸福就是没有痛苦的时刻。它出现的频率并不像我们想象的那样少。人们常常只是在幸福的金马车已经驶过去很远时，才拣起地上的金鬃毛说，原来我见过[5]它。

人们喜爱回味幸福的标本，却忽略它披着[6]露水散发清香的时刻。那时候我们往往步履匆匆，瞻前顾后不知在忙着什么。

世上有预报台风的，有预报蝗灾的，有预报瘟疫的，有预报地震的。没有人预报幸福。

其实幸福和世界万物一样，有它的征兆。

幸福常常是朦胧的，很有节制地向我们喷洒甘霖。你不要总希望轰轰烈烈的幸福，它多半只是悄悄地扑面而来。你也不要企图把水龙头拧[7]得更大，那样它会很快地流失。你需要静静地以平和之心，体验它的真谛[8]。

幸福绝大多数是朴素的。它不会像信号弹似的[9]，在很高的天际闪烁[10]红色的光芒。它披着本色的外衣，亲切温暖地包裹起我们。

幸福不喜欢喧嚣浮华，它常常在暗淡中降临。贫困中相濡以沫[11]的一块糕饼，患难中心心相印的一个眼神，父亲一次粗糙的抚摸，女友一张温馨[12]的字条……这都是千金难买的幸福啊。像一粒粒缀在旧绸子上的红宝石，在凄凉中愈发[13]熠熠[14]夺目。

节选自毕淑敏《提醒幸福》

注　释

[1]　即将 jíjiāng
[2]　孪生 luánshēng
[3]　倾听 qīngtīng
[4]　耳朵 ěr · duo
[5]　见过 jiàn · guo

[6] 披着 pī · zhe
[7] 拧 nǐng
[8] 真谛 zhēndì
[9] 似的 shì · de
[10] 闪烁 shǎnshuò
[11] 相濡以沫 xiāngrúyǐmò 泉水干涸，鱼靠在一起以唾沫相互湿润（见《庄子 · 大宗师》）。后用来比喻同处困境，相互救助
[12] 温馨 wēnxīn
[13] 愈发 yùfā
[14] 熠熠 yìyì<书>形容闪光发亮

作品 41 号

在里约热内卢的一个贫民窟里，有一个男孩子，他非常喜欢[1]足球，可是又买不起，于是就踢塑料盒[2]，踢汽水瓶，踢从垃圾箱里拣来的椰子壳[3]。他在胡同[4]里踢，在能找到的任何一片空地[5]上踢。

有一天，当他在一处干涸[6]的水塘里猛踢一个猪膀胱[7]时，被一位足球教练看见了。他发现这个男孩儿[8]踢得很像那么回事，就主动提出要送给他一个足球。小男孩儿得到足球后踢得更卖劲了。不久，他就能准确地把球踢进远处随意摆放的一个水桶里。

圣诞节到了，孩子的妈妈说："我们没有钱买圣诞节礼物送给我们的恩人，就让我为他祈祷吧。"

小男孩儿跟随妈妈祈祷完毕，向妈妈要了一把铲子便跑了出去。他来到一座别墅前的花园里，开始挖坑。

就在他快要挖好坑的时候，从别墅里走出一个人来，问小孩儿在干什么，孩子抬起满是汗珠的脸蛋儿，说："教练，圣诞节到了，我没有礼物送给您，我愿给您的圣诞树挖一个树坑。"

教练把小男孩儿从树坑里拉上来，说，我今天得到了世界上最好的礼物。明天你就到我的训练场去吧。

三年后，这位十七岁的男孩儿在第六届足球锦标赛上独进二十一球，为巴西第一次捧回了金杯。一个原来不为世人所知的名字——贝利，随之传遍世界。

节选自刘燕敏《天才的造就》

注 释

[1] 喜欢 xǐ · huan
[2] 塑料盒 sùliàohér
[3] 椰子壳 yē · zikér
[4] 胡同 hútòng
[5] 空地 kòngdì
[6] 干涸gānhé 没有水了
[7] 膀胱 pángguāng人和高等动物体内储存尿的器官
[8] 男孩儿 nánháir

作品 42 号

记得我十三岁时，和母亲住在法国东南部的耐斯城。母亲没有丈夫[1]，也没有亲戚[2]，够清苦的，但她经常能拿出令人吃惊的东西[3]，摆在我面前。她从来不吃肉，一再说自己是素食者。然而有一天，我发现母亲正仔细地用一小块[4]碎面包擦那给我煎牛排用的油锅。我明白[5]了她称自己为[6]素食者的真

正原因。

我十六岁时，母亲成了耐斯市美蒙旅馆的女经理。这时，她更忙碌了。一天，她瘫在椅子上，脸色苍白，嘴唇发灰。马上找来医生，做出诊断[7]，她摄取了过多的胰岛素。直到这时我才知道母亲多年一直对我隐瞒[8]的疾痛[9]——糖尿病。

她的头歪向枕头[10]一边，痛苦地用手抓挠[11]胸口。床架上方，则挂着一枚我一九三二年赢得耐斯市少年乒乓球冠军的银质奖章。

啊，是对我的美好前途的憧憬[12]支撑[13]着她活下去，为了给她那荒唐的梦至少加一点[14]真实的色彩，我只能继续努力，与时间竞争，直至一九三八年我被征入空军。巴黎很快失陷，我辗转[15]调到英国皇家空军。刚到英国就接到母亲的来信。这些信是由在瑞士的一个朋友[16]秘密地转到伦敦，送到我手中的。

现在我要回家了，胸前佩带着醒目的绿黑两色的解放十字绶带，上面挂着五六枚我终身难忘的勋章，肩上还佩带着军官肩章。到达旅馆时，没有一个人跟我打招呼[17]。原来，我母亲在三年半以前就已经离开人间了。

在她死前的几天中，她写了近二百五十封信，把这些信交给她在瑞士的朋友，请这个朋友定时寄给我。就这样，在母亲死后的三年半的时间里，我一直从她身上吸取着力量和勇气——这使我能够继续战斗到胜利那一天。

节选自［法］罗曼·加里《我的母亲独一无二》

注　释

[1]　丈夫 zhàng · fu
[2]　亲戚 qīn · qi
[3]　东西 dōng · xi
[4]　一小块 yīxiǎokuàir
[5]　明白 míng · bai
[6]　为 wéi
[7]　诊断 zhěnduàn
[8]　隐瞒 yǐnmán
[9]　疾痛 jítòng
[10]　枕头 zhěn · tou
[11]　抓挠 zhuā · nao
[12]　憧憬 chōngjǐng向往（美好的事物、境界等）
[13]　支撑 zhīchēng
[14]　一点 yīdiǎnr
[15]　辗转 zhǎnzhuǎn 翻来覆去，或指经过许多人的手或经过许多地方
[16]　朋友 péng · you
[17]　招呼 zhāo · hu

作品 43 号

生活对于任何人都非易事，我们必须有坚忍不拔的精神。最要紧的，还是我们自己要有信心。我们必须相信，我们对每一件事情[1]都具有天赋的才能，并且，无论付出任何代价，都要把这件事完成。当事情结束[2]的时候[3]，你要能问心无愧地说："我已经尽我所能了。"

有一年的春天，我因病被迫在家里休息[4]数周。我注视着我的女儿们所养的蚕正在结茧[5]，这使我

很感兴趣[6]。望着这些蚕执著[7]地、勤奋地工作，我感到我和它们非常相似[8]。像它们一样，我总是耐心地把自己的努力集中在一个目标上。我之所以如此，或许是因为[9]有某种力量在鞭策着我——正如蚕被鞭策着去结茧一般。

近五十年来，我致力于科学研究，而研究，就是对真理的探讨。我有许多美好快乐的记忆。少女时期我在巴黎大学，孤独地过着求学的岁月；在后来献身科学的整个时期，我丈夫[10]和我专心致志，像在梦幻中一般，坐在简陋的书房里艰辛地研究，后来我们就在那里发现了镭[11]。

我永远追求安静的工作和简单的家庭生活。为了实现这个理想，我竭力保持宁静的环境，以免受人事的干扰和盛名的拖累[12]。

我深信，在科学方面我们有对事业而不是对财富的兴趣。我的惟一奢望[13]是在一个自由国家中，以一个自由学者的身份从事研究工作。

我一直沉醉于世界的优美之中，我所热爱的科学也不断增加它崭新的远景。我认定科学本身就具有伟大的美。

节选自［波兰］玛丽·居里《我的信念》，剑捷译

注　释

[1]　事情 shì · qing
[2]　结束 jiéshù
[3]　时候 shí · hou
[4]　休息 xiū · xi
[5]　结茧 jiéjiǎn
[6]　兴趣 xìngqù
[7]　执著 zhízhuó
[8]　相似 xiāngsì
[9]　因为 yīn · wèi
[10]　丈夫 zhàng · fu
[11]　镭 léi
[12]　拖累 tuōlěi 牵累，使受连累
[13]　奢望 shēwàng过高的希望

作品 44 号

我为什么[1]非要教书不可？是因为[2]我喜欢[3]当教师的时间安排表和生活节奏。七、八、九三个月给我提供[4]了进行回顾、研究、写作的良机，并将三者有机融合，而善于回顾、研究和总结正是优秀教师素质[5]中不可缺少的成分。

干这行给了我多种多样的“甘泉”去品尝，找优秀的书籍去研读，到“象牙塔”和实际世界去发现。教学工作给我提供了继续学习的时间保证，以及多种途径、机遇和挑战。

然而，我爱这一行的真正原因，是爱我的学生[6]。学生们在我的眼前成长、变化。当教师意味着亲历“创造”过程的发生——恰似[7]亲手赋予[8]一团泥土以生命，没有什么比目睹它开始呼吸更激动人心的了。

权利我也有了：我有权利去启发诱导，去激发智慧的火花，去问费心思考的问题，去赞扬回答的尝试，去推荐书籍，去指点迷津。还有什么别的权利能与之相比呢？

而且，教书还给我金钱和权利之外的东西[9]，那就是爱心。不仅有对学生的爱，对书籍的爱，对知识[10]的爱，还有教师才能感受到的对“特别”学生的爱。这些学生，有如冥顽不灵[11]的泥块，由于接受了老师的炽爱[12]才勃发了生机。

所以，我爱教书，还因为，在那些勃发生机的“特别”学生身上，我有时发现自己和他们呼吸相通，忧乐与共。

节选自［美］彼得·基·贝得勒《我为什么当教师》

注　释

[1]　为什么 wèishén · me
[2]　因为 yīn · wèi
[3]　喜欢 xǐ · huan
[4]　提供 tígōng
[5]　素质 sùzhì
[6]　学生 xué · sheng
[7]　恰似 qiàsì
[8]　赋予 fùyǔ 交给（重大任务、使命等）
[9]　东西 dōng · xi
[10]　知识 zhī · shi
[11]　冥顽不灵 míngwánbùlíng 昏庸顽钝，不开化
[12]　炽爱 chì'ài

作品 45 号

中国西部我们通常是指黄河与秦岭相连一线以西，包括西北和西南的十二个省、市、自治区。这块广袤[1]的土地面积为五百四十六万平方公里，占国土总面积的百分之五十七；人口二点八亿，占全国总人口的百分之二十三。

西部是华夏文明的源头。华夏祖先的脚步是顺着水边走的；长江上游出土过[2]元谋人牙齿化石，距今约一百七十万年；黄河中游出土过蓝田人头盖骨，距今约七十万年。这两处古人类都比距今约五十万年的北京猿人资格更老。

西部地区是华夏文明的重要发源地。秦皇汉武以后，东西方文化在这里交汇融合，从而有了丝绸之路的驼铃声声，佛院深寺的暮鼓晨钟。敦煌莫高窟是世界文化史上的一个奇迹，它在继承汉晋艺术传统的基础上，形成了自己兼收并蓄[3]的恢宏气度，展现出精美绝伦的艺术形式和博大精深的文化内涵。秦始皇兵马俑、西夏王陵、楼兰古国、布达拉宫、三星堆、大足石刻等历史文化遗产，同样为[4]世界所瞩目[5]，成为中华文化重要的象征。

西部地区又是少数民族及其文化的集萃地[6]，几乎[7]包括了我国所有的少数民族。在一些偏远的少数民族地区，仍[8]保留了一些久远时代的艺术品种，成为珍贵的“活化石”，如纳西古乐、戏曲、剪纸、刺绣、岩画等民间艺术和宗教艺术。特色鲜明、丰富多彩，犹如一个巨大的民族民间文化艺术宝库。

我们要充分[9]重视和利用这些得天独厚[10]的资源优势，建立良好的民族民间文化生态环境，为西部大开发做出贡献。

节选自《中考语文课外阅读试题精选》中《西部文化和西部开发》

注　释

[1]　广袤 guǎngmào 广阔，宽广
[2]　出土过 chūtǔ · guo
[3]　兼收并蓄 jiānshōubìngxù 把内容不同、性质相反的各种事物都吸收进来
[4]　为 wéi
[5]　瞩目 zhǔmù 重视，关注

[6] 集萃地 jícuìdì
[7] 几乎 jīhū
[8] 仍 réng
[9] 充分 chōngfèn
[10] 得天独厚 détiāndúhòu 独具特殊优越的条件

作品 46 号

高兴，这是一种具体的被看得到摸得着[1]的事物所唤起的情绪。它是心理的，更是生理的。它容易来也容易去，谁也不应该对它视而不见失之交臂[2]，谁也不应该总是做那些使自己不高兴也使旁人不高兴的事。让我们说一件最容易做也最令人高兴的事吧，尊重你自己，也尊重别人，这是每一个人的权利，我还要说这是每一个人的义务。

快乐，它是一种富有概括性的生存状态、工作状态。它几乎[3]是先验的，它来自生命本身的活力，来自宇宙、地球和人间的吸引，它是世界的丰富、绚丽[4]、阔大、悠久的体现。快乐还是一种力量，是埋在地下的根脉。消灭一个人的快乐比挖掘掉一棵大树的根要难得多。

欢欣，这是一种青春的、诗意的情感。它来自面向未来伸开双臂奔跑的冲力，它来自一种轻松而又神秘、朦胧而又隐秘的激动，它是激情即将[5]到来的预兆[6]，它又是大雨过后的比下雨还要美妙得多也久远得多的回味……

喜悦，它是一种带有形而上色彩的修养和境界。与其说它是一种情绪，不如说它是一种智慧、一种超拔、一种悲天悯人[7]的宽容和理解，一种饱经沧桑[8]的充实和自信，一种光明的理性，一种坚定的成熟[9]，一种战胜了烦恼和庸俗的清明澄澈[10]。它是一潭清水，它是一抹朝霞[11]，它是无边的平原，它是沉默的地平线。多一点儿、再多一点儿喜悦吧，它是翅膀，也是归巢[12]。它是一杯美酒，也是一朵永远开不败的莲花。

节选自王蒙《喜悦》

注　释

[1] 摸得着 mō·dezháo
[2] 失之交臂 shīzhījiāobì 形容当面错过，失去好机会
[3] 几乎 jīhū
[4] 绚丽 xuànlì
[5] 即将 jíjiāng
[6] 预兆 yùzhào
[7] 悲天悯人 bēitiānmǐnrén 对社会的腐败和人民的疾苦感到悲愤和不平
[8] 饱经沧桑 bǎojīngcāngsāng形容经历过很多世事变迁
[9] 成熟 chéngshú
[10] 澄澈 chéngchè
[11] 朝霞 zhāoxiá
[12] 归巢guīcháo

作品 47 号

在湾仔[1]，香港最热闹[2]的地方[3]，有一棵榕树，它是最贵的一棵树，不光在香港，在全世界，都是最贵的。

树，活的树，又不卖何言其贵？只因它老，它粗，是香港百年沧桑的活见证，香港人不忍看它被砍伐，或者被移走，便跟要占用这片山坡的建筑者谈条件：可以在这儿[4]建大楼盖商厦，但一不准砍树，二不准挪树，必须把它原地精心[5]养起来，成为香港闹市中的一景。太古大厦的建设者最后签了合同[6]，占用这个大山坡建豪华商厦的先决条件是同意保护这棵老树。

树长在半山坡上，计划将下面的成千上万吨山石全部掏空取走，腾出地方来盖楼，把树架在大楼上面，仿佛[7]它原本是长在楼顶上似的[8]。建设者就地造了一个直径十八米、深十米的大花盆，先固定好这棵老树，再在大花盆下盖楼。光这一项就花了两千三百八十九万港币，堪称[9]是最昂贵的保护措施了。

太古大厦落成之后，人们可以乘滚动扶梯一次到位，来到太古大厦的顶层，出后门，那儿[10]是一片自然景色。一棵大树出现在人们面前，树干有一米半粗，树冠[11]直径足有二十多米，独木成林，非常壮观，形成一座以它为中心的小公园，取名叫“榕圃”。树前面插铜牌，说明原由。此情此景，如不看铜牌的说明，绝对想不到巨树根底下还有一座宏伟的现代大楼。

节选自舒乙《香港：最贵的一棵树》

注 释

[1] 湾仔 wānzǎi
[2] 热闹 rè · nao
[3] 地方 dì · fang
[4] 这儿 zhèr
[5] 精心 jīngxīn
[6] 合同 hé · tong
[7] 仿佛 fǎngfú
[8] 似的 shì · de
[9] 堪称 kānchēng可以称作，称得上
[10] 那儿 nàr
[11] 树冠 shùguān 乔木树干的上部连同所长的枝叶

作品 48 号

我们的船渐渐地逼近榕树了。我有机会看清它的真面目：是一棵大树，有数不清的丫枝[1]，枝上又生根，有许多根一直垂到地上，伸进泥土里。一部分树枝垂到水面，从远处看，就像一棵大树斜躺在水面上一样。

现在正是枝繁叶茂的时节。这棵榕树好像在把它的全部生命力展示给我们看。那么[2]多的绿叶，一簇[3]堆在另一簇的上面，不留一点儿[4]缝隙[5]。翠绿的颜色明亮地在我们的眼前闪耀，似乎[6]每一片树叶上都有一个新的生命在颤动[7]，这美丽的南国的树！

船在树下泊[8]了片刻，岸上很湿，我们没有上去。朋友[9]说这里是“鸟的天堂”，有许多鸟在这棵树上做窝，农民不许人去捉它们。我仿佛[10]听见几只鸟扑翅的声音，但是等到我的眼睛[11]注意地看那里时，我却看不见一只鸟的影子。只有无数的树根立在地上，像许多根木桩。地是湿的，大概涨潮[12]时河水常常冲上岸去。“鸟的天堂”里没有一只鸟，我这样想到。船开了，一个朋友拨着船，缓缓地流到河中间去。

第二天，我们划[13]着船到一个朋友的家乡去，就是那个有山有塔的地方[14]。从学校出发，我们又经过那“鸟的天堂”。

这一次是在早晨，阳光照在水面上，也照在树梢[15]上。一切都显得非常光明。我们的船也在树下泊了片刻。

起初四周围非常清静。后来忽然起了一声鸟叫。我们把手一拍，便看见一只大鸟飞了起来，接着又

看见第二只，第三只。我们继续拍掌，很快地这个树林就变得很热闹[16]了。到处都是鸟声，到处都是鸟影。大的，小的，花的，黑的，有的站在枝上叫，有的飞起来，在扑翅膀。

节选自巴金《鸟的天堂》

注　释

[1]　丫枝 yāzhī
[2]　那么 nà · me
[3]　簇 cù
[4]　一点儿 yīdiǎnr
[5]　缝隙 fèngxì
[6]　似乎 sìhū
[7]　颤动 chàndòng短促而频繁地振动
[8]　泊 bó 船靠岸，停留
[9]　朋友 péng · you
[10]　仿佛 fǎngfú
[11]　眼睛 yǎn · jing
[12]　涨潮 zhǎngcháo
[13]　划 huá
[14]　地方 dì · fang
[15]　树梢 shùshāo
[16]　热闹 rè · nao

作品 49 号

有这样一个故事[1]。

有人问：世界上什么[2]东西[3]的气力最大？回答纷纭得很，有的说："象"，有的说"狮"，有人开玩笑似的[4]说：是"金刚"，金刚有多少气力，当然大家全不知道。

结果[5]，这一切答案完全不对，世界上气力最大的，是植物的种子。一粒种子所可以显现出来的力，简直是超越一切。

人的头盖骨，结合得非常致密与坚固，生理学家和解剖[6]学者用尽了一切的方法，要把它完整地分出来，都没有这种力气。后来忽然有人发明了一个方法，就是把一些植物的种子放在要剖析[7]的头盖骨里，给它以温度与湿度，使它发芽。一发芽，这些种子便以可怕的力量，将一切机械[8]力所不能分开的骨骼[9]，完整地分开了。植物种子的力量之大，如此如此。

这，也许特殊[10]了一点儿[11]，常人不容易理解。那么[12]，你看见过笋的成长过程吗？你看见过[13]被压在瓦砾[14]和石块下面的一棵小草的生长吗？它为着向往阳光，为着达成它的生之意志，不管上面的石块如何重，石与石之间如何狭[15]，它必定要曲曲折折[16]地，但是顽强不屈地透到地面上来。它的根往土壤钻，它的芽往地面挺，这是一种不可抗拒的力，阻止它的石块，结果也被它掀翻，一粒种子的力量之大，如此如此。

没有一个人将小草叫做"大力士"，但是它的力量之大，的确[17]是世界无比。这种力是一般人看不见的生命力。只要生命存在，这种力就要显现。上面的石块，丝毫不足以阻挡。因为[18]它是一种"长期抗战"的力；有弹性，能屈伸的力；有韧性[19]，不达目的不止的力。

节选自夏衍《野草》

注 释

[1] 故事gù · shi
[2] 什么 shén · me
[3] 东西 dōng · xi
[4] 似的 shì · de
[5] 结果 jiéguǒ
[6] 解剖 jiěpōu
[7] 剖析 pōuxī
[8] 机械 jīxiè
[9] 骨骼gǔgé
[10] 特殊 tèshū
[11] 一点儿 yīdiǎnr
[12] 那么 nà · me
[13] 看见过 kàn·jiàn · guo
[14] 瓦砾 wǎlì
[15] 狭 xiá空间窄小
[16] 曲曲折折 qūqūzhézhé
[17] 的确 díquè
[18] 因为 yīn · wèi
[19] 韧性 rènxìng物体受外力作用时，产生变形而不易折断的性质，或指顽强持久的精神

作品 50 号

著名教育家班杰明曾经接到一个青年人的求救电话，并与那个向往成功、渴望指点的青年人约好了见面的时间和地点。

待那个青年如约而至时，班杰明的房门敞开着，眼前的景象却令青年人颇[1]感意外——班杰明的房间里乱七八糟、狼藉[2]一片。

没等青年人开口，班杰明就招呼[3]道："你看我这房间，太不整洁了，请你在门外等候一分钟，我收拾[4]一下，你再进来吧。"一边说着，班杰明就轻轻地关上了房门。

不到一分钟的时间，班杰明就又打开了房门并热情地把青年人让进客厅。这时，青年人的眼前展现出另一番景象——房间内的一切变得井然有序[5]，而且有两杯刚刚倒好的红酒，在淡淡的香水气息里还漾着[6]微波[7]。

可是，没等青年人把满腹[8]的有关人生和事业的疑难问题向班杰明讲出来，班杰明就非常客气[9]地说道："干杯。你可以走了。"

青年人手持酒杯一下子愣住了，既尴尬[10]又非常遗憾[11]地说："可是，我……我还没向您请教呢……"

"这些……难道还不够吗？"班杰明一边微笑着，一边扫视着自己的房间，轻言细语地说，"你进来又有一分钟了。"

"一分钟……一分钟……"青年人若有所思地说："我懂了，您让我明白[12]了一分钟的时间可以做许多事情[13]，可以改变许多事情的深刻道理。"

班杰明舒心地笑了。青年人把杯里的红酒一饮而尽，向班杰明连连道谢后，开心地走了。

其实，只要把握好生命的每一分钟，也就把握了理想的人生。

节选自纪广洋《一分钟》

注 释

[1] 颇 pō
[2] 狼藉 lángjí 乱七八糟的样子
[3] 招呼 zhāo · hu
[4] 收拾 shōu · shi
[5] 井然有序 jǐngrányǒuxù
[6] 漾着 yàng · zhe
[7] 微波 wēibō
[8] 满腹 mǎnfù
[9] 客气 kè · qi
[10] 尴尬gāngà处境困难，不好处理；或指态度不自然
[11] 遗憾 yíhàn
[12] 明白 míng · bai
[13] 事情 shì · qing

作品 51 号

有个塌鼻子的小男孩儿[1]，因为[2]两岁时得过[3]脑炎，智力受损，学习起来很吃力。打个比方[4]，别人写作文能写二三百字，他却只能写三五行。但即便[5]这样的作文，他同样能写得很动人。

那是一次作文课，题目是《愿望》。他极其认真地想了半天，然后极认真地写，那作文极短。只有三句话：我有两个愿望，第一个是，妈妈[6]天天笑眯眯地看着我说：“你真聪明，”第二个是，老师天天笑眯眯地看着我说：“你一点儿[7]也不笨。”

于是，就是这篇作文，深深地打动了他的老师，那位妈妈式的老师不仅给了他最高分，在班上带感情地朗读了这篇作文，还一笔一画地批道：你很聪明，你的作文写得非常感人，请放心，妈妈肯定会格外喜欢[8]你的，老师肯定会格外喜欢你的，大家肯定会格外喜欢你的。

捧着作文本，他笑了，蹦蹦跳跳地回家了，像只喜鹊。但他并没有把作文本拿给妈妈看，他是在等待，等待着一个美好的时刻。

那个时刻终于到了，是妈妈的生日——一个阳光灿烂的星期天：那天，他起得特别早，把作文本装在一个亲手做的美丽的大信封里，等着妈妈醒来。妈妈刚刚睁眼醒来，他就笑眯眯地走到妈妈跟前说：“妈妈，今天是您的生日，我要送给您一件礼物。”

果然，看着这篇作文，妈妈甜甜地涌出了两行热泪，一把搂住小男孩儿，搂得很紧很紧。

是的，智力可以受损，但爱永远不会。

节选自张玉庭《一个美丽的故事》

注 释

[1] 小男孩儿 xiǎonánháir
[2] 因为 yīn · wèi
[3] 得过 dé · guo
[4] 比方 bǐ · fang
[5] 即便 jíbiàn
[6] 妈妈 mā · ma
[7] 一点儿 yīdiǎnr
[8] 喜欢 xǐ · huan

作品 52 号

小学的时候[1]，有一次我们去海边远足，妈妈[2]没有做便饭，给了我十块钱买午餐。好像走了很久，很久，终于到海边了，大家坐下来便吃饭，荒凉的海边没有商店，我一个人跑到防风林外面去，级任老师要大家把吃剩的饭菜分给我一点儿[3]。有两三个男生留下一点儿给我，还有一个女生，她的米饭拌了酱油，很香。我吃完的时候，她笑眯眯地看着我，短头发，脸圆圆的。

她的名字[4]叫翁香玉。

每天放学的时候，她走的是经过我们家的一条小路，带着一位比她小的男孩儿[5]，可能是弟弟[6]。小路边是一条清澈[7]见底的小溪，两旁竹阴覆盖，我总是远远地跟在她后面，夏日的午后特别炎热，走到半路她会停下来，拿手帕[8]在溪水里浸湿[9]，为小男孩儿擦脸。我也在后面停下来，把肮脏[10]的手帕弄[11]湿了擦脸，再一路远远跟着回家。

后来我们家搬到镇上去了，过几年我也上了中学。有一天放学回家，在火车上，看见斜对面一位短头发[12]、圆圆脸的女孩儿[13]，一身素净[14]的白衣黑裙。我想她一定不认识[15]我了。火车很快到站了，我随着人群挤向门口，她也走近了，叫我的名字。这是她第一次和我说话。

她笑眯眯的，和我一起走过月台。以后就没有再见过[16]她了。

这篇文章收在我出版的《少年心事》这本书里。

书出版后半年，有一天我忽然收到出版社转来的一封信，信封上是陌生的字迹，但清楚地写着我的本名。

信里面说她看到了这篇文章心里非常激动，没想到在离开家乡，漂泊异地这么久之后，会看见自己仍然在一个人的记忆里，她自己也深深记得这其中的每一幕，只是没想到越过遥远的时空，竟然另一个人也深深记得。

节选自苦伶《永远的记忆》

注　释

[1] 时候 shí · hou
[2] 妈妈 mā · ma
[3] 一点儿 yīdiǎnr
[4] 名字 míng · zi
[5] 男孩儿 nánháir
[6] 弟弟 dì · di
[7] 清澈 qīngchè
[8] 手帕 shǒupà
[9] 浸湿 jìnshī
[10] 肮脏 āngzāng
[11] 弄 nòng
[12] 头发 tóu · fa
[13] 女孩儿 nǚháir
[14] 素净 sù · jing
[15] 认识 rèn · shi
[16] 见过 jiàn · guo

作品 53 号

在繁华的巴黎大街的路旁，站着一个衣衫褴褛[1]、头发[2]斑白、双目失明的老人。他不像其他乞丐[3]那样伸手向过路行人乞讨，而是在身旁立一块木牌，上面写着："我什么[4]也看不见！"街上的过往行人很多，看了木牌上的字都无动于衷，有的还淡淡一笑，便姗姗[5]而去了。

这天中午，法国著名诗人让·彼浩勒也经过这里。他看看[6]木牌上的字，问盲老人："老人家，今天上午有人给你钱吗？"

盲老人叹息着回答："我，我什么也没有得到。"说着，脸上的神情非常悲伤。

让·彼浩勒听了，拿起笔悄悄地在那行字的前面添上了"春天到了，可是"几个字，就匆匆地离开了。

晚上[7]，让·彼浩勒又经过这里，问那个盲老人下午的情况。盲老人笑着回答说："先生[8]，不知为什么，下午给我钱的人多极了！"让·彼浩勒听了，摸着胡子满意地笑了。

"春天到了，可是我什么也看不见！"这富有诗意的语言，产生这么[9]大的作用，就在于它有非常浓厚的感情色彩。是的，春天是美好的，那蓝天白云，那绿树红花，那莺歌燕舞，那流水人家，怎么[10]不叫人陶醉呢？但是良辰美景，对于一个双目失明的人来说，只是一片漆黑。当人们想到这个盲老人，一生中竟连万紫千红的春天都不曾看到，怎能不对他产生同情之心呢？

节选自小学《语文》第六册中《语言的魅力》

注　释

[1] 褴褛 lánlǚ
[2] 头发 tóu · fa
[3] 乞丐 qǐgài
[4] 什么 shén · me
[5] 姗姗 shānshān
[6] 看看 kàn · kan
[7] 晚上 wǎn · shang
[8] 先生 xiān · sheng
[9] 这么 zhè · me
[10] 怎么 zěn · me

作品 54 号

有一次，苏东坡的朋友[1]张鹗[2]拿着一张纸来求他写一幅[3]字，而且希望他写一点儿[4]关于养生方面的内容。苏东坡思索了一会儿[5]，点点头说："我得到了一个养生长寿古方，药只有四味，今天就赠给你吧。"于是，东坡的狼毫在纸上挥洒起来，上面写着："一曰无事以当[6]贵，二曰早寝[7]以当[8]富，三曰安步以当[9]车，四曰晚食以当[10]肉。"

这哪里有药？张鹗一脸茫然地问。苏东坡笑着解释说，养生长寿的要诀[11]，全在这四句里面。

所谓"无事以当贵"，是指人不要把功名利禄、荣辱过失考虑得太多，如能在情志上潇洒大度，随遇而安，无事以求，这比富贵更能使人终其天年。

"早寝以当富"，指吃好穿好、财货充足，并非就能使你长寿。对老人来说，养成良好的起居习惯，尤其是早睡早起，比获得任何财富更加宝贵。

"安步以当车"，指人不要过于讲求安逸、肢体不劳，而应多以步行来替代骑马乘车，多运动才可以强健体魄，通畅气血[12]。

"晚食以当肉"，意思是人应该用已饥方食、未饱先止代替对美味佳肴[13]的贪吃无厌。他进一步解释，饿了以后才进食，虽然[14]是粗茶淡饭，但其香甜可口会胜过山珍；如果饱了还要勉强[15]吃，即使[16]美味佳肴摆在眼前也难以下咽。

苏东坡的四味"长寿药"，实际上是强调了情志、睡眠、运动、饮食四个方面对养生长寿的重要性，这种养生观点即使在今天仍然值得借鉴。

节选自蒲昭和《赠你四味长寿药》

注 释

[1] 朋友 péng · you
[2] 张鹗 Zhāng'È
[3] 幅 fú
[4] 一点儿 yīdiǎnr
[5] 一会儿 yīhuìr
[6] 当 dàng
[7] 寝 qǐn
[8] 当 dàng
[9] 当 dàng
[10] 当 dàng
[11] 要诀 yàojué
[12] 气血 qìxuè
[13] 佳肴 jiāyáo
[14] 虽然 suīrán
[15] 勉强 miǎnqiǎng
[16] 即使 jíshǐ

作品 55 号

人活着，最要紧的是寻觅[1]到那片代表着生命绿色和人类希望的丛林[2]，然后选一高高的枝头站在那里观览人生，消化痛苦，孕育歌声，愉悦世界！

这可真是一种潇洒的人生态度，这可真是一种心境爽朗的情感风貌。

站在历史的枝头微笑，可以减免许多烦恼。在那里，你可以从众生相所包含的甜酸苦辣、百味人生中寻找你自己；你境遇中的那点儿[3]苦痛，也许相比之下，再也难以占据一席之地；你会较[4]容易地获得从不悦中解脱灵魂的力量，使之不致变得灰色。

人站得高些，不但能有幸早些领略到希望的曙光，还能有幸发现生命的立体的诗篇。每一个人的人生，都是这诗篇中的一个词、一个句子或者一个标点。你可能没有成为一个美丽的词，一个引人注目的句子，一个惊叹号，但你依然是这生命的立体诗篇中的一个音节、一个停顿、一个必不可少的组成部分[5]。这足以使你放弃前嫌，萌生为人类孕育新的歌声的兴致，为世界带来更多的诗意。

最可怕的人生见解，是把多维的生存图景看成平面。因为[6]那平面上刻下的大多是凝固了的历史——过去的遗迹；但活着的人们，活得却是充满着新生智慧的，由不断逝去的“现在”组成的未来。人生不能像某些鱼类躺着游，人生也不能像某些兽类爬着走，而应该站着向前行，这才是人类应有的生存姿态。

节选自［美］本杰明 · 拉什《站在历史的枝头微笑》

注 释

[1] 寻觅 xúnmì
[2] 丛林 cónglín
[3] 点儿 diǎnr
[4] 较 jiào
[5] 部分 bù · fen
[6] 因为 yīn · wèi

作品 56 号

中国的第一大岛，台湾省的主岛台湾，位于中国大陆架的东南方，地处[1]东海和南海之间，隔着台湾海峡和大陆相望。天气晴朗的时候[2]，站在福建沿海较[3]高的地方[4]，就可以隐隐约约地望见岛上的高山和云朵。

台湾岛形状狭长，从东到西，最宽处只有一百四十多公里；由南至北，最长的地方约有三百九十多公里。地形像一个纺织用的梭子[5]。

台湾岛上的山脉纵贯南北，中间的中央山脉犹如全岛的脊梁[6]。西部为[7]海拔四千米的玉山山脉，是中国东部的最高峰。全岛约有三分之一的地方是平地，其余为山地。岛内有缎带般的瀑布，蓝宝石似的[8]湖泊[9]，四季常青的森林和果园，自然景色十分优美。西南部的阿里山和日月潭，台北市郊的大屯山风景区，都是闻名世界的游览胜地。

台湾岛地处热带和温带之间，四面环海，雨水充足，气温受到海洋的调剂[10]，冬暖夏凉，四季如春，这给水稻和果木生长提供[11]了优越的条件。水稻、甘蔗[12]、樟脑是台湾的“三宝”。岛上还盛产鲜果和鱼虾。

台湾岛还是一个闻名世界的“蝴蝶王国”。岛上的蝴蝶共有四百多个品种，其中有不少是世界稀有的珍贵品种。岛上还有不少鸟语花香的蝴蝶谷，岛上居民利用蝴蝶制作标本和艺术品，远销许多国家。

节选自《中国的宝岛——台湾》

注　释

[1] 处 chǔ
[2] 时候 shí · hou
[3] 较 jiào
[4] 地方 dì · fang
[5] 梭子 suō · zi
[6] 脊梁 jǐ · liang
[7] 为 wéi
[8] 似的 shì · de
[9] 湖泊 húpō
[10] 调剂 tiáojì
[11] 提供 tígōng
[12] 甘蔗gān · zhe

作品 57 号

对于中国的牛，我有一种特别尊敬的感情。

留给我印象最深的，要算在田垄上的一次“相遇”。

一群朋友[1]郊游，我领头在狭窄的阡陌[2]上走，怎料迎面来了几头耕牛，狭道容不下人和牛，终有一方要让路。它们还没有走近，我们已经预计斗不过畜牲[3]，恐怕难免踩到田地泥水里，弄[4]得鞋袜又泥又湿了。正踟蹰[5]的时候[6]，带头的一头牛，在离我们不远的地方[7]停下来，抬起头看看[8]，稍迟疑一下，就自动走下田去。一队耕牛，全跟着它离开阡陌，从我们身边经过。

我们都呆了，回过头来，看着深褐色的牛队，在路的尽头消失，忽然觉得自己受了很大的恩惠。

中国的牛，永远沉默地为人做着沉重的工作。在大地上，在晨光或烈日下，它拖着沉重的犁，低头一步又一步，拖出身后一列又一列松土，好让人们下种[9]。等到满地金黄或农闲时候，它可能还得担当搬运负重的工作；或终日绕着石磨，朝同一方向，走不计程的路。

在它沉默的劳动中，人便得到应得的收成[10]。

那时候，也许，它可以松一肩重担[11]，站在树下，吃几口嫩草。偶尔摇摇[12]尾巴[13]，摆摆[14]耳朵[15]，赶走飞附[16]身上的苍蝇[17]，已经算是它最闲适的生活了。

中国的牛，没有成群奔跑的习惯，永远沉沉实实的，默默地工作，平心静气。这就是中国的牛！

节选自小思《中国的牛》

注　释

[1]　朋友 péng · you
[2]　阡陌 qiānmò
[3]　畜牲 chù · sheng
[4]　弄 nòng
[5]　踟蹰 chíchú
[6]　时候 shí · hou
[7]　地方 dì · fang
[8]　看看 kàn · kan
[9]　下种 xiàzhǒng
[10]　收成 shōu · cheng
[11]　重担 zhòngdàn
[12]　摇摇 yáo · yao
[13]　尾巴 wěi · ba
[14]　摆摆 bǎi · bai
[15]　耳朵 ěr · duo
[16]　附 fù
[17]　苍蝇 cāng · ying

作品 58 号

不管我的梦想能否成为[1]事实，说出来总是好玩儿[2]的：

春天，我将要住在杭州。二十年前，旧历的二月初，在西湖我看见了嫩柳与菜花，碧浪与翠竹。由我看到的那点儿[3]春光，已经可以断定，杭州的春天必定会教[4]人整天生活在诗与图画之中。所以，春天我的家应当是在杭州。

夏天，我想青城山应当算作最理想的地方[5]。在那里，我虽然[6]只住过十天，可是它的幽静已拴住了我的心灵。在我所看见过[7]的山水中，只有这里没有使我失望。到处都是绿，目之所及，那片淡而光润的绿色都在轻轻地颤动，仿佛[8]要流入空中与心中似的[9]。这个绿色会像音乐，涤[10]清了心中的万虑。

秋天一定要住北平。天堂是什么[11]样子，我不知道，但是从我的生活经验去判断，北平之秋便是天堂。论天气，不冷不热。论吃的，苹果、梨、柿子、枣儿[12]、葡萄，每样都有若干种。论花草，菊花种类之多，花式之奇，可以甲天下。西山有红叶可见，北海可以划船—— 虽然荷花已残，荷叶可还有一片清香。衣食住行，在北平的秋天，是没有一项不使人满意的。

冬天，我还没有打好主意[13]，成都或者相当的合适，虽然并不怎样和暖，可是为了水仙，素心腊梅，各色的茶花，仿佛就受一点儿寒冷，也颇值得去了。昆明的花也多，而且天气比成都好，可是旧书铺与精美而便宜的小吃远不及成都那么好。好吧，就暂这么规定：冬天不住成都便住昆明吧。

在抗战中，我没能发国难财。我想，抗战胜利以后，我必能阔起来。那时候，假若飞机减价，一二百元就能买一架的话，我就自备一架，择黄道吉日慢慢地飞行。

节选自老舍《住的梦》

注 释

[1] 成为 chéngwéi
[2] 好玩儿 hǎowánr
[3] 点儿 diǎnr
[4] 教 jiào
[5] 地方 dì · fang
[6] 虽然 suīrán
[7] 看见过 kàn · jiàn · guo
[8] 仿佛 fǎngfú
[9] 似的 shì · de
[10] 涤 dí
[11] 什么 shén · me
[12] 枣儿 zǎor
[13] 主意 zhǔ · yi

作品 59 号

从未见过[1]开得这样盛的藤萝，只见一片辉煌的淡紫色，像一条瀑布，从空中垂下，不见其发端，也不见其终极，只是深深浅浅的紫，仿佛[2]在流动，在欢笑，在不停地生长。紫色的大条幅[3]上，泛着点点银光，就像迸溅[4]的水花。仔细看时，才知道那是每一朵紫花中的最浅淡的部分[5]，在和阳光互相挑逗。

这里除了光彩，还有淡淡的芳香。香气似乎[6]也是浅紫色的，梦幻一般轻轻地笼罩着我。忽然记起十多年前，家门外也曾有过[7]一大株紫藤萝，它依傍[8]一株枯槐爬得很高，但花朵从来都稀落，东一穗西一串伶仃[9]地挂在树梢，好像在察言观色，试探什么[10]。后来索性连那稀零的花串也没有了。园中别的紫藤花架也都拆掉，改种了果树。那时的说法是，花和生活腐化有什么必然关系[11]。我曾遗憾地想：这里再看不见藤萝花了。

过了这么[12]多年，藤萝又开花了，而且开得这样盛，这样密，紫色的瀑布遮住了粗壮的盘虬[13]卧龙般的枝干，不断地流着，流向人的心底。

花和人都会遇到各种各样的不幸，但是生命的长河是无止境的。我抚摸了一下那小小的紫色的花舱，那里满装了生命的酒酿[14]，它张满了帆，在这闪光的花的河流上航行。它是万花中的一朵，也正是由每一个一朵，组成了万花灿烂的流动的瀑布。

在这浅紫色的光辉和浅紫色的芳香中，我不觉加快了脚步。

节选自宗璞《紫藤萝瀑布》

注 释

[1] 见过 jiàn · guo
[2] 仿佛 fǎngfú
[3] 条幅 tiáofú
[4] 迸溅 bèngjiàn
[5] 部分 bù · fen
[6] 似乎 sìhū
[7] 有过 yǒu · guo
[8] 依傍 yībàng
[9] 伶仃 língdīng
[10] 什么 shén · me

[11] 关系 guān · xi
[12] 这么 zhè · me
[13] 盘虬 pánqiú
[14] 酒酿 jiǔniàng

作品 60 号

在一次名人访问中，被问及上个世纪最重要的发明是什么[1]时，有人说是电脑，有人说是汽车，等等。但新加坡的一位知名人士却说是冷气机。他解释，如果没有冷气，热带地区如东南亚国家，就不可能有很高的生产力，就不可能达到今天的生活水准。他的回答实事求是，有理有据。

看了上述报道，我突发奇想：为什么没有记者问："二十世纪最糟糕的发明是什么？"其实二零零二年十月中旬，英国的一家报纸就评出了"人类最糟糕的发明"。获此"殊荣"的，就是人们每天大量使用的塑料[2]袋。

诞生于上个世纪三十年代的塑料袋，其家族包括用塑料制成的快餐饭盒、包装纸、餐用杯盘、饮料瓶、酸奶杯、雪糕杯等等。这些废弃物形成的垃圾，数量多、体积大、重量轻、不降解[3]，给治理工作带来很多技术难题和社会问题。

比如，散落在田间、路边及草丛[4]中的塑料餐盒，一旦被牲畜[5]吞食，就会危及健康甚至导致死亡。填埋废弃塑料袋、塑料餐盒的土地，不能生长庄稼[6]和树木，造成土地板结[7]，而焚烧[8]处理[9]这些塑料垃圾，则会释放出多种化学有毒气体，其中一种称为[10]二噁英[11]的化合物，毒性极大。

此外，在生产塑料袋、塑料餐盒的过程中使用的氟利昂，对人体免疫系统和生态环境造成的破坏也极为严重。

节选自林光如《最糟糕的发明》

注　释

[1] 什么 shén · me
[2] 塑料 sùliào
[3] 降解 jiàngjiě
[4] 草丛 cǎocóng
[5] 牲畜 shēngchù
[6] 庄稼 zhuāng · jia
[7] 板结 bǎnjié
[8] 焚烧 fénshāo
[9] 处理 chǔlǐ
[10] 称为 chēngwéi
[11] 二噁英 èr'èyīng

第三部分　说话部分

一、提高口语表达能力

语言是具有共同意义的声音和符号，能系统地表达思想和感情，是人类沟通的桥梁。但是在日常生活中，某些人很善于辞令，说话总是很有说服力；而有些人则拙于表达，或者话语冗长让人不得要领。那么，怎样培养自己的口语表达能力，使自己的语言具有说服力和感染力呢？我们可以从以下两个方面入手练习。

1. 注意口语表达的技巧

同样的内容以不同的语音语调来表达，会带来不同的表达效果，因此，在表达自己的观点、思想、情感的时候，要根据内容的需要选择适当的语音语调。

（1）语音清晰、响亮、流畅。吐字发音要做到字音准确，完全符合普通话的发音标准，这样易于营造轻松舒适的交流氛围，便于别人理解和接受。

（2）适当运用重音和停顿。重音具有区别词义的作用，可以强调重点内容，加强听者的理解，给其留下深刻印象；适当停顿，使得表达的内容层次分明，加上语气语调的变化，整个表达起伏有致、自然流畅而又富于变化，能够增强情绪感染力。

2. 注重思维的训练

对话题做简单直观的判断很容易，但是要从各个角度深入全面地展开分析，形成一段条理清晰的话语，就需要强化锻炼思维能力，从而使说话既能集中围绕话题，又能多方面展开，使表达的内容主题明确而又条理井然。

（1）以时间为序，理清事件的完整过程。时间是整理事件完整线索的关键要素，把握住事件发展的时间节奏，按照时间要素解说事件，会让听者听起来清晰明了。

（2）逆向思维，正反对比，观点明确。有些话题仅从单面分析往往流于简单，换一个角度思考，却能够独出新见，耳目一新。

（3）析因推果，多角度深入阐述。从问题涉及的原因、出现的现象、带来的结果与影响、解决问题的方式等角度加以分析，使得话题涵盖面广，逻辑严谨。

以上只是口语表达的基本知识，要在实际生活中运用得当，还需要不断地练习与积累。此外，广泛阅读各类资料，积累素材，借鉴他人的表达思路，对提高语言表达能力也很重要。只要我们在日常生活和学习中做有心人，多思考多尝试，一定能很快地提高自己的口语表达能力。

二、怎样准备普通话水平测试的说话题

北京地区普通话水平测试第四题是说话题，是分值最高的一题，占 40 分。考试的规则是按照规定的题目说话，要求说满 3 分钟，不能缺时，不能离题，不能有无效话语，还有内容上不能雷同，如背诵他人文稿，多人说话内容一样等，如有犯规，要根据犯规程度扣分。在测试的过程中，测试者发现许多考生因对说话题没有做充分的准备或者准备不得法而失分，因而考生在考前对说话题不能小视。

第四题说话，本意是测试考生在没有文字凭借的情况下口语发音的水平、发音的标准程度。不看着稿，用口头表达方式来述说，对口语表达能力强的人来说应该没什么问题，可是对口语表达能力不强、考前没做充分准备、在考试时又比较紧张的考生，还是很富有挑战的。在测评第四题时，测试者

确实能发现许多考生不是因为语音问题丢分，而是因为不会说话，不会组织语言，不按考试规则说话而扣分，这样的丢分应该说是不值得的，也是很可惜的。常见的扣分有以下几种情况：

（1）缺时。说话不满 3 分钟就要扣分，缺时越多扣分就越多。正常的说话有正常的停顿，正常的停顿是不扣分的。由于不会组织语言，说话不流畅，或者因没做准备不知道说什么，出现长时间停顿就不正常了，一般停顿时间达 15 秒以上就要扣分了，在 3 分钟说话的过程中，多次出现长时间的停顿还要累计起来一并扣分。最严重的是不说话，3 分钟时间说话不足 15 秒，按规则要判 0 分，说话题要是得 0 分，整个考试就失败了，不能入级。

（2）离题。有的考生考前准备了一道题，考试时抽到的题目不是自己准备的题，可是考生还按事先准备的题目去说话，这就离题了。还有的考生不认真看题审题，也可能是紧张，把题目看错了，例如考题中有一题是《我喜爱的节日》，考生把节日的“日”字错看成了“目”字，说话按照《我喜爱的节目》去说，这当然是离题了。测试时，说话题给出两道题，由自己任选一题，要注意的是只能选一题，不能两道题都选。有的考生两道题都说，3 分钟的时间一题说一半，这种情况在评分时，只评判一道题，另一题就按离题来处理。

（3）无效话语。有的考生考前准备不好，说话没说到 3 分钟就把准备好的话说完了，没话可说了。其实，就算是语速稍快，把事先准备好的话提前说完了，即兴再补充一些话也是不难的，可这些考生不知道说什么了，为了凑足 3 分钟，有数数的，有向老师求情的，有反复重复一两句话的，等等。测试时为填补时间，说的一些与考题无关的废话就是无效话语。

（4）内容雷同。有的考生说话的内容是测试朗读部分文章中的内容，或是别人文稿中的内容，这是犯规的。说话的内容要自己准备，不能说别人文章的内容，无论是背诵还是照别人文章内容说，都属于内容雷同。内容雷同还有一种情况，就是几个人在考前一起准备，几个人说话的内容一样，在测评时，老师要是听出几个人说话的内容是一样的，就要把这几个人的说话题都按内容雷同处理，都要扣分。

有方言的考生，怕第四题，因为说话带方言语音面貌这一项要失分。没有方言的人，也怕第四题，怕抽到不会说的题，怕发挥不好而丢分。于是有的考生怕不会说话，就事先像写作文一样按题目写出文章来，这种做法虽然精神可嘉，但采用这种办法效率不高。在学校有些学生下载网上文章，然后背下来，确实，所有说话题目的文章在网上都能查到，而且数量很多，但是不要去下载，不要去背，更不要打印出来或抄下来带进考场，在考场上带小条是作弊行为，是要取消考试资格的，因为背诵和说话是不一样的，在测评时，如果老师听出来是在背诵是要扣分的。如果全篇背诵别人的文章要按作弊处理！可以说第四题说话，对多数考生来说是要认真对待的一道题。

那怎么准备说话题呢？说话不是写作文，不用像写作文那样构思立意，不用布局谋篇，也不用考虑详略安排。普通话测试是测试语音，题目只是给出一个说话的方向，只要围绕题目去说，连续地说，做到流畅自然，说够 3 分钟就可以了，因为测评老师是听你的语音。测试时，考生的主要精力应该放在发音上，不要过多去考虑说话内容的质量水平。为了不分散精力去构思文章，那就怎么好说怎么不费心思去想就怎么说。按照文体来说，文章有记叙文、说明文、议论文等文体，从说话表述角度来看，表述记叙文相对容易些，我们在准备说话题时，可以把题目尽量按照记叙文来述说。可以准备一件事，构思好了就按照顺序一一表述，这样说话就不会紧张，也不会说一句想一句了。例如，《我的愿望》《我的学习生活》《我尊敬的人》等，这些题目就可按记叙文去说，说一件事，一段经历，按前后顺序慢慢地说。说话内容要准备得稍多些，宁可时间到了还没说完，也不要说完了还没到时间。有些题目看上去是说明文或议论文，比如《学习普通话的体会》《谈谈服饰》等，这类题目看上去比较难，其实我们也可以按记叙文来说，比如说说在学习普通话过程中发生的事情，把事情叙述出来就是在说学习普通话的体会。叙述去商店买衣服看衣服，不就是在谈服饰么？

说话要选择自己熟悉的事，自己经历的事，说自己的事会轻松自如，表达起来也会很流畅。见到题目后，首先要确立说话内容，要机动灵活，不要死记硬背。一次带学生练习说话，一位学生抽到《谈谈科技发展与社会生活》这道题，被难住了，不会说了，认为自己不懂科技，不知道怎么说。我启发学生不要把“科技”一词想得那么神秘，手机是不是科技的产物？你们每天都在使用手机玩手机，那就谈谈对它的认识吧！经这么一提醒，学生就滔滔不绝地说起来了。

说话题的评判在语音方面主要是看语音面貌、流畅程度和语法这几个方面，一般来说不可能做到十全十美，受过专门训练的如准备考播音员的考生，能做到失分很少，可以取得一级甲等水平，其他考生在说话题上都要失去几分。有方言的失分要多些，没有方言的也要失分，失分在四五分左右应该说是正常的。在语音方面，失四五分可以说是一条界线，界线之内是没有方言，界线之外是带方言了。如果没有方言的人失分在五分之上，那就很可能出现了语音之外的问题，如前面分析的几种不正常情况下的扣分。在面对普通话水平测试第四题说话题时，考生要端正态度、认真准备，不要出现非正常的失分。

说 话 题

1. 我的愿望（或理想）
2. 我的学习生活
3. 我最尊敬的人
4. 我喜爱的动物（或植物）
5. 童年的记忆
6. 我喜爱的职业
7. 难忘的旅行
8. 我的朋友
9. 我喜爱的文学（或其他）艺术形式
10. 谈谈卫生与健康
11. 我的业余生活
12. 我喜爱的季节（或天气）
13. 学习普通话的体会
14. 谈谈服饰
15. 我的假日生活
16. 我的成长之路
17. 谈谈科技发展与社会生活
18. 我知道的风俗
19. 我和体育
20. 我的家乡（或熟悉的地方）
21. 谈谈美食
22. 我喜欢的节日
23. 我所在的集体（学校、机关、公司等）
24. 谈谈社会公德
25. 谈谈个人修养
26. 我喜欢的明星（或其他知名人士）
27. 我喜爱的书刊
28. 谈谈对环境保护的认识
29. 我向往的地方
30. 购物（消费）的感受

附　　录

练习一答案

一、给下列加点的字注音

隘路（ài）	黯然（àn）	拗口（ào）	包庇（bì）	卑鄙（bǐ）
匕首（bǐ）	庇荫（bì）	濒临（bīn）	摒弃（bìng）	扼要（è）
波及（bō）	哺育（bǔ）	不啻（chì）	刹那（chà）	诧异（chà）
阐述（chǎn）	乘客（chéng）	磋商（cuō）	攒聚（cuán）	番茄（fān）
称职（chèn）	炽热（chì）	侈谈（chǐ）	处分（chǔ）	揣测（chuǎi）
绰号（chuò）	粗糙（cāo）	创伤（chuāng）	果脯（fǔ）	氛围（fēn）
挫折（cuò）	反刍（chú）	呆板（dāi）	提防（dī）	玷污（diàn）
阿胶（ē）	讹诈（é）	复辟（fù）	芙蓉（fú）	汾酒（fén）
肤浅（fū）	拂晓（fú）	俘虏（fú）	差异（chā）	诋毁（dǐ）
一服药（fù）	度德量力（duó）	方兴未艾（ài）		

二、根据拼音写汉字

bān（般）配	bān（颁）布	报 chóu（酬）	报 cháng（偿）
bèi（惫）倦	边 chuí（陲）	标 dì（的）	bìn（摈）弃
bǐng（禀）报	补 cháng（偿）	bù（部）署	cāo（糙）米
chà（岔）路	chān（搀）扶	chàng（怅）惘	热 chén（忱）
饼 chēng（铛）	fú（凫）水	惩 chǔ（处）	驰 chěng（骋）
chóu（稠）密	chóu（筹）划	惆 chàng（怅）	烟 cōng（囱）
璀 càn（璨）	dān（耽）误	dǎo（祷）告	dòng（栋）梁
dōu（兜）售	dǔ（笃）信	dù（妒）忌	dūn（敦）厚
è（愕）然	è（噩）耗	繁 mào（茂）	烦 zào（躁）
fán（樊）笼	fàn（贩）运	范 chóu（畴）	fáng（妨）碍
诽 bàng（谤）	fū（敷）衍		

三、给下列多音字注音并组词

1. 别 { bié 别致；biè 别扭 }

2. 炮 { bāo 炮羊肉；pào 炮兵 }

3. 单 { dān 单薄；chán 单于 }

4. 便 { biàn 便利 / pián 便宜 }

5. 堡 { bǎo 堡垒 / bǔ 堡子 }

6. 背 { bēi 背负 / bèi 背景 }

7. 薄 { báo 薄饼 / bó 薄弱 / bò 薄荷 }

8. 参 { cēn 参差 / cān 参与 / shēn 人参 }

四、成语填空

按（部）就班	白（璧）无瑕	（饱）经沧桑	（付）诸东流
（敝）帚自珍	（负）隅顽抗	（赴）汤蹈火	（俯）首帖耳
别出心（裁）	补偏救（弊）	（宠）辱不惊	（覆）水难收
不（耻）下问	不知所（措）	沧海一（粟）	（崇）山峻岭
晨钟（暮）鼓	惩前（毖）后	吃里（扒）外	出类拔（萃）
（嗤）之以鼻	（痴）心妄想	重（蹈）覆辙	除旧（迎）新
（触）目惊心	吹毛求（疵）	唇亡（齿）寒	（抚）今追昔
此起（彼）伏	大言不（惭）	（浮）光掠影	（风）声鹤唳
（担）惊受怕	（倒）行逆施	（道）貌岸然	（扶）危济困
得天（独）厚	（德）高望重	（滴）水穿石	地大物（博）
（掉）以轻心	（耳）聪目明	（尔）虞我诈	（翻）天覆地
（繁）文缛节	（抚）躬自问	（返）璞归真	（风）驰电掣
（防）微杜渐	（飞）黄腾达	（匪）夷所思	（废）寝忘食
（纷）至沓来	（粉）墨登场	（凤）毛麟角	（愤）世嫉俗

五、辨字组词

{ 瓣 bàn 花瓣 / 辨 biàn 辨认 / 辫 biàn 辫子 / 辩 biàn 辩论 }

{ 峰 fēng 高峰 / 锋 fēng 锋利 / 蜂 fēng 蜜蜂 / 烽 fēng 烽火 }

{ 段 duàn 段落 / 缎 duàn 锦缎 / 锻 duàn 锻炼 }

{ 逢 féng 相逢 / 缝 féng 缝纫 / 俸 fèng 侍俸 }

模拟水平测试答案

一、读单音节字词（100 个音节）

愕 è	蔼 ǎi	盎 àng	甫 fǔ	袄 ǎo	秕 bǐ
哀 āi	弗 fú	哎 āi	诋 dǐ	鳌 áo	疤 bā
肪 fáng	撮 cuō	搀 chān	摒 bìng	绯 fēi	萼 è
隘 ài	符 fú	擦 cā	苯 běn	黯 àn	痹 bì
煅 duàn	恩 ēn	膘 biāo	挡 dǎng	哺 bǔ	层 céng
秉 bǐng	妨 fáng	枫 fēng	跛 bǒ	叮 dīng	佛 fó（fú）

鹅 é	堕 duò	幢 chuáng	凫 fú	腭 è	栋 dòng
氛 fēn	戳 chuō	滨 bīn	川 chuān	崩 bēng	串 chuàn
否 fǒu	笃 dǔ	丛 cóng	扮 bàn	饵 ěr	蹿 cuān
搭 dā	麸 fū	皴 cūn	玳 dài	瘪 biē（biě）	矾 fán
蹈 dǎo	蚌 bàng（bèng）		凳 dèng	蚕 cán	堤 dī
贰 èr	貂 diāo	钵 bō	迭 dié	撑 chēng	丢 diū
皑 ái	抖 dǒu	槽 cáo	犊 dú	雹 báo	噩 è
贬 biǎn	插 chā	氨 ān	编 biān	悴 cuì	掂 diān
稠 chóu	伐 fá	掸 dǎn	版 bǎn	菲 fēi	踹 chuài
讽 fěng	舱 cāng	袱 fú	裁 cái	掰 bāi	氟 fú
酚 fēn	德 dé	忿 fèn	埠 bù	焙 bèi	

二、读多音节词语（100 个音节）

牌坊 páifāng	巴结 bā · jie	当选 dāngxuǎn	创伤 chuāngshāng
儿子 ér · zi	肮脏 āngzāng	挨个儿 āigèr	呆板 dāibǎn
恶劣 èliè	打发 dǎ · fa	而且 érqiě	风水 fēngshuǐ
白净 bái · jing	尔后 ěrhòu	包涵 bāo · han	理睬 lǐcǎi
棒球 bàngqiú	灿烂 cànlàn	缔结 dìjié	腹泻 fùxiè
藏书 cángshū	兵役 bīngyì	沉淀 chéndiàn	凹陷 āoxiàn
憧憬 chōngjǐng	拗口 àokǒu	灯泡儿 dēngpàor	攒聚 cuánjù
菲薄 fěibó	挫败 cuòbài	答案 dá'àn	板擦儿 bǎncār
按捺 ànnà	遏止 èzhǐ	讹传 échuán	费劲 fèijìn
遨游 áoyóu	挨打 áidǎ	罚款 fákuǎn	茶几 chájī
果脯guǒfǔ	调子 diào · zi	扼要 èyào	
不像话 bùxiànghuà		出生率 chūshēnglǜ	
安步当车 ānbùdàngchē		耳濡目染 ěrrúmùrǎn	

练习二答案

一、给下列加点的字注音

灌溉（gài）	芥末（jiè）	柑橘（gān）	橄榄（gǎn）	赣江（gàn）
膏车（gào）	搁置（gē）	疙瘩（gē）	葛藤（gé）	蛤蜊（gé）
讳言（huì）	晦涩（huì）	荤腥（hūn）	豁免（huò）	畸形（jī）
箕踞（jù）	稽查（jī）	疾驰（jí）	棘手（jí）	嫉妒（jí）
脊梁（jǐ）	祭祀（jì）	稼穑（jià）	缄默（jiān）	毽子（jiàn）
浇灌（jiāo）	椒盐（jiāo）	侥幸（jiǎo）	酵母（jiào）	秸秆（jiē）
靖边（jìng）	沮丧（jǔ）	掘进（jué）	攫取（jué）	峻峭（jùn）

勘测（kān）	咳嗽（ké）	可汗（kè）	窟窿（kū）	盔甲（kuī）
傀儡（kuí）	匮乏（kuì）	波澜（lán）	滥调（làn）	唠叨（láo）
烙印（lào）	傀儡（lěi）	棱角（léng）	砾石（lì）	敛财（liǎn）
缭绕（liáo）	镣铐（liào）	嶙峋（lín）	凛冽（lǐn）	吝啬（lìn）
蹂躏（lìn）	翎毛（líng）	朦胧（lóng）	履行（lǚ）	滤纸（lǜ）

二、看音组词

乞gài（丐）	gǎn（擀）面杖	gǎo（稿）酬	gē（割）裂
gé（隔）阂	gēng（羹）匙	gěng（哽）咽	gōu（篝）火
gū（辜）负	gū（骨）碌碌	gù（雇）佣	guàn（罐）头
hùn（混）淆	hún（混）浊	huǎng（恍）然	huāng（荒）谬
hè（喝）彩	hé（盒）子	hē（呵）斥	hào（耗）费
hǎn（罕）见	jí（疾）患	jí（棘）手	jǐ（给）养
jí（嫉）妒	jià（稼）穑	jiān（缄）默	jiàn（键）盘
jiǎo（缴）纳	倒jiào（嚼）	jīn（矜）持	jìn（禁）忌
kǎi（楷）模	kuī（盔）甲	lǎn（懒）惰	lè（勒）索
lián（怜）悯	lòu（漏）洞	lǚ（屡）次	lǚ（履）历

三、给下列多音字注音并组词

干 { gān 干净；gàn 干事
杆 { gān 杆子；gǎn 杆秤
更 { gēng更替；gèng更加

供 { gōng供给；gòng供奉
勾 { gōu 勾结；gòu 勾当
哈 { hā 哈密瓜；hǎ 哈达；hà 哈什蚂

行 { háng行当；xíng行为
巷 { hàng巷道；xiàng街巷
号 { háo 号啕；hào 号码儿

荷 { hé 荷花；hè 荷重
喝 { hē 喝水；hè 喝彩
横 { héng横渡；hèng横祸

哄 { hōng哄抬；hǒng哄骗；hòng起哄
核 { hé 核桃；hú 梨核儿
华 { huá华侨；Huà华山

徊 { huái 徘徊；huí 低徊
会 { huì 会晤；kuài 会计
混 { hún 混蛋；hùn 混乱

茄 { jiā 茄克 / qié 茄子 }
夹 { jiā 夹杂 / gā 夹肢窝 / jiá 夹袄 }
间 { jiān 间距 / jiàn 间或 }

假 { jiǎ 假借 / jià 假期 }
将 { jiāng将就 / jiàng将士 / qiāng将进酒 }
强 { jiàng强嘴 / qiáng强大 / qiǎng强迫 }

尽 { jǐn 尽管 / jìn 尽人皆知 }
卷 { juǎn 卷土重来 / juàn 卷宗 }
可 { kě 可耻 / kè 可汗 }

量 { liáng量具 / liàng数量 }
笼 { lóng鸟笼子 / lǒng笼罩 }
弄 { nòng玩弄 / lòng弄堂 }

四、成语填空

（概）莫能外	（肝）脑涂地	（寥）若晨星	（纲）举目张
（高）屋建瓴	革故（鼎）新	（隔）岸观火	（耕）云播雨
功亏一（篑）	（钩）心斗角	（苟）延残喘	（孤）陋寡闻
骨（鲠）在喉	（顾）影自怜	（故）步自封	（寡）廉鲜耻
海市（蜃）楼	含辛（茹）苦	（汗）牛充栋	引（吭）高歌
（好）高骛远	（和）衷共济	曲高（和）寡	（横）征暴敛
（鸿）篇巨制	（狐）假虎威	（虎）视眈眈	户枢不（蠹）
（哗）众取宠	（画）虎类狗	（焕）然一新	（恍）如隔世
（讳）疾忌医	魂牵梦（萦）	（祸）起萧墙	连篇累（牍）
（疾）首蹙额	（既）往不咎	（家）徒四壁	（间）不容发
老奸巨（猾）	竭泽而（渔）	（筋）疲力尽	（居）心叵测
（鞠）躬尽瘁	（脍）炙人口	（滥）竽充数	（礼）尚往来
（利）令智昏	（厉）兵秣马	良（莠）不齐	（淋）漓尽致

五、辨字组词

{ 络 luò 络绎 / 洛 Luò 洛阳 / 烙 luò 炮烙 }
{ 萝 luó 萝卜 / 箩 luó 箩筐 / 锣 luó 锣鼓 }
{ 轮 lún 车轮 / 伦 lún 伦次 / 沦 lún 沦陷 }
{ 嶙 lín 嶙峋 / 磷 lín 磷肥 / 鳞 lín 鳞片 }
{ 撩 liáo 撩拨 / 嘹 liáo 嘹亮 / 缭 liáo 缭绕 }

{ 坑 kēng 坑道 / 吭 kēng 吭声 / 抗 kàng 抗拒 }
{ 俭 jiǎn 俭朴 / 检 jiǎn 检查 / 捡 jiǎn 捡拾 }
{ 减 jiǎn 减免 / 碱 jiǎn 盐碱地 / 缄 jiān 缄默 }
{ 健 jiàn 健康 / 腱 jiàn 腱鞘 / 键 jiàn 键盘 }
{ 僵 jiāng僵硬 / 疆 jiāng疆域 / 缰 jiāng缰绳 }

{ 孩 hái 孩子 / 咳 ké 咳嗽 / 核 hé 核桃 }
{ 悍 hàn 悍然 / 捍 hàn 捍卫 / 焊 hàn 电焊 }
{ 烘 hōng烘托 / 哄 hōng哄抬 / 供gōng供应 }
{ 杆gǎn 杆秤 / 秆gǎn 麦秆 / 竿gān 竹竿 }
{ 钩gōu 钩子 / 沟gōu 沟壑 / 构gòu 构筑 }

模拟水平测试答案

一、读单音节字词（100 个音节）

盖gài	竿gān	骇 hài	函 hán	涧 jiàn	僵 jiāng
灸 jiǔ	厩 jiù	港gǎng	搁gē	吼 hǒu	糊 hú
稿gǎo	耕gēng	匠 jiàng	郊 jiāo	钩gōu	跟gēn
桦 huà	欢 huān	俊 jùn	倔 jué，juè	缸gāng	挂guà
幻 huàn	谎 huǎng	灌guàn	雇gù	徽 huī	悔 huǐ
股gǔ	逛guàng	慧 huì	豁 huō	靳 jìn	驾 jià
郭guō	鬼guǐ	茧 jiǎn	嘉 jiā	裹guǒ	桂guì
憾 hàn	杭 háng	光guāng	糕gāo	箭 jiàn	脚 jiǎo
阁gé	梗gěng	旱 hàn	耗 hào	皆 jiē	窘 jiǒng
绞 jiǎo	轿 jiào	喊 hǎn	壶 hú	截 jié	惊 jīng
劣 liè	毁 huǐ	躬gōng	垢gòu	饥 jī	吉 jí
戟 jǐ	冀 jì	颊 jiá	歼 jiān	沪 hù	画 huà
孤gū	寡guǎ	滑 huá	患 huàn	锂 lǐ	黄 huáng
菊 jú	踞 jù	婚 hūn	获 huò	景 jǐng	居 jū
聚 jù	均 jūn	捐 juān	决 jué	罐guàn	规guī
豪 háo	禾 hé	柜guì	棍gùn	赫 hè	痕 hén
烘 hōng	喉 hóu	诫 jiè	谨 jǐn		

二、读多音节词语（100 个音节）

概括gàikuò	感慨gǎnkǎi	脊梁 jǐ · liang	纲领gānglǐng
港口gǎngkǒu	记事儿 jìshìr	坎坷 kǎnkě	忌讳 jìhuì
沟通gōutōng	涟漪 liányī	孤独gūdú	鼓励gǔlì
观察guānchá	归途guītú	光彩guāngcǎi	鲁莽 lǔmǎng
拒绝 jùjué	胳膊gē · bo	航空 hángkōng	记事 jìshì
号召 hàozhào	久远 jiǔyuǎn	后备 hòubèi	罕见 hǎnjiàn
痕迹 hénjì	和谐 héxié	互补 hùbǔ	化验 huàyàn
黄昏 huánghūn	欢乐 huānlè	婚配 hūnpèi	活跃 huóyuè
积累 jīlěi	疾病 jíbìng	监督 jiāndū	降落 jiàngluò
进犯 jìnfàn	缓解 huǎnjiě	含糊 hán · hu	金融 jīnróng
惊奇 jīngqí	壶盖儿 húgàir	救济 jiùjì	均衡 jūnhéng
觉醒 juéxǐng	靠不住 kào · bùzhù	黄澄澄 huángdēngdēng	
刻不容缓 kèbùrónghuǎn			

练习三答案

一、看拼音写汉字

mábì（麻痹）　qídǎo（祈祷）　pēngrèn（烹饪）　pósuō（婆娑）

ménglóng（朦胧）	mánglù（忙碌）	páihuái（徘徊）	nàhǎn（呐喊）
nüè（虐）待	婀 nuó（娜）	ōu（讴）歌	充 pèi（沛）
蛮 hèng（横）	mán（埋）怨	màn（蔓）延	mào（贸）然
分 mì（泌）	miǎo（藐）视	mù（睦）邻	qǐ（稽）首
湖 pàn（畔）	清 chè（澈）	ráo（饶）恕	róng（绒）线
花 ruǐ（蕊）	mài（脉）搏	rèn（韧）带	qí（歧）视
mò（漠）不关心	nǎo（恼）羞成怒	ǒu（呕）心沥血	
píng（萍）水相逢	qí（歧）路亡羊	ruì（锐）不可当	
rě（惹）火烧身	其 mào（貌）不扬		

二、给加点字注音

玫瑰（guī）	媚态（mèi）	蒙骗（mēng）	迷惘（wǎng）	确凿（záo）
披靡（mǐ）	妊娠（rèn）	分娩（miǎn）	绮丽（qǐ）	竹篾（miè）
泯灭（mǐn）	泥泞（nìng）	气馁（něi）	琵琶（pá，pa）	脑髓（suǐ）
昵称（nì）	脾脏（pí）	癖好（pǐ）	栖息（qī）	冗长（rǒng）

暴虎冯河（píng）	民不聊生（liáo）	宁死不屈（nìng）
心广体胖（pán）	否极泰来（pǐ）	麻痹大意（mábì）
貌合神离（mào）	强词夺理（qiǎng）	

三、成语填空

明火执（仗）	曲高（和）寡	（摩）肩接踵	（莫）衷一是
南辕北（辙）	（沁）人心脾	（倾）箱倒箧	穷乡（僻）壤
（却）之不恭	融（会）贯通	每况（愈）下	迫在眉（睫）
强（弩）之末	如法（炮）制	入不（敷）出	（袍）笏登场
（潜）移默化	强（弩）之末	切（肤）之痛	轻歌（曼）舞
请君入（瓮）	穷兵（黩）武	（曲）突徙薪	名列前（茅）
蓬（荜）增辉	披星（戴）月	（囊）空如洗	奴颜（媚）骨
瞒心（昧）己	梦（寐）以求	面面相（觑）	（墨）守成规

四、给下列多音字注音并组词

- 模：mú 模样；mó 模仿
- 囊：nāng 囊揣；náng 囊括
- 宁：níng 宁静；nìng 宁愿
- 拗：niù 执拗；ào 拗口
- 扒：pá 扒手；bā 扒拉
- 泡：pāo 泡桐；pào 泡沫
- 泊：pō 湖泊；bó 泊位
- 曲：qū 曲折；qǔ 曲调
- 排：pái 排斥；pǎi 排子车

摩 { mā 摩挲 / mó 摩擦 }　　悄 { qiāo 悄悄 / qiǎo 悄然 }　　疟 { nüè 疟疾 / yào 疟子 }

模拟水平测试答案

一、读单音节字词（100 个音节）

鳗（màn）	酋（qiú）	抨（pēng）	弥（mí）	歧（qí）	眸（móu）
捺（nà）	纽（niǔ）	孽（niè）	癖（pǐ）	庞（páng）	迄（qì）
磬（qìng）	祛（qū）	蔓（màn）	糜（mí）	冥（míng）	藐（miǎo）
妊（rèn）	蓦（mò）	呕（ǒu）	胚（pēi）	绮（qǐ）	媲（pì）
篾（miè）	契（qì）	抛（pāo）	潜（qián）	卯（mǎo）	暖（nuǎn）
韧（rèn）	摹（mó）	盘（pán）	疲（pí）	寐（mèi）	蹂（róu）
扰（rǎo）	痊（quán）	萌（méng）	顷（qǐng）	茂（mào）	昵（nì）
泯（mǐn）	乾（qián）	屏（píng）	洽（qià）	迄（qì）	漠（mò）
募（mù）	剖（pōu）	铺（pū）	凭（píng）	谴（qiǎn）	频（pín）
啤（pí）	酶（méi）	烹（pēng）	霹（pī）	佩（pèi）	咆（páo）
螃（páng）	殴（ōu）	虐（nüè）	挪（nuó）	袅（niǎo）	恼（nǎo）
沐（mù）	奈（nài）	陌（mò）	聘（pìn）	媚（mèi）	钦（qīn）
绵（mián）	盟（méng）	裘（qiú）	魅（mèi）	蜻（qīng）	贸（mào）
霉（méi）	蛮（mán）	漫（màn）	盲（máng）	貌（mào）	猕（mí）
缅（miǎn）	瞄（miáo）	渺（miǎo）	末（mò）	摩（mó）	凄（qī）
拇（mǔ）	乃（nǎi）	瀑（pù）	牧（mù）	嫩（nèn）	拟（nǐ）
逆（nì）	狞（níng）	念（niàn）	浓（nóng）		

二、读多音节词语（100 个音节）

眯缝 mī · feng	牡丹 mǔ · dān	喷嚏 pēn · tì	褥子 rù · zi	涅槃 nièpán
跑调儿 pǎodiàor	讴歌 ōugē	攀援 pānyuán	浅显 qiǎnxiǎn	譬如 pìrú
麻痹 mábì	偶尔 ǒu'ěr	纽扣儿 niǔkòur	品种 pǐnzhǒng	勉强 miǎnqiǎng
磅礴 pángbó	祈求 qíqiú	糯米 nuòmǐ	蠕动 rúdòng	剖析 pōuxī
胚芽 pēiyá	脑髓 nǎosuǐ	宁愿 nìngyuàn	瞥见 piējiàn	绮丽 qǐlì
贫瘠 pínjí	匍匐 púfú	气馁 qìněi	梦呓 mèngyì	囊括 nángkuò
溺爱 nì'ài	炮制 páozhì	没谱儿 méipǔr	毗邻 pílín	虔诚 qiánchéng
呢绒 níróng	怯懦 qiènuò	蜷缩 quánsuō	冗长 rǒngcháng	青睐 qīnglài
谬论 miùlùn	绕远儿 ràoyuǎnr	脾脏 pízàng	惬意 qièyì	铭文 míngwén

霓虹灯 níhóngdēng　　蒲公英 púgōngyīng　　情不自禁 qíngbùzìjīn

练习四答案

一、看拼音写汉字

sànluò（散落）	wūmiè（诬蔑）	shàshí（霎时）	xiūsè（羞涩）
sǒngyǒng（怂恿）	zhìxiāo（滞销）	zuìniè（罪孽）	yōngzhǒng（臃肿）
wǎnjiù（挽救）	yùnniàng（酝酿）	tuísàng（颓丧）	sāorǎo（骚扰）
yùmèn（郁闷）	xiāoyáo（逍遥）	yángyì（洋溢）	shàn（赡）养
shē（赊）账	shì（嗜）好	思 cǔn（忖）	tái（苔）藓
tián（恬）静	闲 xiá（暇）	xiá（遐）想	xiáo（淆）乱
xùn（驯）养	yáng（佯）攻	摇 yè（曳）	zhào（肇）事
zhù（贮）藏	zhuàn（撰）写	挑 xìn（衅）	xuàn（炫）耀
wēi（巍）峨	深 wù（恶）痛绝	shǐ（矢）志不渝	世外桃 yuán（源）
shì（拭）目以待	shǒu（首）屈一指	shùn（瞬）息万变	文过 shì（饰）非
shuò（数）见不鲜			

二、给下列加点字注音

掺手（shǎn）	膳食（shàn）	赡养（shàn）	禅让（shàn）	商榷（què）
捎色（shào）	深邃（suì）	参商（shēn）	包扎（zā）	骨殖（shi）
狩猎（shòu）	倏然（shū）	骨髓（suǐ）	棠棣（dì）	绦虫（tāo）
叨扰（tāo）	湍急（tuān）	造诣（yì）	择菜（zhái）	颓丧（tuí）
吞噬（shì）	瓦刀（wà）	紊乱（wěn）	芜杂（wú）	花坞（wù）
吸吮（shǔn）	相称（chèn）	褶皱（zhòu）	诛戮（lù）	镶嵌（qiàn）
肖像（xiào）	叶韵（xié）	亵渎（xiè）	酗酒（xù）	漩涡（xuán）
眩晕（xuàn）	穴位（xué）	腌渍（zì）	莫邪（yé）	扶掖（yè）
翌日（yì）	痈疽（jū）	尉迟（Yù）	墙垣（yuán）	撰写（zhuàn）
萦绕（yíng）	淆乱（xiáo）	炭疽（jū）	腮腺（xiàn）	星宿（xiù）

千乘之国（shèng）	恃才傲物（shì）	恬不知耻（tián）	下车伊始（yī）
纤尘不染（xiān）	旋踵即逝（zhǒng）	自怨自艾（yì）	有的放矢（shǐ）
载歌载舞（zài）	博闻强识（zhì）		

三、给下列多音字注音并组词

撒 { sā 撒谎；sǎ 撒播 }

吐 { tǔ 吐露；tù 吐血 }

禅 { shàn 禅让；chán 禅师 }

捎 { shāo 捎带；shào 捎色 }

散 { sǎn 散漫；sàn 散布 }

踏 { tā 踏实；tà 踏步 }

拓 { tà 拓片 / tuò 拓展 }

扇 { shān 扇动 / shàn 扇贝 }

纤 { xiān 纤维 / qiàn 纤夫 }

厦 { xià 厦门 / shà 大厦 }

苔 { tāi 舌苔 / tái 苔藓 }

褪 { tuì 褪色 / tùn 褪去 }

脏 { zāng脏土 / zàng脏腑 }

术 { zhú 白术 / shù 技术 }

炸 { zhá 炸酱 / zhà 炸弹 }

择 { zé 选择 / zhái 择菜 }

降 { xiáng降伏 / jiàng降落 }

巷 { xiàng巷战 / hàng巷道 }

削 { xiāo 削皮 / xuē 削减 }

血 { xiě 血晕 / xuè 血管 }

芯 { xīn 灯芯 / xìn 芯子 }

兴 { xīng兴奋 / xìng兴趣 }

旋 { xuán 旋律 / xuàn 旋风 }

瓦 { wǎ 瓦砾 / wà 瓦刀 }

蔓 { wàn 藤蔓 / màn 蔓延 }

压 { yā 压强 / yà 压板 }

腌 { yān 腌渍 / ā 腌臜 }

燕 { yān 燕山 / yàn 燕子 }

稍 { shāo 稍微 / shào 稍息 }

臊 { sāo 腥臊 / sào 害臊 }

四、成语填空

散兵游（勇）　（煞）有介事　少安（毋）躁　甚（嚣）尘上

生杀（予）夺　始作（俑）者　（矢）志不渝　（首）屈一指

（疏）财仗义　（瞬）息万变　半身不（遂）　危言（耸）听

文过（饰）非　（嬉）皮笑脸　心不在（焉）　自顾不（暇）

向（隅）而泣　言近（旨）远　以儆效（尤）　义愤填（膺）

模拟水平测试答案

一、读单音节字词（100 个音节）

讼 sòng　粟 sù　攥 zuàn　妆 zhuāng　赘 zhuì　缫 sāo

誉 yù　骤 zhòu　砷 shēn　滋 zī　涮 shuàn　携 xié
拽 zhuài　赚 zhuàn　锥 zhuī　鬃 zōng　炙 zhì　爪 zhǎo（zhuǎ）
皱 zhòu　允 yǔn　渍 zì　嗣 sì　髓 suǐ　佟 tóng
翁 wēng　皖 wǎn　蜕 tuì　悉 xī　佯 yáng　霰 xiàn
垣 yuán　蕴 yùn　斋 zhāi　缀 zhuì　脂 zhī　蘸 zhàn
钛 tài　耸 sǒng　绥 suí　唾 tuò　韦 wéi　篆 zhuàn
玄 xuán　燥 zào　灼 zhuó　邑 yì　戌 xū　涡 wō
吮 shǔn　蚀 shí　弦 xián　债 zhài　宰 zǎi　漾 yàng
曳 yè　塑 sù　捅 tǒng　瘟 wēn　苇 wěi　饷 xiǎng
浊 zhuó　焉 yān　盅 zhōng　轴 zhóu　咒 zhòu　趾 zhǐ
撰 zhuàn　脂 zhī　斟 zhēn　肘 zhǒu　蔗 zhè　宅 zhái
崽 zǎi　掖 yē（yè）　捂 wǔ　匣 xiá　洗 xǐ（xiǎn）　卸 xiè
癣 xuǎn　啼 tí　俞 yú　祀 sì　酥 sū　汰 tài
舀 yǎo　嚣 xiāo　仨 sā　豫 yù　撮 zuǒ　徒 tú
衍 yǎn　拙 zhuō　屑 xiè　楔 xiē　翌 yì　惟 wéi
俟 sì　剃 tì　摄 shè　虾 xiā（há）

二、读多音节词语（100 个音节）

散失 sànshī　租赁 zūlìn　扇贝 shànbèi　须臾 xūyú　商榷 shāngquè
碎步儿 suìbùr　赦免 shèmiǎn　深邃 shēnsuì　神龛 shénkān　蚱蜢 zhàměng
嗜好 shìhào　狩猎 shòuliè　悠然 yōurán　思忖 sīcǔn　怂恿 sǒngyǒng
坍塌 tāntā　湍流 tuānliú　颓废 tuífèi　照片儿 zhàopiānr
琢磨 zhuómó（zuómo）　转弯 zhuǎnwān　罪孽 zuìniè　邮戳儿 yóuchuōr
膳食 shànshí　赘述 zhuìshù　装载 zhuāngzài　主旨 zhǔzhǐ　脂肪 zhīfáng
招徕 zhāolái　阻挠 zǔnáo　肇事 zhàoshì　山坳 shān'ào　震颤 zhènchàn
糟粕 zāopò　奢侈 shēchǐ　牲畜 shēngchù　抓阄儿 zhuājiūr　棕榈 zōnglǘ
指使 zhǐshǐ　贻误 yíwù　眩晕 xuànyùn　妥当 tuǒ・dang　嚣张 xiāozhāng
幸免 xìngmiǎn　渣滓 zhā・zǐ　蒸馏水 zhēngliúshuǐ
圆舞曲 yuánwǔqǔ　肆无忌惮 sìwújìdàn

总练习答案

一、给下列加点的字注音

遨游（áo）　斑鸠（bān）　蟾蜍（chán）　打岔（chà）　讹传（é）
果脯（fǔ）　沽名（gū）　憨厚（hān）　饥饿（jī）　坎坷（kǎn）
勒索（lè）　抹布（mā）　气馁（něi）　纽扣（niǔ）　盘缠（pán）
栖身（qī）　饶恕（ráo）　撒娇（sā）　袒护（tǎn）　袜子（wà）
掀动（xiān）　逸事（yì）　盎然（àng）　芭蕉（bā）　餐具（cān）
怠慢（dài）　扼要（è）　氛围（fēn）　灌溉（gài）　烘托（hōng）

羁绊（jī）	铿锵（kēng）	潦草（liáo）	脉络（mài）	挠头（náo）
谱曲（pǔ）	剖析（pōu）	荸荠（qí）	扰乱（rǎo）	洒脱（sǎ）
叨扰（tāo）	顽强（wán）	膝盖（xī）	摇曳（yáo）	熬煎（áo）
跋涉（bá）	糙米（cāo）	掸子（dǎn）	饵料（ěr）	阀门（fá）
柑橘（gān）	行当（háng）	监督（jiān）	窟窿（kū）	咧嘴（liě）
蛮横（mán）	按捺（àn）	浦口（pǔ）	魄力（pò）	谦恭（qiān）
韧带（rèn）	害臊（sào）	誊写（téng）	偎依（wēi）	嫌弃（xián）
钥匙（yào）	拗口（ào）	版图（bǎn）	搀扶（chān）	耽搁（dān）
贰臣（èr）	樊篱（fán）	橄榄（gǎn）	荷重（hè）	缄默（jiān）
胯骨（kuà）	租赁（lìn）	昧心（mèi）	酿造（niàng）	菩萨（pú）

二、根据拼音组词

ā（腌）臜	bāng（邦）交	chēn（抻）面	dàng（荡）漾
è（噩）梦	fù（赋）予	guī（皈）依	há（蛤）蟆
垃jī（圾）	kē（磕）头	lèi（肋）骨	miù（谬）误
nèn（嫩）绿	ōu（殴）打	pìn（聘）请	qī（沏）茶
rǔ（辱）骂	shān（删）改	táo（淘）汰	wān（豌）豆
xián（衔）接	yá（衙）门	zhí（执）意	yāo（邀）请
ài（碍）事	bǔ（哺）育	chāng（猖）獗	dài（逮）捕
è（厄）运	fěi（菲）薄	gěng（梗）概	huàn（涣）散
jīn（襟）怀	kuài（筷）子	liàng（晾）晒	mǐn（悯）惜
nì（溺）爱	ōu（讴）歌	pēng（抨）击	qià（洽）谈
rùn（闰）年	shàn（赡）养	téng（藤）萝	wǎn（挽）救

三、给下列多音字注音并组词

- 凹：āo 凹陷；wā 核桃凹
- 炮：bāo 炮羊肉；páo 炮烙；pào 放炮
- 参：cān 参与；cēn 参差；shēn 人参
- 得：dé 得逞；de 办得到；děi 你得去参会
- 恶：è 恶劣；ě 恶心；wù 厌恶
- 否：fǒu 否则；pǐ 否极泰来
- 龟：guī 龟缩；qiū 龟兹；jūn 龟裂
- 和：hé 和睦；huó 和面；huò 搅和
- 据：jū 拮据；jù 据点
- 卡：kǎ 卡片；qiǎ 关卡
- 拉：lā 拉拢；lǎ 半拉；là 拉下
- 蒙：mēng 蒙骗；méng 蒙昧；měng 蒙古包

拧
- níng拧手巾
- nǐng拧螺丝
- nìng拧脾气

强
- qiáng强盛
- qiǎng强迫
- jiàng倔强

拓
- tà 拓片
- tuò 开拓

饮
- yǐn 饮食
- yìn 饮场

艾
- ài 方兴未艾
- yì 自怨自艾

倒
- dào 倒数
- dǎo 倒霉

咯
- gē 咯吱
- kǎ 咯血
- lo 那倒好咯

看
- kān 看管
- kàn 看见

哪
- nǎ 哪里
- na 谢谢您哪
- né 哪吒

壳
- ké 贝壳
- qiào 地壳

帖
- tiē 妥帖
- tiě 帖子
- tiè 碑帖

迫
- pǎi 迫击炮
- pò 迫害

嚷
- rāng嚷嚷
- rǎng叫嚷

为
- wéi 为难
- wèi 卫生

载
- zǎi 登载
- zài 载体

薄
- báo 薄脆
- bó 浅薄
- bò 薄荷

阿
- ā 阿姨
- ē 阿谀

哄
- hōng哄抬
- hǒng哄骗
- hòng一哄而散

累
- léi 累赘
- lěi 累积
- lèi 劳累

区
- qū 区别
- Ōu 姓区

任
- rén 任县
- rèn 任凭

万
- wàn 万恶
- mò 万俟

漂
- piāo 漂移
- piǎo 漂染
- piào 漂亮

禅
- chán 禅师
- shàn 禅让

削
- xiāo 削皮
- xuē 削弱

粘
- zhān 粘贴
- nián 粘液

单
- dān 单薄
- chán 单于
- shàn 姓单

缝
- fèng门缝
- féng缝纫

禁
- jīn 禁受
- jìn 禁忌

模
- mó 模仿
- mú 模样

膀
- bǎng膀子
- pāng膀肿
- páng膀胱

塞
- sāi 塞子
- sài 塞外
- sè 塞责

校
- xiào 校舍
- jiào 校对

应
- yīng应允
- yìng应邀

扎
- zā 包扎
- zhā 扎根
- zhá 扎挣

择
- zé 选择
- zhái 择菜

四、成语填空

（昂）首阔步	（敝）帚自珍	（差）强人意	（戴）罪立功
（尔）虞我诈	（焚）琴煮鹤	（过）目成诵	（焕）然一新
（拒）谏饰非	（苛）捐杂税	（屡）试不爽	（沐）猴而冠
（年）高德劭	（蓬）荜增辉	（朋）比为奸	（沁）人心脾
（忍）俊不禁	（稍）安毋躁	（推）本溯源	（瓮）中捉鳖
（嘘）寒问暖	（因）噎废食	（知）书达理	（昭）然若揭
（按）部就班	（博）闻强识	（惩）一警百	（颠）扑不破
（饿）虎扑食	（风）声鹤唳	（苟）延残喘	（恍）如隔世
（鞠）躬尽瘁	（克）己奉公	（沦）肌浃髓	（墨）守成规
（弄）虚作假	（呕）心沥血	（萍）水相逢	（鹊）巢鸠占
（日）以继夜	（舍）生取义	（唾）手可得	（卧）薪尝胆
（循）序渐进	（溢）于言表	（振）聋发聩	（修）身养性
（哀）兵必胜	（闭）目塞听	（嗤）之以鼻	（顿）开茅塞
（恩）断义绝	（浮）皮潦草	（功）亏一篑	（浑）水摸鱼
（敬）谢不敏	（旷）日持久	（鳞）次栉比	（莫）逆之交
（怒）不可遏	（藕）断丝连	（平）分秋色	（情）随事迁
（融）会贯通	（矢）志不渝	（脱）胎换骨	（毋）庸置疑

五、辨字组词

- 奥 奥秘 / 澳 澳大利亚 / 懊 懊悔
- 傍 傍晚 / 谤 诽谤 / 磅 磅秤
- 池 池塘 / 驰 驰骋 / 弛 弛缓
- 蹬 蹬车 / 澄 澄清 / 瞪 瞪眼
- 腭 腭裂 / 鄂 鄂伦春 / 萼 萼片

- 妨 妨碍 / 肪 脂肪 / 仿 仿佛
- 荧 荧光屏 / 营 营养 / 萤 萤火虫
- 悔 悔改 / 诲 教诲 / 晦 晦涩
- 俭 俭朴 / 捡 捡拾 / 检 检查
- 魁 魁梧 / 傀 傀儡 / 愧 惭愧

- 咧 咧嘴 / 裂 裂纹 / 烈 烈士
- 墓 墓碑 / 暮 暮色 / 幕 帷幕
- 懦 懦弱 / 糯 糯米 / 濡 濡染
- 帐 帐篷 / 胀 膨胀 / 账 账本
- 偏 偏僻 / 翩 翩跹 / 骗 骗子

- 驱 驱散 / 岖 崎岖 / 躯 身躯
- 榕 榕树 / 溶 溶解 / 蓉 豆蓉
- 试 试卷 / 拭 拭目以待 / 恃 恃才傲物
- 蜓 蜻蜓 / 挺 挺拔 / 艇 舰艇
- 蔚 蔚蓝 / 慰 慰藉 / 尉 尉官

模拟水平测试答案

一、读单音节字词（100 个音节）

耳（ěr） 持（chí） 痒（yǎng） 坯（pī） 广（guǎng） 迈（mài）
拴（shuān） 瘸（qué） 朽（xiǔ） 厘（lí） 吹（chuī） 破（pò）
怎（zěn） 篇（piān） 蒜（suàn） 丢（diū） 如（rú） 洼（wā）
瘤（liú） 耍（shuǎ） 类（lèi） 我（wǒ） 壁（bì） 罕（hǎn）
困（kùn） 庞（páng） 攫（jué） 盆（pén） 掳（lǔ） 桌（zhuō）
责（zé） 纺（fǎng） 消（xiāo） 缕（lǚ） 凝（níng） 辈（bèi）
犊（dú） 嫩（nèn） 扯（chě） 渠（qú） 日（rì） 江（jiāng）
袄（ǎo） 仓（cāng） 卵（luǎn） 雕（diāo） 浑（hún） 般（bān）
野（yě） 团（tuán） 举（jǔ） 踪（zōng） 男（nán） 润（rùn）
拿（ná） 粗（cū） 腺（xiàn） 驴（lǘ） 棵（kē） 猛（měng）
黑（hēi） 噙（qín） 张（zhāng） 内（nèi） 北（běi） 顾（gù）
枕（zhěn） 陋（lòu） 筛（shāi） 裂（liè） 舱（cāng） 整（zhěng）
踹（chuài） 允（yǔn） 夺（duó） 返（fǎn） 尊（zūn） 谎（huǎng）
侵（qīn） 底（dǐ） 摸（mō） 疗（liáo） 薛（xuē） 妾（qiè）
此（cǐ） 纳（nà） 嘴（zuǐ） 乍（zhà） 爹（diē） 南（nán）
吃（chī） 桶（tǒng） 瞄（miáo） 舞（wǔ） 溶（róng） 灭（miè）
抠（kōu） 陇（lǒng） 鳃（sāi） 摧（cuī）

二、读多音节词语（100 个音节）

教训（jiàoxùn） 窘迫（jiǒngpò） 思维（sīwéi） 权力（quánlì）
接洽（jiēqià） 妇女（fùnǚ） 黑暗（hēi'àn） 拥有（yōngyǒu）
棉花（mián · huā） 因而（yīn'ér） 谬论（miùlùn） 饭盒儿（fànhér）
拳头（quán · tou） 傍晚（bàngwǎn） 撇开（piēkāi） 效率（xiàolǜ）
戏法儿（xìfǎr） 红色（hóngsè） 濒临（bīnlín） 小巧（xiǎoqiǎo）
英雄（yīngxióng） 抓阄儿（zhuājiūr） 逃窜（táocuàn） 和平（hépíng）
脚跟（jiǎogēn） 茧子（jiǎn · zi） 偶尔（ǒu'ěr） 颓丧（tuísàng）
亏损（kuīsǔn） 衰落（shuāiluò） 折磨（zhé · mó） 佛寺（fósì）
眼前（yǎnqián） 月亮（yuè · liang） 划分（huàfēn） 旷工（kuànggōng）
没谱儿（méipǔr） 表演（biǎoyǎn） 夏天（xiàtiān） 精神（jīng · shen）
赛场（sàichǎng） 胸脯（xiōngpú） 看待（kàndài） 美好（měihǎo）
傲然（àorán） 避雷针（bìléizhēn） 基本功（jīběngōng）
风起云涌（fēngqǐyúnyǒng）